한국경제학회 총서

# 가보지 않은 길, 가야 할 길

## 김정은 북한 경제

강성진 · 정태용 편저

도서출판 해남

한국경제학회 총서

**가보지 않은 길, 가야 할 길** 김정은 북한 경제

**초판1쇄 인쇄** 2019년 9월 10일
**초판1쇄 발행** 2019년 9월 18일

**편저자** 강성진 · 정태용
**발행인** 노현철
**발행처** 도서출판 해남

**출판등록** 1995. 5. 10 제 1-1885호
**주　　소** 서울특별시 서대문구 충정로 38-12(충정로 3가) 우리타워 6F
**전　　화** 739-4822 **팩스** 720-4823
**이 메 일** haenamin30@naver.com
**홈페이지** www.hpub.co.kr

ISBN 978-89-6238-137-5 93320

# 서문

남북한이 분단이 된 지 어언 반세기가 훨씬 지나 70년이 되어 간다. 남한과 북한은 한반도에 위치에 있으면서 동일한 언어를 사용하는 단일민족이다. 반면에 남한과 북한은 각각 시장자본주주의 체제와 계획경제 체제라는 서로 다른 경제 체제를 유지하고 있다. 그동안 남한과 북한이 이룬 경제적 성과는 너무나 큰 차이를 보여 준다. 일인당 소득을 보면, 북한은 2018년 현재 1천 달러 정도로 추정되고 있지만 남한은 3만 달러에 이르고 있다.

남한과 북한은 이러한 지정학적 위치와 상이한 경제 체제에도 불구하고 상호 협력을 한다면 한반도 지역에서의 경제협력을 통하여 상호 이득을 얻을 수 있을 것이다. 북한은 현재와 같은 폐쇄적인 계획경제 체제 하에서 더 이상 자신들이 원하는 수준의 경제발전을 달성할 수 없다. 과거 구소련이나 중국, 베트남 등처럼 북한과 유사한 사회주의 계획경제를 통하여 경제발전을 추구하였지만 실패한 데서 교훈을 얻어야 한다. 북한이 경제발전을 이루기 위해서는 과거 사회주의 국가들처럼 개혁·개방 정책을 통하여 국제 무역에 의한 글로벌 가치 사슬(global value chain)에 능동적이고 적극적으로 참여해야 한다.

북한이 자주적이고 지속 가능한 발전을 달성하기 위해서는 현 시점에서 준비되어야 할 전제 조건들이 너무 많다. 우선, 현재 전 세계적인 관심사로 떠오른 핵 문제를 포함한 정치적·외교적 문제가 선결되어야 할 것이다. 이후에도 북한이 글로벌 경제의 구성원으로서의 역할을 하기 위해서는 어떠한 방향의 경제 체제 전환을 추구할 것인가를 결정해야 한다. 동시에 이러한 체제전환에 기반을 두고 국제사회의 다른 국가들과 동행할 수 있는 경제 구조와 제도를 구축해야 한다.

본 저서에서는 각 분야의 전문가들이 참여하여 북한이 개방적이고 지속가능한 발전을 달성하기 위하여 추구해야 할 전제 조건과 발전 전략이 무엇인가를 크게 세 부문으로 나누어 구체적으로 제시하고 있다.

첫 번째 부문은 북한의 전반적인 경제발전 전략에 대한 제안이다. 전문가들은 북한에게 지금까지 유지해 온 폐쇄적 계획경제 체제에서 벗어나 개혁·개방을 통하여 글로벌 경제의 일원으로 참여할 것을 권고한다. 특히 북한과의 경제통합은 북한 자신뿐만 아니라 통합 당사국들에게도 이득이 될 수 있음을 보여 주었다. 두 번째 부문은 주요 분야별 전략으로 경제개발에 필요한 재원조달, 산업발전, 인력 활용, 농업개발, 세계무역기구(WTO) 가입, 그리고 도시개발을 위한 전략을 제안한다. 마지막으로 북한의 에너지 및 기후변화 대응과 산림 황폐 복구를 위한 전략이 포함되어 있다.

각계 전문가가 제시하고 있는 주요 전략들은 앞으로 남한과 북한의 상호협력을 통한 공동발전을 기대하고 이를 위해 준비하는 연구자들뿐만 아니라 정책 실무자에게도 중요한 제안이 될 것이다.

2019년 9월

이인실 한국경제학회장

## [일러두기]

본 저서에 참여한 각 분야의 전문가에 따라 사용되는 상이한 용어를 저자의 의도를 존중한다는 차원에서 통일하지 않고 원문 그대로 사용하였다. 예를 들어, 대한민국에 대하여 남한 혹은 한국으로 사용되고 있고, 북한에 대해서도 조선민주주의인민공화국 혹은 조선으로 지칭하고 있다.

# 차례

서문 / i

일러두기 / iii

차례 / v

제1장 북한의 경제발전 전략과 주요 분야별 발전 방안 1

(강성진)

1. 서론 / 2
2. 체제전환의 개념과 성과 / 4
3. 북한의 경제발전 정책 방향과 전망 / 13
4. 주요 분야별 정책 제언 / 17
5. 결론 / 25

제1부

경제발전 전략

제2장 조선민주주의인민공화국 경제의 특성과 발전 전망 29

(권철남 · 조시준)

1. 서론 / 30
2. 조선의 부존자원 조건 및 특징 / 31
3. 조선의 발전 전략 및 대외 개방과 시장화 정책의 제약성 / 35
4. 조선 경제의 기본 특징 / 42
5. 조선의 발전노선 전환과 경제발전 전망 / 45
6. 결론 / 52

제3장 남북한 경제통합의 경제적 효과 57
(성한경)

1. 서론 / 58
2. CGE 모형 소개 / 59
3. 모형 설정 및 시나리오 / 61
4. 분석 결과 / 68
5. 결론 / 74

제4장 북한의 경제개발 전략과 산업구조 77
(김동훈)

1. 서론 / 78
2. 북한의 경제발전 전략과 산업구조 / 80
3. 향후 북한의 경제개발 전략과 산업구조 / 87
4. 결론 / 98

제5장 북한의 경제발전 재원조달의 전제 조건 103
(강태수 · 강다현)

1. 서론 / 104
2. 베트남의 시장경제 체제 이행과 재원조달 사례 / 105
3. 국제사회 민간투자 유인 체계 / 111
4. 결론 / 123

제6장 북한의 경제발전과 WTO 가입 효과 127
(이홍식 · 조성택)

1. 서론 / 128
2. 북한의 WTO 가입의 의미와 가입 절차 / 132
3. WTO 가입이 북한에 미치는 영향 / 137
4. 북한의 WTO 가입을 위한 선결 과제와 정책적 시사점 / 144
5. 결론 / 148

## 제2부

## 노동, 농업 및 도시개발 전략


제7장 북한의 인력 배치와 노동시장 155
(금재호)

1. 서론 / 156
2. 북한의 인력 배치: 제도와 현실 / 157
3. 북한 경제의 변혁과 노동시장의 변화 / 172
4. 결론 / 181

제8장 경제위기 이후 북한의 농업 개혁 185
(김영훈)

1. 서론 / 186
2. 김정일 시대의 농업 개혁 / 187
3. 김정은 시대의 개혁과 개방 / 196
4. 결론 / 203

제9장 서울–평양 간 도시개발 협력 방안 207
(최천운 · 이홍수)

1. 서론 / 208
2. 서울–평양 도시계획 고찰 및 비교 / 210
3. 서울–평양 간 도시개발 협력 방안 / 222
4. 결론 / 232

## 제3부

## 에너지, 기후변화 및 산림 복구 전략


제10장 북한 에너지 사용 및 이산화탄소 배출 분석과 전망 239
(정태용 · 문종우)

1. 서론 / 240
2. 북한의 경제발전과 에너지 사용 추이 / 241
3. 북한 에너지 공급 및 온실가스 배출 전망 / 251
4. 결론 / 258

제11장 신기후 체제 하 북한의 기후변화 대응 전략 261
(하윤희)

1. 서론 / 262
2. 파리협정과 지속가능발전 / 262
3. 북한의 기후변화 대응 현황 / 267
4. 북한의 기후변화 대응 및 지속가능발전을 위한 기회 / 272
5. 결론 / 279

제12장 북한 산림 황폐 영향과 복구 방안 285
(이우균 · 이슬기 · 최현아)

1. 서론 / 286
2. 북한 산림과 황폐화 현황 / 287
3. 북한 산림 황폐화 원인과 영향 / 289
4. 북한 산림 황폐지 복구 방안 / 296
5. 북한 산림 황폐지 복구를 위한 국제협력 / 309
6. 결론 / 314

Chapter 1

# 북한의 경제발전 전략과 주요 분야별 발전 방안

강성진(고려대학교 경제학과 겸 에너지환경대학원)

1. 서론
2. 체제전환의 개념과 성과
3. 북한의 경제발전 정책 방향과 전망
4. 주요 분야별 정책 제안
5. 결론

## 1. 서론

북한이 본격적인 체제전환 정책을 실시한다면 어떤 국가의 발전 전략을 벤치마킹할 것인가에 대한 연구가 최근 활발하게 이루어지고 있다. 서독과 동독의 통일을 통한 체제전환을 제외하면 북한이 추구할 것으로 보이는 체제는 크게 두 가지 형태로 나눌 수 있다(강성진·정태용, 2017). 첫째, 소련이 몰락한 이후 동구권 국가들이 추구했던 것으로 정치 체제는 민주주의 체제, 경제 체제는 시장자본주의 체제로 전환하는 구소련형이 있다. 둘째, 정치 체제는 그대로 유지하면서 경제 체제를 시장자본주의 체제로 전환하는 중국, 베트남 등의 동아시아형이 있다.

북한이 지속 가능한 발전을 추구하기 위한 전제 조건으로 어떠한 체제전환 전략을 추구할 것인가는 매우 중요하다. 체제전환을 진행하는 과정에서 국가들이 실시했던 구체적인 개혁·개방 정책이 매우 다양하게 나타나기 때문이다. 구소련형의 체제전환 국가에서도 국가에 따라 실시한 정책 및 추진 속도가 다르게 나타난다. 예를 들어, 국영기업의 사유화 과정에서 보면 대상 기업, 사유화 속도 및 방법 등에서 국가별로 다른 정책을 실시하였다(강성진·정태용, 2017). 동시에 북한이 구체적인 체제전환 정책을 실시하여 남북한 간 혹은 국제 간 협력이 이루어지는 경우에 북한만 아니라 협력 대상 국가에 대한 비용과 편익도 체제전환 정책에 따라 다르게 나타날 수 있다.

북한과의 경제협력 혹은 통일 효과에 대한 기존 연구에서 중요한 문제점이 있다. 그 과정에서 소요되는 재원조달 방안에 대해 구체적으로 논의를 하지 않고 필요한 총액이 얼마인가를 기준으로 주로 논의하였다는 점이다. 이러한 이유로 통일비용이나 경제협력비용을 남한이 모두 부담해야 하는 것으로 알려져 남한 국민에게 큰 부담으로 인식되고 있다. 그러나 현실적으로 북한이 국제사회로 등장하여 국제적으로 통용되는 경제발전 전략을 추진하면 필요재원은 남한만이 아니라 국제사회에서도 같이 부담하게 될 것이다. 북한의 경제발전을 위하여 조달될 수 있는 주요 재원으로는 공적개발원조(ODA) 혹은 다국적 기업들의 외국인 직접투자(FDI)가 있다(강성진, 2019).

다양한 투자재원이 북한으로 유입되기 위해서는 투자자가 투자할 수 있는 북한의 경제·제도적 환경 및 기반이 마련되어야 한다. 예를 들어, 노동 및 임금계약, 이익 송금, 환율 안정, 투자 인센티브 등이 글로벌 스탠다드에 적합하도록 구축되어야 한다. 경제발전 전략의 전제 조건으로 북한이 추구할 구체적인 체제전환 방식이 무엇인가가 중요한 이유 중 하나이다.

본 장은 북한이 본격적인 경제발전 정책을 실시하는 경우에 현실적인 대안으로 동아시아형 체제전환을 따를 것으로 전제하고 있다. 이들 국가의 체제전환 정책을 살펴보고 북한의 발전 전략을 추진하기 위하여 어떠한 전제조건이 필요한지를 논의한다. 추가적으로 본 저서의 저자들은 북한이 경제발전을 달성하기 위해서 적극적인 시장화 정책에 기반을 두는 수출주도형 경제발전 전략을 채택할 것을 권고하고 있다. 또한 이러한 전략을 성공적으로 추진하기 위하여 환율제도 개혁, 인플레이션 안정화, 신뢰받을 수 있는 통계 인프라 구축, 통계 접근성 강화 등 투명하고 구체적인 인프라를 구축할 것을 제안하고 있다.

본 저서는 크게 세 부문으로 구성되어 있다. 첫째, 거시적인 차원에서 북한의 경제발전 방향을 제시하고 있다. 둘째, 주요 분야별 전략으로 경제개발에 필요한 노동 정책, 농업개발 전략, 그리고 도시개발 전략이 포함된다. 마지막으로 북한의 에너지 및 기후변화 대응 전략과 산림 황폐 복구 전략이 포함되어 있다.

## 2. 체제전환의 개념과 성과

### 2.1. 체제전환의 개념

체제전환이라고 하면 일반적으로 정치적·경제적 체제가 개혁·개방 체제로 전환되는 것을 의미한다. 정치적 체제전환은 공산당 1당만 인정되는 공산주의 체제에서 다당제에 기반을 두는 민주주의 체제로 전환하는 것을 의미한다. 그리고 경제적 체제전환은 경제 체제가 중앙정부의 계획경제에 의하여 모든 경제적 결정이 이루어지는 사회주의 체제가 시장 기능을 기반으로 하는 자본주의 체제로 전환하는 것을 일컫는다.

이론적인 정의에도 불구하고 현실에서 나타나고 있는 체제전환이 어떤 형태를 따라가는지 명확하게 구분할 수 없다. 기존의 많은 문헌들은 각 국가들의 체제전환 형태를 〈표 1-1〉이 보여 주듯이 크게 독일형, 구소련형 및 동아시아형의 세 형태로 구분한다(강성진·정태용, 2017; 강성진, 2019).

첫째, 독일형은 전형적인 체제전환으로 두 개의 서로 다른 체제가 완전히 통일되는 형태이다. 정치적·경제적으로 다른 두 체제였던 서독과 동독이 영토적으로 통일되면서 동시에 정치 및 경제 부문이 상호 통합되는 형태이다.

둘째, 구소련형으로 정치 체제 및 경제 체제가 모두 각각 민주주의 및 자본주의 체제로 전환한 경우이다. 주로 공산주의 체제의 종주국의 지위를 유지하던 소련이 붕괴하면서 체제전환을 이룬 국가들을 의미한다. 소련연방에 속했던 국가들과 동유럽 국가들이 해당된다.

셋째, 동아시아형으로 불리는 체제전환으로 중국, 베트남, 캄보디아, 그리고 라오스가 이에 해당된다. 이들 국가는 경제적 측면에서 개혁·개방을 통한 시장경제 체제로 체제전환이 이루어졌다. 반면에 정치 체제는 공산당 1당

〈표 1-1〉 체제전환국 범위, 연도 및 내용

| | 연도 | 국가 | 내용 |
|---|---|---|---|
| 완전통일형 | 1990 | 독일 | 통일을 통하여 서로 다른 두 체제 국가가 1개의 단일국가로 전환(정치 및 경제 모두 통합) |
| 동아시아형 | 1978 | 중국 | 정치 체제는 공산당 1당 체제를 유지하지만 경제 체제는 시장경제 체제로 전환 |
| | 1986 | 라오스, 베트남 | |
| | 1990 | 캄보디아 | |
| 구소련형 | 1990 | 마케도니아, 크로아티아, 헝가리, 폴란드, 슬로바키아, 슬로베니아, 몽골 | 경제적 측면에서 시장경제 체제를 유지할 뿐만 아니라 정치 체제도 다당제형 체제로 전환 |
| | 1991 | 알바니아, 불가리아, 터키, 키프로스, 루마니아, 체코 | |
| | 1992 | 발트3국(에스토니아, 라트비아, 리투아니아), 아르메니아, 아제르바이잔, 벨라루스, 그루지아, 몰도바, 우크라이나, 러시아, 카자흐스탄, 키르기스공화국, 타지키스탄, 우즈베키스탄, 투르크메니스탄 | |
| | 1996 | 보스니아 헤르체고비나 | |
| | 2002 | 세르비아, 몬테네그로 | |
| | 2012 | 코소보 | |

자료: 강성진(2019)을 수정 · 보완한 것임..

에 의해 유지되는 형태로 정치적 측면은 과거와 동일하게 유지된다. 이를 경제 체제 전환이라고도 불린다.

이러한 다양한 체제전환 형태를 고려하면, 북한의 입장에서 선택할 수 있는 형태가 무엇인가에 대한 논의가 필요하다. 기존의 많은 연구가 남북한의 통일에 있어 서독과 동독의 통일을 전제로 하는 체제전환을 논의해 왔다. 반면 일부 연구들은 정치 체제와 경제 체제가 모두 동시에 전환되는 구소련형을 전제로 논의하기도 한다.

북한이 현실적으로 선택할 수 있는 체제전환은 독일의 완전통일형이나 구소련형이라고 할 수 없다. 북한은 자신들의 체제 유지를 위해 당장 남북한의 완전 통일을 원하지 않을 것이며, 구소련처럼 자신들의 정책 실패로 경제성과가 악화되어 급격한 체제 붕괴가 되는 것을 원하지도 않을 것이다. 물론 주변 국가들이 북한 체제 붕괴를 기대하는 것은 아니다. 심지어 최근에는 체제전환국에 포함되지 않는 싱가포르 발전모형을 제시하기도 하는데, 이는 곧 대한민국의 경제발전모형을 따른다고 볼 수 있다. 다만 이 경우는 우리가 논의하고자 하는 체제전환을 의미하는 것은 아니다. 체제전환 과정이나 정책 내용을 논의하지 않고 현시점에서 나타나는 싱가포르 경제 성과만을 보고 이를 따른다는 것은 현실적으로 불가능하다.

북한이 직면하고 있는 정치적·경제적 상황을 고려할 때 가장 현실적으로 선택 가능한 발전 전략은 동아시아형 체제전환이라고 할 수 있다. 왜냐하면 북한은 기존 공산당 1당에 의한 정치적 지배 체제는 포기하려고 하지 않을 것이기 때문이다. 즉, 기존의 정치 체제를 유지한다는 가정 하에 경제적 측면에서는 시장경제 체제를 도입하고자 할 것이다. 북한이 2018년 4월 남북정상회담에서 베트남식 개혁·개방 정책에 대하여 관심을 보였던 것으로 보아 이러한 주장은 설득력이 있다.

중국을 비롯한 동아시아 4국은 과거 소련처럼 내외부적으로 누적된 문제들로 체제가 붕괴되면서 체제전환이 이루어진 것이 아니다. 1978년 본격적으로 시작된 중국의 개혁·개방 정책, 1986년에 시작된 베트남의 도이모이(Doi Moi)와 라오스의 신경제 메커니즘(New Economic Mechanism) 등은 사회주의에 의한 중앙계획경제 체제의 단점을 보완하기 위하여 가격 기능을 중심으로 한 시장경제 체제를 도입한 것이다. 반면에 정치적 측면에서는 민주주의 체제에서 강조되는 다당제가 도입된 것이 아니라 공산주의 체제에서와 동일하게 공산당 1당 체제가 그대로 유지되었다.

## 2.2. 체제전환국가 그룹의 경제 성과 비교

본 소절에서는 위에서 구분한 세 개의 체제전환 유형에 따라 평균적으로 어떠한 경제적 성과를 거두었는지를 대표적인 경제지표인 일인당 실질 국내 총생산(GDP), 인플레이션 및 지니계수의 변화를 통해 비교해 본다. 체제전환 이후의 경제적 성과들은 이미 1990년대 구소련을 중심으로 다양한 지표를 이용하여 비교되었다(de Melo et al., 2001). 그러나 당시 분석은 체제전환 이후 10여 년 동안의 성과를 비교한 것으로 그 이후 동아시아 국가를 포함하는 더 많은 국가의 장기적 성과를 체계적으로 비교한 문헌은 거의 없다.

일인당 실질 GDP(2010년 기준)와 인플레이션은 세계은행이 발표하는 세계발전지표(World Development Indicators)를 이용하였다. 인플레이션은 소비자물가 상승률이다. 지니계수는 Solt(2019)의 SWIID(Standardized World Income Inequality Database) 자료를 이용한다. 일인당 실질 GDP는 각 국가 그룹별 실질 GDP를 합한 이후 해당 국가 그룹의 총인구로 나누어 계산한 것으로 각 국가의 일인당 실질 GDP의 단순 평균과는 다르다. 다른 두 변수는 국가별 값을 단순 평균하여 계산한 것이다. 다음 그림들(〈그림 1-1〉~〈그림 1-6〉)은 위의 자료를 이용하여 저자가 직접 그린 것이다.

〈그림 1-1〉의 일인당 실질 GDP 추이를 보자. 독일형의 경우 동독이 서독으로 통일되면서 독일 전체의 일인당 실질 GDP는 이미 선진국에 도달했던 서독의 수준을 따라서 지속적으로 증가했음을 알 수 있다. 구소련형의 국가 그룹은 체제전환이 이루어진 1990년을 중심으로 일인당 실질 GDP가 급격히 상승한 이후 완만하게 증가하는 추이를 보여 준다. 동아시아형 국가들도 1980년대 체제전환을 실시한 이후 일인당 실질 GDP가 완만하게 증가하고 있다. 다만 이 두 그룹의 국가들은 독일형에 비해 아직도 매우 낮은 수준의 일인당 실질 GDP 수준에 머물러 있음을 알 수 있다.

〈그림 1-1〉 체제전환국의 일인당 실질 GDP 추이

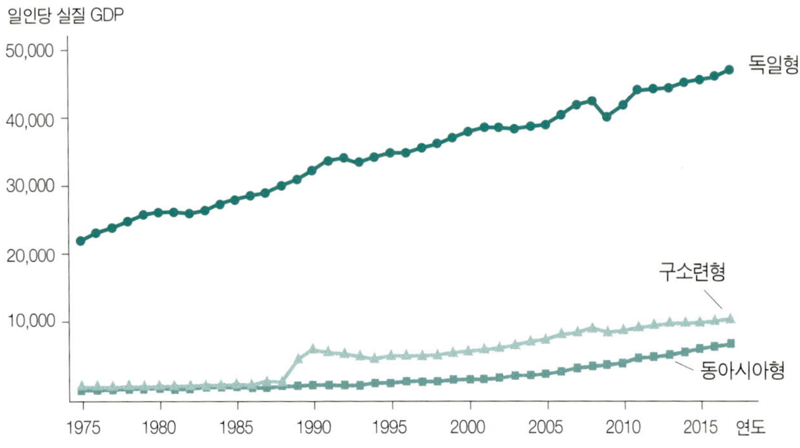


〈그림 1-2〉 체제전환국의 인플레이션 추이

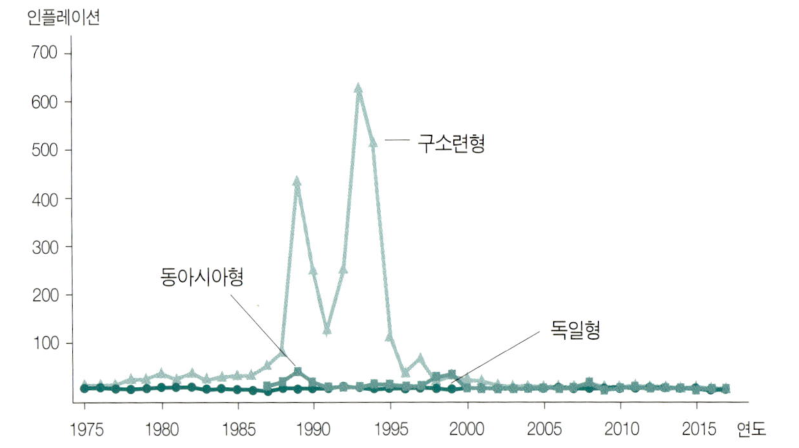


〈그림 1-2〉는 인플레이션 추이를 보여 준다. 독일형과 동아시아형은 평균적으로 볼 때 안정적인 수준을 유지하고 있다. 다만 구소련형의 체제전환

〈그림 1-3〉 체제전환국의 지니계수 추이

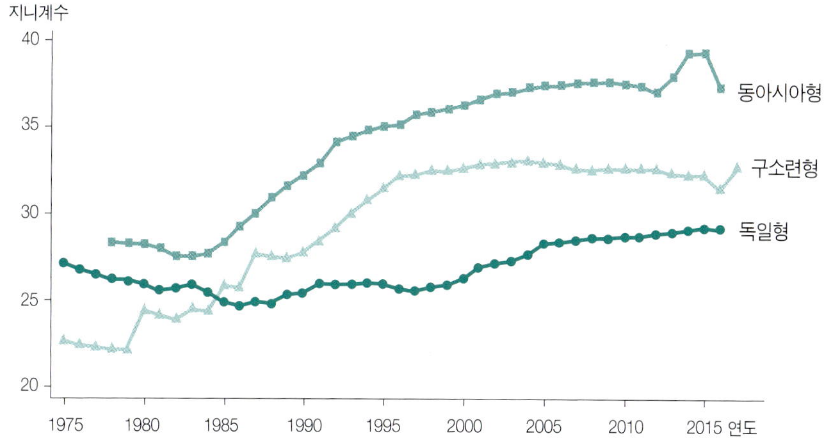


국가는 구소련이 붕괴되기 전후로 매우 높은 물가상승률을 경험하였음을 알 수 있다. 구소련이 붕괴되기 직전인 1980년대 중반 이미 평균 인플레이션이 400%를 넘을 정도로 높은 수준에 이르렀다. 이러한 상황은 구소련이 붕괴되고 있음을 알 수 있게 한다. 그리고 구소련의 체제전환 직후인 1990년대 초반 평균 인플레이션이 600%를 넘을 정도로 높은 수준에 이르렀다. 이는 다른 체제전환국들에 비해 높은 물가 불안에 직면하고 있었음을 시사한다. 물론 1990년대 중반 이후에는 안정적인 인플레이션이 유지되었다.

〈그림 1-3〉은 지니계수를 이용한 소득 분배 상태를 보여 주는 것으로 높은 값을 가질수록 소득 분배 상태가 악화되는 것을 의미한다. 체제전환 이후에 소득 분배가 악화되는 추이를 보였으나 어느 기간이 지난 이후에는 더 이상 악화되지는 않고 있다. 다만 이들 국가는 체제전환 이전의 상태를 회복하지 못하고 있다.

세 그룹을 비교할 때 동아시아형 국가들이 체제전환 시점에 이미 다른 두 그룹의 소득 분배보다 악화된 상태였고 체제전환 과정에서 더욱 악화되었음을 알 수 있다. 물론 2000년대 중반 이후에는 더 이상 악화되지는 않았지만 체제전환 초기 시점의 상태를 회복하지 못하고 있다. 구소련형도 체제전환 시점인 1990년대 초반 이후에 악화되는 추이를 보여 주었지만 2000년대 들어서면서 개선되었음을 알 수 있다. 독일형의 경우 오히려 2000년대 들어서 악화되는 추이를 보여 주고 있는데, 이러한 현상의 주요 원인이 체제전환 정책인지에 대한 더욱 심도 있는 연구가 필요하다.

### 2.3. 동아시아 체제전환국의 경제 성과

본 소절에서는 북한이 추구할 것으로 판단되는 동아시아 4국의 주요 경제지표(일인당 GDP, 인플레이션, 지니계수)를 국가별로 비교한다.

〈그림 1-4〉는 4국의 일인당 실질 GDP 추이를 보여 준다. 가장 급격한 증가를 보여 주는 것은 중국으로 본격적인 체제전환을 시작한 1978년 이후 일인당 실질 GDP가 급격하게 증가하여 1970년대 1,000달러 이하에서 2017년 이미 7,000달러를 넘어섰다. 반면에 다른 3개 국가는 아직도 낮은 수준에서 벗어나지 못하고 있다. 이들 국가가 체제전환을 시작한 1980년대 중반 이후 일인당 실질 GDP 증가가 크지 않아서 2017년 기준으로 2,000달러 수준에 머물러 있다. 이는 그 이전에 체제전환을 시작한 중국과의 경제적 격차가 더욱 벌어져 있음을 의미하는 것이고 동아시아형 체제전환이 곧 높은 경제성장을 의미하는 것은 아니라는 것을 시사한다.

〈그림 1-5〉는 동아시아 4국의 인플레이션 추이를 보여 준다. 앞에서 구소련국들이 체제전환 전후 시기에 매우 높은 인플레이션을 보이는 것을 확인하였다. 동아시아 4국은 평균적으로 안정적인 인플레이션을 보였으나 국가별로 보면, 라오스가 1990년대 말에 매우 불안정한 인플레이션을 보여 주

**〈그림 1-4〉 동아시아 체제전환 4국의 일인당 실질 GDP 추이**

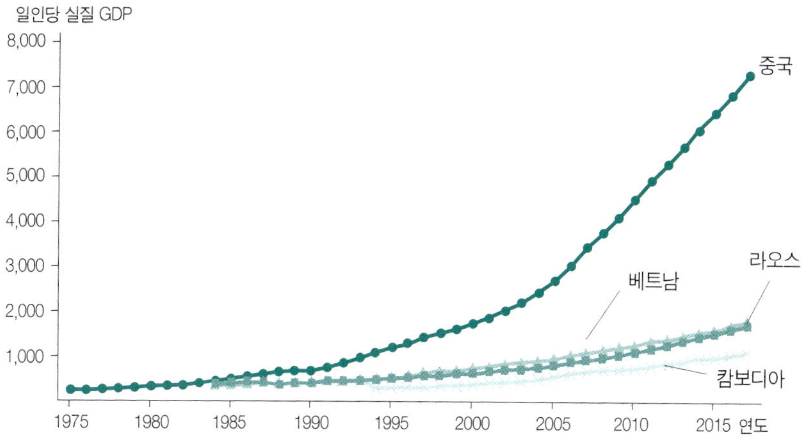


**〈그림 1-5〉 동아시아 체제전환 4국의 인플레이션 추이**

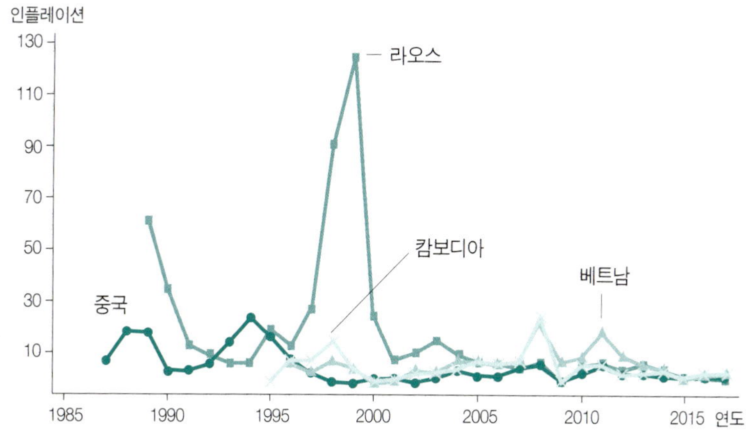


었다.

〈그림 1-6〉은 동아시아 4국의 지니계수의 추이를 보여 준다. 먼저 중국을

〈그림 1-6〉 동아시아 체제전환 4국의 지니계수 추이

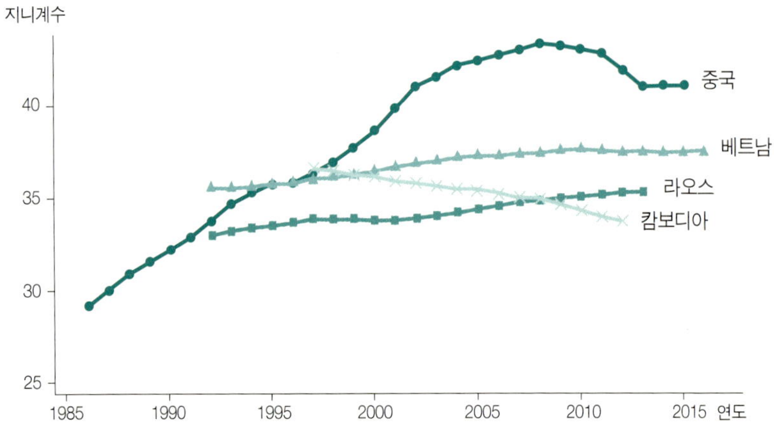


보면 고도성장을 경험하였지만 소득 분배는 2000년대 초반까지 지속적으로 악화되는 추이를 보여 준다. 그 이후 소득 분배는 개선되었지만 아직까지도 체제전환 초기인 1980년대의 상태를 회복하지는 못하고 있다. 다른 두 국가(베트남, 라오스)의 소득 분배도 지속적으로 악화되는 추이를 보여 주고 있다. 다만 캄보디아는 지속적으로 개선되는 추이를 보여 주고 있어서 다른 국가들의 경험과 대비된다.

일인당 실질 GDP, 인플레이션의 추이에서 볼 수 있듯이 동아시아 국가들 모두가 체제전환 이후에 경제지표에서 모두 같은 변화를 보여 준 것은 아니다. 중국은 경제성장 면에서 매우 성공적인 체제전환국으로 볼 수 있으나 다른 3국은 여전히 저개발국에 머물러 있다. 특히, 라오스는 매우 극심한 인플레이션을 경험하기도 하였다.

대부분의 국가가 체제전환을 하는 과정에서 소득 분배가 악화되는 경험을 하였다. 그렇다고 체제전환 정책이 실패했거나 불필요하였다고 주장하는 것은 지나친 해석이다. 왜냐하면 일인당 소득은 증가하여 평균적인 생활 수

준은 상승하였기 때문이다. 이러한 추이는 저개발국에서 선진국으로 경제발전이 이루어지는 과정에서 대부분의 국가들이 경험하고 있는 현상이다. 지금 선진국들도 이러한 경험을 하다가 경제발전이 어느 수준에 이르면 소득 재분배를 할 수 있는 정부의 재정 능력이 생기고 사회복지 정책이 강화되면서 다시 소득 분배가 개선되는 경험을 하였다(강성진, 2018).

## 3. 북한의 경제발전 정책 방향과 전망

### 3.1. 경제적 효과에 대한 기존 연구와 한계점

남북한 경제협력의 효과에 대한 기존 연구는 다양한 시각에서 이루어지고 있다.

첫째, 과거에는 남북한 통일을 전제로 하여 특정 기간 동안에 목표로 하는 소득 수준이나 경제성장률을 달성하기 위하여 필요한 투자비용이 얼마인가에 대한 연구가 활발하게 이루어졌다.[1] 이들 연구에서는 통일비용에 대한 추정값이 목표하는 경제발전 단계나 저자의 시나리오에 따라서 매우 큰 편차를 보여 준다. 통일의 형식이나 추정 방법 및 목표 소득 수준 등에 따라 수백억 달러에서 최대 5조 달러에 이르기까지 그 범위는 매우 넓게 추정되고 있다.

강성진(2009)은 북한의 일인당 명목 국민총소득(GNI) 3,000달러를 10년 내에 달성하기 위하여 경제성장률 가정에 따라 313~420억 달러가 필요하다고 보았다. 이러한 연구 성과는 통일이 곧 비용이라는 생각을 갖게 하여 국민들

1 이 분야의 연구 성과에 대한 자세한 내용은 송준혁(2014)과 강성진 · 정태용 · 손상학(2018) 참조.

에게 통일비용에 대한 부담을 주어 통일에 대한 부정적인 인상을 준다. 따라서 통일을 전제로 한 통일비용 측면만 강조하는 기존의 분석에서 더 나아가 통일이 이루어지는 경우 발생하는 편익도 동시에 고려해야 한다.

현대경제연구원(2010)은 통일 이후 약 10년(2010~2018) 기간 동안 북한 주민의 일인당 소득 3,000달러를 달성하기 위해서 약 1,570억 달러가 필요하다고 추정하였다. 다른 시나리오로 일인당 소득 7,000달러 및 1만 달러를 달성하기 위하여 각각 약 4,710달러 및 7,065달러가 필요하다고 보았다. 이는 북한이 1970~1980년대 남한의 경제성장률 추이를 따른다고 가정하여 목표 소득을 달성하기 위하여 필요한 재원을 통일비용이라고 정의하였다.

둘째, 최근 연구들은 북한의 개혁·개방 정책의 확대로 북한에 대한 투자나 주변국들과의 경제협력이 확대되면 북한뿐만 아니라 남한의 경제성장에도 영향을 미칠 수 있다는 파급 효과를 분석하고 있다. 이들 연구는 분석의 전제 조건으로 과거 연구와 같이 통일을 전제로 하기도 하지만 더욱 현실적인 상황으로 남북한 경제협력을 가정하기도 한다. 후자의 경우를 협력 정도에 따라 경제통합 혹은 경제공동체라고 부르기도 한다.

대표적인 연구로 성한경(2014) 및 최장호·김범환(2017)이 있다. 이들은 특정 규모의 투자가 이루어지는 경우 북한의 경제성장에 얼마만큼 영향을 미치는가를 연구한 것으로, 투자비용이 있지만 이를 통한 경제성장이라는 긍정적 효과도 동시에 고려한다. 이들 연구는 남북한이 통일 형태에서 더 나아가 남북한 간 혹은 다국가 간 협력이 이루어지는 경우 북한에 대한 편익에 대해서도 분석하였다.

성한경(2014)의 경우 시나리오별로 다양한 결과가 나오지만 남북한 경제통합이 이루어지고 20년 후 북한의 실질 GDP는 약 4.3~110.6% 그리고 한국의 실질 GDP는 약 1.7~3%까지 증가하는 것으로 나타났다. 참여 국가를 더 늘려서 6자 회담국으로 확대하여 추정한 결과를 보면, 남북한의 경제통합과 환태

평양경제동반자협정(TPP)의 영향으로 미국과 일본의 GDP도 증가할 수 있음을 보여 주었다. 물론 중국과 러시아도 긴장 완화의 혜택을 일부 누릴 수 있는 것으로 나타났으며 분석 대상 국가 중에서 일본이 남북한 경제통합의 최대 수혜국으로 예상되었다. 최장호·김범환(2017)은 남북한 간 7대 남북한 경제협력 현황을 파악하고 이 협력이 지속적으로 확장되면 남한과 북한에 서로 이득을 가져다줄 것이라는 결론에 도달하였다.

### 3.2. 북한 경제 개혁·개방 방향

북한의 경제발전에 대한 기존 연구는 북한이 외부로부터의 공적개발원조(ODA) 및 외국인 직접투자(FDI)를 받아들일 수 있을 정도의 개혁·개방이 이루어진 상태라는 전제가 있다. 북한이 이러한 정치·경제적 환경을 조성해야 하는 이유는 ODA와 같은 대외 원조 및 FDI가 북한으로 유입될 수 있도록 하는 가장 기본적인 전제 조건이기 때문이다. 이러한 환경이 조성되지 않는다면 재원 유입이라는 전제 조건이 성립될 수 없으므로 기존 연구에서 제시하고 있는 경제협력의 경제적 효과는 실질적으로 실현되기 어렵다.

본 장에서는 북한의 경제발전의 구체적인 방향은 기존의 많은 연구들이 제시하고 있는 구소련형이 아니라 동아시아형 경제 체제 전환이라고 강조하고 있다. 그리고 본 저서의 저자들은 구체적인 북한의 체제전환은 지금까지 추구해 온 계획경제 체제를 토대로 하는 자립민족경제 건설 중심 정책이라기보다는 대외 개방형 발전 전략을 추천하고 있다. 현실적인 북한의 상황은 북한 전역을 전면적이고 급진적으로 개혁·개방의 정책으로 나아갈 수 없을 것이다. 따라서 중국의 경제특구(special economic zone) 정책처럼 특정 지역을 중심으로 개발해 나아가는 점진적인 정책을 실시해야 할 것이다. 다음과 같은 단계로 구체적인 정책 방향을 제시하고자 한다(강성진, 2019).

첫째 단계로 경제원조형 개발 전략이다. 구체적으로 보면 개성공단 사업이나 금강산 사업 등이 있다. 이 단계에서는 남북한의 경제협력에 의한 이득을 극대화하는 효과보다는 남한에서의 지원 형태 단계라고 할 것이다. 개성공단의 경우도 일반적인 경제특구 단계에 이른 상태가 아니라서 남한 기업뿐만 아니라 다국적 기업들이 자유로이 투자를 할 수 있는 정도는 아니다. 예를 들어, 노동 및 임금계약을 노동자와 직접적으로 할 수 있는 것이 아니라 북한 당국과 해야 한다. 또한 투자 이후의 이익에 대하여 자유로운 송금도 제한이 있다.

둘째 단계는 단순 경제원조형 개발 전략에서 더 나아가 경제특구 정책을 통한 특정 지역 중심의 발전 전략을 실시해야 한다. 이는 북한 전역을 동시에 개발하는 경우 외부 자금이나 인력이 급속하게 들어오는 경우에 발생할 수 있는 체제 혼란을 방지할 수 있다. 특히, 아직 사회간접자본 시설이 제대로 구축되지 않고 이를 개발할 북한 자체의 자금이 충분하지 않은 상태에서는 특정 지역을 집중적으로 개발하는 것이 현실적으로 추진 가능한 발전 전략이다. 중국뿐만 아니라 베트남, 캄보디아 및 라오스도 이러한 정책을 채택하였다. 이 단계에서는 다른 국가들처럼 FDI에 대한 인센티브, 노동자 고용, 임금협약, 송금 등 다양한 투자 환경이 외국 투자자들에게 조성되어야 한다.

셋째 단계는 장기적으로 북한 전 지역에서 현재의 동아시아 체제전환국처럼 개혁·개방 정책을 채택하는 것이다. 이 단계에 이르면 해외 투자자들의 고용 및 임금계약이 투자자와 노동자 간에 직접적으로 이루어지고, 이익 송금이 상당히 자유로운 단계에 이르고, 환율이 시장에서 결정될 수 있도록 유연해진다. 이를 통해서 궁극적으로 WTO 등 국제기구 가입이 가능하게 될 것이다.

북한의 개혁·개방 정책의 방향과 내용이라는 전제 조건 이외에 다른 중요한 문제가 있다. 기존 연구에서는 북한의 경제성장과 발전을 달성하기 위해 필요한 재원이 얼마인가를 추정하지만 이를 누가 부담할 것인가에 대한 논의는 명확하게 이루어지지 않고 있다. 모든 필요재원을 남한에서 부담해야 한다는 주장이 오히려 과도한 비용 부담 문제로 남북한 협력의 장애로 작용하기도 했다. 제4절의 내용 요약에서 알 수 있듯이 북한의 개혁·개방 정책을 지원하고 국제사회의 일원으로 진입할 수 있도록 하는 재원은 남한만이 아니라 다른 국가들과 다양한 국제기구들이 부담할 수 있을 것이다.

## 4. 주요 분야별 정책 제안

본 절은 북한의 경제 체제 전환이 이루어지는 경우 전반적인 경제발전 전략뿐만 아니라 주요 분야에서 어떠한 방향으로 개혁·개방이 이루어질 수 있는가에 대하여 해당 분야 전문가들의 의견을 정리한다. 이들을 종합적 경제발전 전략, 노동, 농업 및 도시개발 전략과 에너지, 기후변화 및 산림 복구 전략의 3개 분야로 나누어 정리한다.

### 4.1. 경제발전 전략

권철남·조시준(2장)은 북한이 두 가지 선택 가능한 경제발전 방향이 있다고 보았다. 첫째는 북한이 지금까지 추구해 오고 있는 발전 방향으로 계획경제 체제를 토대로 하는 자립민족경제 건설을 중심으로 하면서 대외 경제협력의 확대로 이를 보완하는 방향이다. 둘째는 국가 전략 차원에서 수출주도형 경제발전 전략과 적극적인 대외 개방 및 시장화 정책을 실시하고 이를 통해 점진적인 시장경제 체제를 확립하는 정책 방향이다. 경제특구와 경제개발구를 건설하는 목적도 이러한 정책 방향에 부합한다고 할 수 있다.

저자들은 국제사회의 시각에서 본다면 두 번째 전략인 적극적인 대외 개방 정책을 실시하여 수출주도형 경제발전 전략을 채택하는 것이 바람직하다고 제언하고 있다. 이러한 정책이 구체적으로 실현된다면 남북한 간뿐만 아니라 중국, 러시아, 몽골 등을 포함하는 동북아 5개국의 다자 간 경제협력이 강화될 수 있는 도화선이 될 것이라고 보고 있다. 국제사회도 북한의 적극적인 대외 개방 정책을 실시하여 경제협력의 이점을 극대화할 수 있도록 적극적인 협력의 필요성을 강조하고 있다.

성한경(3장)은 남북한 간 혹은 북한과 다자 간 경제통합이 이루어지는 경우 북한뿐만 아니라 통합 대상국들도 편익을 얻을 수 있다고 보여 주었다. 저자는 연산가능일반균형(CGE) 모형을 이용한 KIEP(2011)와 성한경(2014)의 분석 결과를 비교하였다. 이들은 다양한 가정 하에서 통합 당사국들이 북한에 원조나 투자를 하는 경우 비용만 부담하는 것이 아니라 자신들도 경제적 파급효과를 통하여 편익을 얻을 수 있음을 보여 주었다.

KIEP(2011)는 자유무역협정(FTA)에 준하는 관세감축, 자본축적, 한국 및 관련국의 대북한 소득이전 및 북한 내 산업의 생산성 증대를 가정하였다. 초고속성장을 가정하는 경우 2050년에 북한의 일인당 GDP가 한국의 65% 수준이 될 수 있음을 보여 주었다. 성한경(2014)은 남북한 경제통합에 따른 남북한 생산 요소(노동, 자본, 천연자원), 시장, 재정 및 해외 신인도의 변화 가능성을 가정하였다. 분석 결과에 따르면 북한의 비약적인 경제성장뿐만 아니라 한국과 6자회담 당사국도 편익을 얻을 수 있음을 보여 주었다.

김동훈(4장)은 북한이 해방 이후 자립민족경제의 기치를 내걸고 군수산업과 연관된 중공업 위주의 정책을 시행하였다고 보았다. 그러나 중공업은 경제발전에 기여하기보다는 전후방 효과에 의한 산업 간 연계가 약했고 중복투자로 오히려 경제 전체의 비효율성을 높게 하였다. 북한은 경공업과 농어업 및 서비스산업을 강조하고 있으나 아직도 중화학공업을 중심으로 하는 경제개발 정책에서 크게 벗어나지 못하고 있다.

저자는 북한이 경제발전을 위한 경제 정책 방향으로 대외 개방형 공업화 전략과 비약발전 전략을 제시하고 있다. 이러한 전략을 추진하기 위한 필요 전제 조건으로 초기 투자자본 확보가 중요하다고 보고 있다. 그리고 북한은 우수한 노동력을 확보하고 있으므로 의류산업 등 경공업과 소프트웨어 중심의 IT산업 육성을 제안하고 있다.

저자는 이들 산업을 육성하기 위해서는 경제특구 등을 통하여 해외 자본을 유치하기 위한 인센티브 시스템이 잘 구축되어야 한다고 주장한다. 북한은 남한과 중국이 인접해 있어 자본 유입과 시장 확보에 유리한 지정학적 위치에 있다. 저자는 결론적으로 북핵 문제 해결 등으로 경제제재가 해소되고 남북관계가 개선된다면 경제협력을 통하여 북한에 비교우위산업을 빠른 시일 내에 육성할 수 있을 것으로 보았다.

강태수·강다현(5장)은 북한이 본격적인 개혁·개방 정책을 실시하여 경제발전을 추구한다면 이에 필요한 재원조달을 어떻게 할 것인가에 대하여 논의하였다. 재원조달 방안을 다음의 두 단계로 제시하고 있다. 첫 번째 단계는 국제통화기금(IMF) 및 세계은행(World Bank) 등 국제기구를 통한 공공 부문의 재원이다. 두 번째 단계는 한국을 비롯한 국제사회로부터의 FDI 유치를 제시하고 있다.

저자들은 투자 유치를 위해서 다음과 같은 전제 조건이 충족되어야 한다고 주장한다. 먼저 시장 기능이 작동하는 이원적 은행제도가 확립되어야 한다. 그리고 환율제도 개혁, 인플레이션 안정화 및 글로벌 지급결제망 접속 등 전제 조건이 충족되어야 한다. 이들 전제 조건이 성공적으로 충족되기 위해서는 우선적으로 신뢰할 만한 북한 통계 인프라 구축 노력, 통계 접근성 강화 등에 달려 있다고 보고 있다.

이홍식·조성택(6장)은 북한의 국제적 지위는 세계무역기구(WTO)에 가입하는 것으로 최종 완성된다고 보고 있다. 북한이 본격적인 개혁·개방을 실시하더라도 WTO에 가입하기 위해서는 많은 사전적 준비가 필요하다. 중국과 베트남도 본격적인 개혁·개방 정책을 실시한 이후에도 가입신청에서 완료까지 10년 이상 시간이 소요되었음을 볼 때 준비 과정에 어려움이 많다는 것을 시사한다.

WTO 가입을 위한 준비단계로서 가장 중요한 전제 조건으로 저자들은 북한은 투명성과 예측 가능하도록 정책결정 과정을 개편해야 한다고 주장한다. 그리고 계획경제 체제에서 수행되어 온 가격 및 금융제도를 시장 기능을 기본으로 하는 제도로 개혁되어야 하고, 국제 수준에 부합하는 법과 제도 등을 구비해야 한다. 저자들은 남북한 경제협력이 제도적 준비를 위하여 중요한 역할을 할 것으로 보고 있다. 북한은 남북한 경제협력을 통해 국제통상 규범을 학습하고 남한과 지역무역협정(FTA) 등 경제통합을 통하여 통상 경험을 축적할 수 있다. 마지막으로 WTO에 가입할 때 남북한 경제협력의 특수성을 인식시켜서 남북한 경제협력을 최혜국 대우 예외 사항으로 인정받도록 하는 방안도 있음을 제안하였다.

### 4.2. 노동 정책, 농촌개발 및 도시개발 전략

본 소절은 북한의 주요 분야별 발전 전략 중에서 노동 정책, 농업개발, 도시개발협력 정책을 제안하고 있다.

금재호(7장)는 북한 체제의 변화가 노동시장에 대한 영향 및 대처 방안에 대하여 다음과 같은 세 가지 정책 과제를 제시하였다.

첫째, 북한 근로자의 생산성 제고이다. 이를 위해서는 북한의 교육훈련 시스템을 재정비하고, 교육훈련의 실효성을 높이는 노력을 통하여 북한 근로자의 생산성 제고가 필요하다. 둘째, 고용정보 시스템의 구축을 통하여 북한 노동시장이 제대로 기능하고 성장할 수 있도록 해야 한다. 즉, 사적 관계 또는 민간 브로커에 의존하는 노동시장에서의 일자리 매칭에서 벗어나 정부가 체계적인 고용 서비스를 제공할 필요가 있다.

셋째, 북한형 고용보험제도의 도입을 통하여 사회안전망 구축이 필요하다. 북한은 연금제도, 산재보험, 의료보장, 고용지원제도 등 사회보장제도를 통합적으로 운용하고 있다. 근로자를 지원하기 위한 제도로 노동능력상실연금, 실업보조금, 일시적 보조금이 있고, 여성의 임신·출산을 지원하기 위한 해산(임신)보조금, 산후보조금, 해산보충보조금 등이 있다. 특히, 북한 경제의 변혁으로 인해 실업이 공식적으로 인정되고 직장 이동이 활성화됨에 따라 한국과 같은 고용보험제도를 북한의 실정에 맞게 도입할 필요가 있다.

김영훈(8장)은 북한의 식량 부족 현상을 해결하기 위해서 경제특구 인근지역을 중심으로 농업개발 프로그램을 추진할 것을 제안하였다. 북한의 농업은 여러 차례의 개혁·개방 노력에도 불구하고 아직도 '자본 부족과 개혁 부진의 함정'에서 벗어나지 못하고 있다. 더욱이 국제사회의 대북제재에 따라 북한의 국제교역과 북한에 대한 투자 감소가 현실화되고 있다. 그 여파로 최근 농업 생산은 감소하고 있으며 식량 수급 사정도 악화되고 있다.

저자는 북한의 경제특구와 연관 효과를 창출하고 특구의 농산물 수요 증대에 대비하며 새로운 대외 농업협력 모델이 될 수 있는 경제특구 인근지역에서의 농업개발 프로그램을 제시하였다. 이러한 목적을 달성하기 위해서는 남북한 간 협력이 필수적이라고 보고 있다. 남북한 간 농업교류협력은 민간지원단체가 추진하고 있는 농업협력사업, 공공 부문이 추진할 수 있는 기반조성협력 및 교류사업, 민간기업 간 상업적 교역과 투자협력사업으로 추진해야 한다고 주장하고 있다. 또한 이를 통해 경제적 이익을 창출함과 동시에 농업 발전을 동시에 추진할 수 있는 물적·제도적 기반이 조성될 수 있을 것으로 보고 있다.

최천운·이홍수(9장)는 남북한 간 교류협력 활성화를 위한 도시개발협력 방안을 제시하였다. 저자들은 당장 국가 대 국가 차원의 협력보다는 도시와 도시 차원의 접근을 우선적으로 제안하고 다음 4가지 방안을 제시하고 있다.

첫째, 남한과 북한이라는 국가 대 국가가 아니라 도시 대 도시(City to City) 개념을 도입하여 '서울-평양'처럼 도시 간 교류협력을 지향해 나가야 한다. 둘째, 사업의 지속 가능성을 높이기 위하여 주거환경 개선사업을 인도적 교류협력사업의 범위에 포함시킬 필요가 있다. 셋째, 한국 정부의 국유지 개발 노하우를 부동산 개발 금융 기법과 접목하여 도시개발협력에 적용할 필요가 있다. 넷째, 싱가포르와 말레이시아가 수행하였던 토지 스와프 개념을 도입할 필요가 있다. 이러한 협력을 통하여 서울-평양 두 도시 간 교류에서 더 나아가 외국의 주요 도시와의 다자 간 협력 방안을 모색할 필요가 있다.

### 4.3. 에너지, 기후변화 및 산림 복구 전략

북한의 에너지 및 기후변화 대응 전략과 관련해서는 정태용·문종우, 하윤희 및 이우균·이슬기·최현아의 논문이 있다.

정태용·문종우(10장)는 북한의 진정성 있는 비핵화 노력과 구체적인 프로그램을 만들고 이행하는 과정을 통하여 북한이 국제사회의 일원이 되는 것을 전제로 하고 정책 제안을 하고 있다. 북한은 가까운 미래에 과감한 경제발전과 기후변화에 대응하기 위한 계획을 이행하는데 필요한 기본 조건들이 충족된다고 보기 어렵다. 따라서 북한이 제출한 자발적 감축목표(NDC)에 제시한 정책을 이행하고 효과적으로 목표를 달성하기 위해서 국제사회가 구체적인 재정 및 기술적 지원 프로그램을 만들고 이행할 수 있는 여건을 우선적으로 만들어 주어야 한다.

북한은 경제발전을 위하여 필요한 사회간접자본 시설을 확충하는 것이 필요하다. 이 과정에서 북한 사회가 기후변화의 영향을 줄이기 위한 계획을 동시에 고려할 필요가 있다. 국제사회가 개도국의 기후변화 적응계획 수립과 이행을 지원하는 프로그램을 활용하여 북한의 국가 및 지방 단위의 기후변화 적응계획을 구체적으로 수립할 수 있도록 해야 한다. 이를 위해 북한의 기후변화 적응계획 수립을 위한 다양한 교육 및 능력배양 프로그램을 우선적으로 시행하는 것이 첫 번째 할 일이다.

하윤희(11장)는 파리협정에 따라 출범하는 신기후 체제 하에서 기후변화 대응과 지속가능발전을 위해 북한이 활용할 수 있는 다양한 기회와 남북한 간 탄소시장 협력에 대해 논의하였다. 파리협정 개도국의 기후변화 적응과 감축, 역량 강화를 위한 다양한 지원 방안을 보장하고 있다. 이에 따라 기후변화로 다양한 사회경제적 문제에 직면하고 있는 북한도 국제사회의 지원을 통해 환경, 에너지, 경제 문제를 해결할 수 있는 기회를 확보할 수 있게 되었다. 그동안 북한은 폐쇄적 국가 운영 기조에도 불구하고, 교토의정서와 파리협정에 적극적으로 참여하는 등 환경 관련 국제협력에서는 유연한 자세를 취해 왔다. 그런 점에서 파리협정 이행을 위한 남북한 간 협력의 가능성은 어느 분야보다 높다.

파리협정 제6조 제2항에 따른 탄소시장 메커니즘은 남북한 간 협력의 통로가 될 것이다. 남북한 간 통합 탄소시장이 열리면 온실가스 감축 잠재성이 높은 북한은 안정적 배출권 수요처를, 배출권 부족 사태에 시달리고 있는 남한은 안정적인 배출권 공급처를 확보하게 될 것이라는 점에서 상호 경제적 이득에 기반한 협력이 가능하다. 남북한 간 통합 탄소시장은 확대된 규모와 강화된 가격경쟁력을 바탕으로 향후 추진될 동북아 탄소시장 논의에서도 더 큰 목소리를 낼 수 있는 기반이 될 것이다. 남북한 간 협력 체계를 구축하는 과정에서 확보되는 상호 이해와 신뢰, 그리고 성공적 협력의 경험은 향후 남북관계의 지평을 확대하는 중대한 계기가 될 것이다. 이러한 구상이 실현되기 위해서는 개성공단 사태에서도 확인된 바와 같은 제도의 불안정성과 시장의 불투명성이 극복되어야 하고, 온실가스 인벤토리와 같은 관련 핵심 데이터의 미비 등 기본적인 인프라 부족 문제가 선결되어야 한다.

이우균·이슬기·최현아(12장)는 북한의 산림 황폐를 복구하기 위해서는 우선적으로 남북한의 양자 간 협력보다는 다자 간 협력을 강조하면서 다음과 같은 제안을 하고 있다.

첫째, 북한의 산림 황폐 복구는 식량 부족에 따른 빈곤 문제, 물 및 에너지 부족에 따른 기본생활권 위협, 환경 회복력 파괴 등 국제적 이슈와 직·간접적으로 연계되고 있다. 따라서 이러한 이슈에 대응하기 위하여 우선적으로 남북한이 동시에 가입된 국제기구를 통하여 다자 간 협력사업을 추진할 필요가 있다. 예를 들면, 유엔 식량농업기구(FAO)와 유엔 사막화방지협약(UNCCD) 등이다.

둘째, UN 기구들이 북한에서 활동할 때 고려해야 할 포괄적인 방향을 제시한 'UN과 북한의 협력을 위한 전략 프레임워크'를 따를 필요가 있다. 북한의 산림 황폐 복구를 위하여 이 프레임워크가 제시하는 우선순위와 전략을 적극적으로 활용하는 국제협력 방안을 추진해야 한다. 마지막으로 비일관성이나 혼란이 나타날 수 있는 국제협력사업의 단점을 보완하기 위하여 남북한 간 협력사업도 동시에 추진될 필요가 있다. 이를 위한 첫 단계로 북한 산림 황폐지를 위한 복구계획 및 사업 지침을 마련한다. 그리고 이를 위하여 '북한 황폐지 파악 및 복구계획을 위한 공동조사 및 계획단'을 구성할 것을 제안하고 있다.

## 5. 결론

본 장은 북한이 경제발전 전략으로 본격적인 개혁·개방 정책을 실시하는 경우 과거 독일의 통일형이나 구소련형이 아닌 동아시아형 경제 체제 전환을 따를 것이라고 전제하고 있다. 이들 국가의 체제전환 정책을 기반으로 지속 가능한 경제발전을 추진하기 위하여 현재 경제·제도적 인프라가 어떻게 정립되어야 하는가에 대한 방향을 제시하고 있다.

현재와 같은 계획경제적 폐쇄경제 구조 하에서는 북한에 대한 ODA나 FDI의 유입은 불가능하다. 다국적 기업이 북한에 투자하여 생산한 재화를 국제적으로 거래하지 못한다면 투자에 대한 이윤을 기대하기 어렵기 때문에 투자 유인이 없다. 그리고 노동시장 정책이 노동자 고용이나 이들과의 임금 지불 계약이 노동자와 고용자가 직접적으로 이루어질 수 있도록 전환되어야 한다. 국내에서의 투자 이익이 투명한 환율제도 하에서 자국으로 송금하는 데도 한계가 있다. 이러한 제도적 정비는 단기간에 달성되기 어렵기 때문에 많은 연구자들은 특정 지역을 중심으로 발전 전략을 시험적으로 실시할 수 있는 경제특구제도를 추천하고 있다. 많은 개발도상국들이 발전 초기에 실시하는 정책이기도 하다.

결론적으로 동아시아 체제전환국들이 발전 전략을 어떻게 실시했는지를 구체적으로 알아보는 것은 북한이 추구해야 할 정책적 방향을 제시하는 데 매우 유익한 정보가 된다. 본 저서는 각 분야의 전문가들이 한국뿐만 아니라 주요국의 발전 경험을 검토하여 북한의 개혁·개방 정책의 방향과 정책적 제안들을 제시하고 있다. 여기서 제시된 정책 제안들은 추후 북한이 본격적인 개혁·개방을 통한 경제발전 전략을 실시할 때 매우 중요한 시사점을 줄 것이다.

## 참고 문헌


강성진, “3,000달러 소득을 달성하기 위한 북한 경제성장 가능성과 전제조건,” 남성욱 · 서재진 외 공저, 『한반도 상생 프로젝트: 비핵 개방 3000구상』, 나남, 2009.

______, 『경제발전론』, 박영사, 2018.

______, “북한의 성공적 경제 체제 전환,” 정갑영 외 공저, 『한국경제, 혼돈의 성찰』, 21세기북스, 2019, pp. 143~156.

강성진 · 정태용, 『경제 체제 전환과 북한: 지속가능발전의 관점에서』, 고려대학교 출판문화원, 2017.

강성진 · 정태용 · 손상학, “북한의 경제 체제 전환과 경제성장 시나리오에 따른 필요 투자재원 연구,” 『통일연구』 제22권 제2호, 2018, pp. 5~48.

성한경, 『남북한 경제통합의 효과』, 세종: 대외정책연구원, 2014.

송준혁, “내생적 성장모형을 이용한 남 · 북한 경제통합 성장 경로 분석,” 『한국경제의 분석』 제20권 제1호, 2014, pp. 57~94.

조시준 · 강성진, “산업연관분석을 통한 중국, 베트남, 캄보디아 산업구조 비교 연구,” 『국제통상연구』 제24권 제1호, 2019, pp. 75~110.

최장호 · 김범환, 『남북한 경제통합 분석모형 구축과 성장효과 분석』, 중장기통상전략연구 17-01, 대외경제정책연구원, 2017.

현대경제연구원, “남북통일, 편익이 비용보다 크다 – 통일비용 및 통일편익의 추정과 시사점,” 경제주평 10-42(통권 422호), 현대경제연구원, 2010.

de Melo, M., C. Denizer, A. Gelb, and S. Tenev, “Circumstance and Choice: The Role of Initial Conditions and Policies in Transition Economies,” *The World Bank Economic Review*, 15(1), 2001, pp. 1~31.

Solt, F., “The Standardized World Income Inequality Database, Version 8”- Estimate of Gini Index of Inequality in Equivalenced(square root scale) Household Disposable(post-tax, post-transfer) Income, 2019(https://dataverse.harvard.edu/dataset.xhtml?persistentId=doi:10.7910/DVN/LM4OWF 검색일: 2019. 7. 7).

World Bank, WDI[World Development Indicators](https://datacatalog.worldbank.org/dataset/world-development-indicators 검색일: 2019. 7. 7).

# 제 1 부

## 경제발전 전략

제2장 조선민주주의인민공화국 경제의 특성과 발전 전망

제3장 남북한 경제통합의 경제적 효과

제4장 북한의 경제개발 전략과 산업구조

제5장 북한의 경제발전 재원조달의 전제 조건

제6장 북한의 경제발전과 WTO 가입 효과

Chapter 2

# 조선민주주의인민공화국 경제의 특성과 발전 전망

권철남(연변대학교 경제관리학원, 중국)
조시준(연변대학교 경제관리학원, 중국)

1. 서론
2. 조선의 부존자원 조건 및 특징
3. 조선의 발전 전략 및 대외 개방과 시장화 정책의 제약성
4. 조선 경제의 기본 특징
5. 조선의 발전노선 전환과 경제발전 전망
6. 결론

## 1. 서론

2011년 12월, 조선민주주의인민공화국(이하 '조선') 김정일 국방위원장의 사망으로 인해 김정은 위원장이 새로운 지도자로 등장하였다. 집권 초기인 2012년 6월, 김정은 위원장은 '우리식 경제관리 방법'(6·28 방침)을 천명하며 경제개선조치 실시에 대한 강한 의지를 드러냈다. 그리고 2013년 3월에 열린 조선노동당 중앙위원회 전원회의에서는 '경제건설과 핵무력 건설 병진노선'을 채택하며 향후 조선 사회의 나아갈 바를 제시하였다. 이는 선대인 김정일 국방위원장의 '선군정치'보다 경제건설에 매진하겠다는 강력한 의사표명이었다.

이후 김정은 위원장은 핵과 미사일 개발에 박차를 가하는 한편 경제성장과 조선 주민의 생활 수준을 높이기 위한 일련의 정책들을 실시하였다. 국유(집체)경제 개혁과 시장경제 및 대외 경제교류의 확대 등의 조치들이 이에 해당한다. 그러나 핵과 미사일 개발은 치명적인 반대급부를 낳았는데, 2016년 말부터 가해진 국제사회의 강도 높은 경제제재가 바로 그것이다. 조선의 핵 개발과 미사일 발사 실험 등으로 한반도의 정세는 한치 앞을 알 수 없는 긴장 국면을 맞이하였고, 조미 간의 갈등은 금방이라도 충돌로 이어질 것만 같았다. 이러한 상황에서 2018년 4월, 조선의 김정은 위원장은 조선노동당 제7차 중앙위원회 제3차 전원회의 석상에서 '병진노선'의 역사적 임무가 완성되었음을 선언하고, 앞으로 전당과 전국의 모든 역량을 집중하여 사회주의 경제건설을 골자로 한 '경제건설 중심노선'을 실시할 것이라 천명하였다.

또한 2018년을 기점으로 김정은 위원장은 국제관계 개선에 적극적으로 나서고 있다. 잇따른 남북정상회담을 통해 한반도의 비핵화와 군사긴장 완화 등을 약속하였고, 역사적인 조미정상회담으로 세계의 이목을 모으기도 하였다. 이는 조선이 더 이상 고립된 은둔의 나라가 아니라 경제제재를 해제

하고 국제사회에 편입하려는 노력의 일환이기도 하다. 이에 따라 국제사회의 이목은 조선을 주시하기 시작하였는데, 특히 조선의 경제적 특성과 향후 발전 전망에 대한 관심이 집중되었다. 따라서 본고는 이러한 상황적 요구에 부응하여 조선 경제의 여러 특성을 소개하고 그 발전 전망을 타진해 보고자 한다.

본고의 구성은 다음과 같다. 2절에서는 조선의 부존자원 조건 및 특징을 알아보고자 한다. 3절에서는 발전 전략과 대외 개방 및 시장화 정책의 제약성에 대해 살펴볼 것이며, 4절에서는 조선 경제의 기본 특징을 설명하려 한다. 5절에서는 발전노선의 전환과 이에 따른 경제발전을 전망하였고, 6절의 결론으로 갈음한다.

## 2. 조선의 부존자원 조건 및 특징

조선 경제에서 부존자원이 차지하는 비중은 막대하다. 조선의 국토면적은 12.3만 $km^2$이고, 인구는 2,490만 명(2016)[1)]이며, 명목 GDP는 2013년과 2014년에 각각 245.0억 달러와 261.3억 달러로 전형적인 소형 경제체이다.[2)] 지형은 산지와 고원이 80%를 차지하고 있어 농업 생산 조건이 열악하다. 광물자원이 풍부하지만 석유와 역청탄은 산출되지 않는다. 따라서 조선 경제가 지속적인 성장을 실현하기 위해서는 대외 경제 교류와 협력이 반드시 필요하다.

1 조선이 2008년에 진행한 제2차 인구일제조사 결과에 의하면 인구는 2,405만 명이다. 그리고 한국 통계청의 조선 인구 통계를 보면 2008년 2,393만 명, 2016년 2,490만 명인데 두 통계의 2008년 인구는 거의 일치한다.

2 조선 사회과학원 리기성 부원사가 2016년 4월 26일에 중국 연변대학교 경제관리학원에서 진행한 학술포럼에서 발표한 통계수치이다.

## 2.1. 농업 자원

조선의 농업 분야 생산 조건은 매우 열악하다. 전체 국토면적 중 산지와 고원이 80%를 차지하고 있는 반면 농경지 면적은 약 160만 헥타르에 불과하다. 게다가 경작지의 64%가 산간지역의 밭으로 이루어져 있으며 제대로 된 논밭은 36%에 불과하다. 농작물도 자급(자체 소비)을 위한 옥수수와 벼가 대부분이다. 반면 경제작물의 재배면적은 아주 작다(權哲男, 2013, p. 51). 따라서 매년 식량난을 해결하기 위해서는 일정량의 곡물 수입이 필요하며 경공업의 주요 원료인 밀가루, 식물유, 설탕, 면화(면실) 등도 대부분 수입에 의존하고 있다.

## 2.2. 광물자원

조선의 광물자원은 대체로 풍부하여 경제성장에 유리한 조건을 제공하지만, 일부 자원은 수입에 의존할 수밖에 없다. 조선의 광물자원은 종류가 아주 다양하다. 현재까지 알려진 종류만 하더라도 300여 종에 달하며 이중 200여 종이 산업적으로 유용하다. 일부 광물자원은 매장량도 매우 풍부하다. 석탄 매장량은 205억 톤으로 추정되며, 철광석(Fe 50%)은 세계 6위(50억 톤)이고, 마그네사이트(MgO 45%)는 세계 3위(60억 톤), 텅스텐(금속 기준)은 세계 4위(24.6만 톤)이다. 특히 흑연은 매장량 세계 1위를 자랑하며 희토류 매장량도 세계에서 손꼽힐 정도이다. 그 밖에 납, 아연, 구리 등도 아주 풍부하다(정화순, 2015, p. 16; KDB산업은행, 2015). 이러한 광물자원은 조선의 공업 분야에 원료로 이용되거나 주요 수출품으로 외화벌이의 중요한 수단이기도 하다.

그러나 석유와 역청탄은 산출되지 않아 전량 수입에 의존한다. 1990년대부터 석유 수입이 급격하게 감소하면서 심각한 에너지난에 봉착하였고, 국가의 기간산업인 석유화학공업 부문이 큰 타격을 받았다. 또한 역청탄의 수입도 큰 폭으로 감소하여 철강공업이 장기간 부진을 면치 못하는 원인 중 하나가 되고 있다. 조선 경제가 되살아나기 위해서는 석유와 역청탄의 확보가 필수적이다.

### 2.3. 수력자원

조선의 수력자원은 상대적으로 풍부하다. 따라서 조선은 풍부한 수력자원과 석탄자원을 토대로 전력산업 발전 정책을 수립하였고 수력발전과 화력발전의 확대에 주력해 왔다. 하지만 1990년대에 들어서면서 노후화된 발전설비에 부품 부족 현상이 빚어지고 중유와 우질탄(질 좋은 석탄) 등 연료 공급이 원활하지 못하면서 화력발전 설비의 이용률이 크게 감소하였다. 이는 전력부족 문제를 초래하면서 전력산업의 중심축도 수력발전으로 옮겨지게 되었다(權哲男, 2018a, pp. 49~51).

조선은 사계절의 변화가 뚜렷한 온대지역으로 갈수기에는 수력발전량이 크게 감소한다. 이때 화력발전으로 전력량을 보충할 수 없게 되면서 전력수급이 계절의 변화에 따라 파동이 크다. 게다가 절연선이나 피복선 등 송전과 배전에 필요한 전선들이 대부분 노후화되어 송배전 과정에서의 전력 손실률이 약 30%에 달하고 있다고 한다(日本貿易振興機構海外調査部, 2015, p. 130). 따라서 전력난을 극복하기 위해 조선 당국이 적극적인 노력을 기울이고 있지만 아직 문제 해결을 하지 못하고 있다.

### 2.4. 인적 자원

조선 정부는 국민교육을 중시하여 1956년부터 4년제 의무교육을 실시하였고, 1972년부터는 10년제 의무교육을 전면 실시하여 국민의 기초교육 수준과 보급률은 비교적 높다. 반면 오랜 기간 쇄국 정책의 실시와 국제사회로부터 고립되어 온 결과, 고등교육의 수준이나 보급률은 상대적으로 뒤처져 있다. 현재 조선의 교육 분야는 선진 교육 체계와 산업 전반을 발전시킬 수 있는 고급 기술교육이 시급해 보인다. 이를 위해 국제적인 인적 교류와 국외로부터의 교육자원 영입이 필수적이다.

한국 통계청의 통계에 따르면 조선의 인구는 2016년 기준으로 2,490만 명이다. 이중 생산 가능 인구(15~64세)는 1,732만 명으로 전체 인구의 69.6%를 차지하고 있다. 반면 노령인구(65세 이상 인구)는 전체 인구 중 11.6%를 차지해 상대적으로 낮은 편이다. 노동자의 임금 수준은 개성공단의 2014년도 월 평균 임금이 127달러[3]였으며, 나진-선봉 특구의 월 평균 임금은 약 94달러에 불과하다(權哲男 · 李庚倩, 2018, pp. 24~25). 조선의 임금 수준이 전반적으로 낮다는 것은 노동집약적 산업을 육성하기에 적합하다는 것을 의미한다. 하지만 노동력의 절대량이 많지 않기 때문에 경제성장이 본격적으로 이루어질 경우 노동력 부족 문제에 직면할 여지가 있다.

### 2.5. 지리적 위치

조선은 지리적으로 동북아지역의 요충지에 해당된다. 남쪽으로는 한국, 서북쪽으로는 중국의 동북지역, 그리고 북쪽으로는 러시아의 원동지역과 인접해 있다. 또한 동해를 사이에 두고 일본과 마주하고 있기 때문에 국제 경제 교류와 협력관계를 이어 나가기에 아주 유리한 지리적 위치를 차지하고 있다.

3 개성공단에서 조선 노동자들의 임금은 남북 간의 합의에 의하여 매년 5%씩 인상된다.

만약 지금 진행되고 있는 조미회담의 결실로 대북제재가 풀리고 남북관계가 더욱더 개선되며 조선이 보다 적극적으로 대외 개방과 시장화 개혁 정책을 추진하게 되면, 그리하여 조선을 비롯해 한국, 중국의 동북지역, 러시아의 원동지역, 몽골 등이 철도와 도로 등의 육로로 연결되고 고속철도와 같은 첨단 인프라가 구축되면, 동북아 일대는 일일생활권의 조성과 더불어 세계적으로 괄목할 만한 크나 큰 국제시장이 새롭게 형성될 것이다(權哲男, 2018b, p. 29). 그뿐만 아니라 일본 역시도 조선의 나진, 청진, 원산 등 동해 연안의 항구도시를 이용하여 최단 거리로 중국 동북지역과 몽골 등지에 접근할 수 있다.

자본을 투자할 때는 투자지역의 노동력이나 자연자원 등에 대한 비교우위뿐만 아니라 지역시장 규모의 크기와 활성화 정도 및 장기적인 발전 잠재력도 중요하게 살펴보아야 한다. 따라서 조선의 대외 개방과 시장화 개혁을 통해 동북아 일대에 국제시장이 형성된다면 세계 자본의 투자와 무역 활성화에 중요한 요인으로 작용할 것이다.

지금까지 살펴보았듯이 조선은 비교적 저렴한 양질의 노동력과 풍부한 광물자원을 보유하고 있다. 게다가 지리적 조건 또한 세계경제와 연계하기에 매우 유리하다. 따라서 조선 경제의 성장 잠재력은 아주 크다. 조선이 부존자원의 제약을 극복하고 지속적인 경제성장을 실현하기 위해서는 세계경제와의 부단한 교류와 협력이 반드시 필요하다.

## 3. 조선의 발전 전략 및 대외 개방과 시장화 정책의 제약성

조선은 1950년대 말부터 일관되게 사회주의 국가건설이란 기치 아래 당이 주도하는 계획경제를 토대로 중공업, 특히 방위산업을 중심으로 한 경제발전 전략을 추진해 왔다. 이는 쇄국과 자력갱생이란 대전제 하에 가능한 것이었다.

조선의 대외 경제는 1960년대 말까지 주로 대북 원조를 중심으로 한 사회주의 국가들과 부분적으로 이루어졌을 뿐 자본주의 국가들과의 경제관계는 전무하다시피 했다. 그러나 1970년대에 접어들어 한국의 빠른 경제성장에 위기감을 느낀 조선 정부는 서방 국가들로부터 플랜트(Plant) 도입을 시도하였다. 그리고 1980년대 들어 거듭된 경제 부진에 경제위기가 가중되면서 부분적인 대외 개방과 시장화 정책을 시도하기 시작하였다.

하지만 조선 정부는 지금껏 단 한 번도 국가 발전의 전략적 차원에서 대외 개방과 시장화 정책을 결정한 바 없다. 대외 개방 및 시장화 정책과 국내 정치 체제의 유지를 서로 공존할 수 없는 모순체로 인식하여 대립시키고 체제 유지를 최우선으로 하였기 때문이다. 그러나 쇄국과 자력갱생 정책만으로는 심각한 경제위기를 타파할 수 없었다. 따라서 조선은 대외 개방 및 시장화 정책과 쇄국 및 자력갱생 정책 사이에서 우왕좌왕하였고, 결과적으로 적극적인 대외 개방과 시장화 정책을 실시하지 않았다.

조선 정부의 이러한 모순성은 국내외 정책에 혼선을 빚게 되었다. 정책의 연관성이 결여되었고 국가 신용도가 크게 떨어졌으며 외국 자본을 유치하려는 시도 역시 번번이 실패하였다(權哲男, 2013, p. 51). 따라서 조선의 국민경제는 생산 부진-수출 부진-외화 부족-수입 부족-생산 부진의 악순환에 빠져 심각한 경제위기가 지속되고 있다.

### 3.1. 1970년대 서방 국가들로부터의 플랜트 도입과 실패

1970년대 들어 한국에서는 이미 1960년대 초반부터 수출주도형 경제개발 계획을 추진하여 "한강의 기적"이라 불릴 만큼의 경제성장을 이루기 시작하였다. 게다가 1970년대의 고도 성장기를 거치면서 한국은 조선을 추월하고 아시아의 신흥 경제 강국으로 부상하여 조선 권력층 내부에서도 위기감이 팽배해지기 시작하였다.

한편, 1972년 미국 닉슨 대통령의 중국 방문과 중일 수교 등을 계기로 국제사회의 냉전 체제도 완화되기 시작하였다. 한반도에서는 한국과 조선 정부 간에 상호 불가침을 골자로 한 '7.4 남북공동성명'이 발표되었다. 이러한 세계정세의 변화와 한반도의 긴장 완화에 편승하여 조선은 덴마크, 핀란드, 호주 등 21개의 자본주의 국가들과 국교를 수립하고 국제 환경을 크게 개선하였다. 나아가 1970년부터 1975년까지 일본, 호주, 프랑스, 영국, 독일 등 21개의 OECD 가맹국과 협의를 체결하여 6~7%의 연이율과 4~5년의 상환기한에 총 12.42억 달러 규모의 화학, 제지, 석유화학, 시멘트, 방직 등의 기계설비 플랜트를 도입하였다. 이는 조선이 서방 국가들로부터 자본과 기술을 도입한 최초의 시도였다.

그러나 조선의 플랜트 도입은 실패로 돌아간다. 오랜 쇄국 정책으로 인해 국내 경제 기반이 취약한데다 1973년에 발발한 석유파동(oil crisis)의 충격이 결정타였다. 세계경제가 일대 혼란과 위기에 직면한 가운데 조선의 대외 무역 조건 역시 크게 악화되어 결국 조선은 채무불이행국으로 전락하였다. 이로써 조선과 서방 국가들 간의 경제관계 발전은 더 이상 나아갈 수 없었다(林今淑·權哲男, 2011, pp. 280~281).

한 나라의 경제발전은 경제발전 전략의 전환과 이에 상응한 제도개혁 없이는 성공하기가 불가능하다. 조선이 플랜트 도입에 실패한 근본 원인은 경제발전 전략의 전환과 이에 상응한 제도개혁 없이 기존의 사회주의 계획경제 체제 하에서 단순히 해외의 자본과 기술만 도입하려 하였기 때문이다. 경제 체제의 개혁이 없는 제한적 개방으로는 경제의 체질개선을 이룰 수 없다. 바로 이 지점이 조선 경제의 자기모순점인 것이다.

## 3.2. 1980년대 외자 유치의 시도와 실패

1980년대 조선의 경제 상황은 한층 어려워진다. 이는 조선이 1973년부터 실시한 "3대혁명소조"운동과 "속도전"으로 정신력만 고취시키고 객관적 법칙을 무시한 생산운동을 추진하고(今村弘子, 2005, pp. 125~126), 게다가 채무누적 문제와 외화 부족, 취약한 산업기반에 따른 낙후된 산업기술, 대중운동 방식의 생산동원, 많은 국방비용 및 모뉴먼트(monument) 투자 등에 의해 발생한 필연적 결과이다.

이러한 상황 하에서 조선은 1984년 9월에 외자 유치의 물꼬를 트기 위해 『합영법』을 제정하여 발표하였다. 일본의 조총련 계열 기업들을 중심으로 프랑스, 스웨덴, 홍콩 등의 국가와 지역의 기업들이 조선에 투자하였다. 하지만 합영기업의 운영 과정에서 조선이 일방적으로 경영권을 독점하고 생산한 제품의 처분까지도 임의로 하여 투자자들이 경영 이윤을 확보하기 어렵게 되어 경영 상황이 악화되었다. 결국 합영기업을 통해 외자 유치를 하려던 조선 당국은 뚜렷한 성과를 거두지 못하였다. 1991년 말까지 설립된 합영기업의 수는 모두 123개이다. 이중 75%는 조총련 계열의 기업들이며 실제로 조업한 기업은 58%에 그쳤다. 또한 제조업에 대한 투자도 25%에 불과하였으며 조선 측이 기대했던 중공업에 대한 투자는 극히 미미하였다(林今淑·權哲男, 2011, p. 282). 따라서 조선의 외자 유치는 완전히 실패했다 해도 과언이 아니다.

조선이 외자 유치에 실패한 주요 원인은, 명확한 경제발전 전략과 개혁·개방 정책으로의 전환이 없었기 때문에 "자본은 유치하나 정보의 유입은 원천 차단한다"는 원칙 하에서는 합영기업의 원활한 경영 활동에 필요한 환경을 조성할 수 없었기 때문이다.

## 3.3. 1990년대 '나진-선봉자유무역지구'의 개발과 좌절

조선의 경제 상황은 1980년대 중반부터 더욱 악화되기 시작하였다. 외자 유치에 큰 성과가 없었고, 대외 무역에서도 외화 부족과 채무누적으로 인해 서방 국가들과 무역도 어려워졌다. 물물교환 방식으로 명맥을 유지하던 사회주의 국가들과의 무역도 조선의 수출 능력의 제한으로 고전을 면치 못했다. 게다가 1988년의 서울 올림픽에 대항하여 평양에서 세계청년학생축전을 개최하였는데 무려 260개의 프로젝트에 40억 달러가 투입되었다. 결국 이 행사의 후유증으로 조선 경제는 외화 부족과 재정난이 더욱 심화되었다(今村弘子, 2005, p. 134).

이러한 연유로 조선은 유엔개발계획(UNDP)이 추진하고 있는 두만강 지역 개발사업을 이용하여 외자를 유치하고 경제난을 타개하고자 1991년 12월에 '나진-선봉자유경제무역지대'를 설립하였다. 이듬해 4월에는 헌법을 개정하여 "조선민주주의인민공화국은 우리나라 경내의 외국인들의 합법적 권리와 이익을 보호하고", "국가는 우리나라의 기관, 기업소, 단체가 외국법인 및 개인 간의 기업 합영과 합자를 보호"한다고 규정하였다. 동시에 "조선민주주의인민공화국은 사회주의 생산관계와 자립적인 생산관계를 기초로 한다"고 규정하여 기존의 경제 체제의 유지도 강조하였다(西尾昭·張君三, 1997, p. 10). 나아가 조선은 「외국인투자법」, 「자유경제무역지대법」 등 관련 법규를 제정하여 외자 유치를 위한 제도적 장치를 마련하였다.

1997년 6월, 조선은 나진-선봉자유경제무역지대 내에 일련의 경제개혁 조치를 단행하고 외자 유치 관리 권한을 포함한 부분적 권리를 자유경제무역지대의 정부에 부여하였다. 또한 시장경제 체제를 도입하고 배급제를 폐지하였으며 기업에 대해 독립채산제(independent accounting)를 실시하였다. 이에 따라 개인 경영을 용허(容許)하고 자유시장을 개설할 수 있도록 했으며, 환율을 1달러당 200원으로 통일하였다(李燦雨, 2003, p. 13). 그러나 조선의 노력에도 불구하고 나진-선봉자유무역지대의 외자 유치는 큰 성과를 거두지 못하였다. 이는 여전히 투자보장 장치 등에 대한 국제적인 신뢰가 미흡하고 산업인프라가 취약해 외국 투자자들이 관망세를 취하고 있었음을 보여 준다.

그 결과 1998년부터 김정일 국방위원장은 경제위기로 혼란해진 사회 및 경제의 질서 정돈에 착수하고 나진-선봉자유무역지구에 대한 중앙정부의 통제를 강화하였다. '나진-선봉자유경제무역지대'라는 명칭에서 '자유'를 삭제하고 '나진-선봉경제무역지대'로 재명명하고, 원정리 자유시장을 폐쇄하였다. 그리고 1999년 2월, 최고인민회의 상임위원회의 정령에 근거하여 9개의 관련 법률을 수정하고 5월에는 내각의 결정으로 5개의 관련 법률을 수정하였다. 이에 따라 외국인 투자 지역을 나진-선봉지구로 제한함과 동시에 외자 유치 관리 권한을 포함한 '나진-선봉경제무역지구'의 독자적인 운영권을 다시 중앙정부로 귀속시켰다(權哲男, 2006, p. 178).

이러한 일련의 조치들은 나진-선봉경제무역지구의 개방과 개발에 역행하는 행위로서 외국인 투자자들이 조선의 대외 개방과 시장화 정책에 대한 불신임을 더해 주어 외자 유치에 부정적인 영향을 초래하였다.

### 3.4. 2000년대 부분적인 시장화 정책의 실시와 통제 강화

조선의 경제는 1990년대에 접어들면서 급격하게 악화되었다. 국유산업의 생산력 저하로 생필품 공급이 원활하지 않은데다 거듭된 흉년으로 식량배급마저 마비될 지경이었다. 이런 상황에서 암시장의 팽창은 막을 수 없었다. 많은 국민들이 생계 유지를 위해 농민시장을 토대로 형성된 암시장으로 흘러들어갔다.[4] 조선 당국으로서도 심각한 경제위기가 지속되는 상황에서

4 조선의 농민시장은 조선 정부가 1958년 8월에 반포한 "내각 결정 140호"에 근거하여 설치되었다. 이 결정은

국민들의 생계 유지를 위해 그리고 체제 유지를 위한 물적 토대를 마련하기 위해 암시장에서의 경제 활동을 묵인할 수밖에 없었다.

한편, 2000년 5월 김정일 국방위원장은 비공식으로 중국을 방문한데 이어 6월에는 제1차 남북정상회담을 개최하고, 7월에는 러시아 푸틴 대통령의 조선 방문을 맞이하는 등 광폭행보를 이어갔다. 이러한 일련의 외교적 노력을 통해 조선은 남북관계를 비롯하여 중국, 러시아 등 주변국과의 정치·경제 관계가 크게 개선되기 시작하였다.

이러한 배경 하에서 조선은 2002년에 "7·1 경제관리 개선조치"를 단행하였다. 이에 따라 기업으로 하여금 국가로부터 부여된 임무를 초과하여 생산한 제품에 한해 자유롭게 판매할 수 있도록 하고, 신설한 생산재 시장에서 기업 간의 원자재와 부품 등을 사고팔 수 있도록 하는 등 기업의 부분적인 시장 활동을 공식적으로 허용하였다. 동시에 식량 수매가격을 대폭 인상하고 협동농장의 농산물 처분 권한도 확대하였다. 2003년에는 지역별로 종합시장을 설치하고 암시장 거래를 합법화하였으며 거래 제품도 군수품과 약품 등 특정된 제품을 제외한 농산물, 식량, 생필품, 공업품 등 다양한 부문으로 확대하여 이중경제 구조가 형성되기 시작하였다. 또한 신의주 특별행정구, 개성공단, 금강산 관광특구 등을 설립하여 대외 개방의 의지도 보여 주었다.

그러나 시장 활동이 확대되면서 자유주의와 금전만능주의가 확산되고 빈부 격차가 벌어졌다. 게다가 관료들의 부패상도 만연하고 충성도도 낮아졌다. 이러한 변화들은 기존의 정치사회 질서에 대한 충격으로 다가오기 시작하였다. 게다가 2006년 10월, 조선은 제1차 핵 실험을 강행한 계기로 국제사회의 대북 경제제재가 가해지고 국제원조도 크게 줄어드는 결과를 초래하

사유상업을 국유화하여 도시에는 국영백화상점을 설치하고 농촌에는 농업협동조합이 운영하는 농촌상점을 설치하며 전통적인 농촌시장은 농민시장으로 변환하여 농민들이 부업으로 생산한 농산품과 축산품을 거래할 수 있게 하였으며 가격은 거래자들이 협의하여 결정한다.

였다.

2007년 1월, 조선은 '로동신문'에서 "자력갱생의 혁명정신을 발휘하여 경제 강국을 건설하자"라는 사설을 발표하고 시장경제에 대한 통제를 강화하기 시작하였다. 같은 해 10월, 조선 당국은 시장에서의 식량 판매를 금지하고 수익이 비교적 높은 일반 상품은 다시 국영상점에서 판매하게 하였으며 시장 운영 시간과 종사자를 제한하는 등 시장 활동을 전면적으로 단속하고 통제하였다(張慧智, 2010, p. 18). 2009년 11월에는 화폐개혁을 단행하고 종합시장도 일시 폐쇄하였다. 하지만 조선 당국의 시장경제를 통제하려는 정책은 끝내 실효성을 거두지 못하고 오히려 더 극심한 경제위기와 혼란만 초래하였다. 한국은행의 통계에 따르면 조선 경제는 2006년부터 2010년까지(2008년 제외) 마이너스 성장을 면치 못하였다. 따라서 이러한 경제 곤궁에서 벗어나기 위하여 조선 당국은 2010년 5월부터 다시 시장경제에 대한 통제를 완화할 수밖에 없었다.

## 4. 조선 경제의 기본 특징

조선 경제는 성장 동력이 약하고 계획경제와 시장경제가 공존하는 이중경제 구조가 형성되었으며 강한 대외 의존성을 띠고 있다.

### 4.1. 약한 경제성장 동력

조선의 통계에 따르면 2013년과 2014년의 명목 GDP는 각각 250.0억 달러와 261.3억 달러로 전년 대비 2014년의 GDP 성장률은 4.5%이다.[5] 그러나 한국

5 조선 사회과학원 리기성 부원사가 2016년 4월 26일에 중국 연변대학교 경제관리학원에서 진행한 학술포럼에

은행의 통계에 따르면 2014년 조선의 GNI 성장률은 전년 대비 1.0%로 조선의 통계보다 3.5%p 낮게 나와 있다. 한국은행이 추정한 2011~2015년까지의 조선 경제자료에 의하면 각 연도의 조선 GNI 성장률은 각각 0.8%, 1.3%, 1.1%, 1.0%, -1.1%로 대부분 1% 내외로 추이하다가 갑자기 2016년에 3.9%로 높게 책정되어 있다. 그러나 유엔 식량농업기구(FAO)가 추정한 2012~2016년 조선 곡물 생산 성장률은 각각 3.9%, 5.7%, 2.2%, 1.0%, -5.5%이다. 대한무역진흥공사(KOTRA)의 2011~2016년 동안 조선의 대외 무역액 성장률은 각각 51.3%, 7.1%, 7.8%, 3.6%, -18%, 4.7%이다. 위의 통계를 종합해 볼 때 한국은행이 추정한 조선의 경제성장률은 과소평가되었다고 생각한다. 이러한 요인들과 조선의 실제 상황을 감안하면 최근 몇 년 동안 조선의 경제성장률(2015년 제외)은 약 4% 수준을 유지하고 있었다고 사료된다.

다만 조선의 경제 규모가 작기 때문에 4% 전후의 경제성장이 가져오는 총량의 증가도 미미하다. 게다가 조선이 지닌 막대한 성장 잠재력을 감안하면 현재의 경제성장률은 매우 낮은 편이고 성장 동력 또한 약하다. 조선 경제의 성장 동력이 약화된 근본 원인은 쇄국과 자력갱생을 전제로 한 계획경제를 유지한 채 중공업, 특히 방위산업을 우선 육성하려 한 경제발전 전략에 있다. 따라서 조선 당국은 외교적 노력을 통해 국제사회의 경제제재를 풀어야 한다. 그리고 수출주도형 경제발전 전략으로 전환하여 보다 적극적인 대외개방과 시장화 정책으로 나아가야 한다.

### 4.2. 이중경제 구조의 형성

중국이나 베트남 등의 사회주의 국가는 계획경제로부터 시장경제로 전

서 발표한 통계수치이다.

환하는 과정에서 정부 주도 하에 대외 개방과 시장화 정책을 추진하여 계획경제와 시장경제가 공존하는 이중경제 구조를 형성하였다. 반면 조선의 경우는 지난한 경제위기의 과정에서 자의반 타의반 개방과 시장화가 진행되어 이중경제 구조를 띠게 된다. 조선의 암시장은 국민들이 생계 유지를 위해 어쩔 수 없이 형성되었고, 이를 묵인하던 조선 당국이 사후 규제를 거쳐 합법화하여 이루어진 것으로 이는 조선의 이중경제 구조가 지닌 특수성이기도 하다.

조선이 적극적인 대외 개방과 시장화 정책을 실시하고 있지 않는 상황에서 계획경제와 시장경제의 동거는 서로 보완하거나 때론 대립하는 모순적 관계를 유지하고 있다. 계획경제 부문은 시장경제에서 창출되는 경제적 잉여를 흡수하여 빈약한 국가재정을 보충할 뿐만 아니라 시장경제를 이용하여 국유경제 부문의 명맥을 유지하고 있다. 시장경제도 계획경제 부문의 자원을 이용하여 자체적인 확장을 실현하고 있다. 다만 시장경제는 지속적인 자본 축적을 통하여 부단히 확장하는 반면 계획경제는 시장의 잠식과 자원의 부단한 유실로 인하여 물적 토대가 침식당한다. 또한 시장경제의 확대로 인해 개인주의와 금전만능주의로 확산되고 빈부 격차가 확대되어 조선의 정치체제 기반이 약화되고 있다.

김정일 국방위원장 집권 당시 조선은 국내외 정치·경제 상황의 변화에 따라 시장경제를 이용하거나 때론 통제하는 상반되는 정책을 실시하였다. 이는 바로 조선이 원하는 건 통제 가능한 시장경제일 뿐 시장경제의 지속적인 확장은 아니라는 사실을 보여 준다. 김정은 위원장의 시장화 정책 동향에 대해서는 보다 면밀히 고찰해 볼 필요가 있다.

### 4.3. 경제의 강한 대외 의존도

조선이 지속적인 경제성장을 실현하기 위해서는 보다 발전적인 국제 경제 교류와 협력이 필요하다. 조선은 장기적으로 유지해 온 계획경제 체제 하에서 소규모의 다양한 산업 부문이 형성되었다. 하지만 장시간의 고립과 고착화로 경제효율이 낮고 기술 수준이 낙후하며 산업 경쟁력도 떨어졌다. 게다가 1990년대부터 지속된 경제위기로 인해 산업시설의 파괴와 노후화 및 에너지, 곡물, 기계설비, 원자재 부족 현상이 심각하다. 따라서 위에 열거한 물자의 수입이 없으면 국민경제가 정상적으로 순환하기 어렵다.

이로 인해 조선 경제의 대외 의존도는 매우 심하다. 조선 당국은 일찍이 김일성 주석의 훈시에 따라 대외 무역의 다각화와 다양화를 추구해 왔다.[6] 그러나 국제사회의 대북제재가 가해지면서 조선은 대외 무역에서 중국에 완전히 의존하게 되었다. 이는 사실상 조선이 추구해 온 대외 무역의 다각화, 다양화 정책에 위배되는 것이다.

## 5. 조선의 발전노선 전환과 경제발전 전망

조선이 '병진노선'을 결정하고 핵과 미사일 개발을 전격적으로 추진한 결과 2016년 말부터 국제사회의 강도 높은 경제제재에 직면하여 큰 어려움을 겪고 있다. 2018년 4월, 조선은 조선노동당 제7차 중앙위원회 제3차 전원회의

6 고 김일성 주석은 1978년 3월 무역부문일군협의회 중 "대외 무역을 다각화, 다양화함에 대하여" 라는 제목의 연설에서 대외 무역에서 사회주의 국가들에 대한 무역 일변도(一邊倒)를 결정적으로 없애고 자본주의 시장에 대담하게 뚫고 들어갈 것을 지적하였다. 대외 무역의 다각화는 대외 무역에 참가하는 단위들을 가능한 한 늘리고 대외시장을 세계의 여러 나라와 지역들에로 확대하기 위한 사업이며, 대외 무역의 다양화는 여러 가지 상품을 가지고 여러 가지 형식과 방법으로 무역 활동을 전개해 나가기 위한 사업으로서 서로 밀접히 연관되어 있다(金明哲·權哲男, 2015, p. 74).

석상에서 '병진노선'의 역사적 임무 완성을 선언하고 전당과 전국의 모든 역량을 집중하여 사회주의 경제건설을 향한 '경제건설 중심노선'을 채택하였다. 동시에 김정은 위원장은 2018년 신년사를 계기로 국제관계 개선에 적극적으로 나서고 있다.

### 5.1. 발전노선 전환의 배경

조선이 '경제건설 중심노선'을 결정한 배경에는 다음과 같은 것을 생각할 수 있다. 조선 지도자들이 추구해 온 근본적인 집정 목표는 정치 체제의 유지와 경제발전인데 그중 정치 체제의 유지를 우선시하여 왔다. 조선이 국제사회의 강력한 반대에도 불구하고 핵과 미사일 개발에 매진한 이유도 역시 정치 체제의 유지에 있다.

1980년대 말에 발생한 동유럽 사회주의 국가들의 격변, 소련의 붕괴, 한국의 중국과 러시아와의 수교 및 정치·경제 관계의 신속한 발전, 2003년 미국을 필두로 한 서방 국가들의 이라크 후세인 정권에 대한 무력 전복, 그리고 2011년 리비아 카다피 정권의 축출 등 일련의 사건들이 조선 지도자들의 위기의식을 고취시켜 핵과 미사일 개발을 강력히 추진하게 하였다. 조선 지도자들은 경제적·기술적으로 우월한 한미군사동맹과 경쟁하기 위해서는 상대적으로 적은 투자에 억제력이 강한 핵무기 개발만이 '합리적' 선택이었다고 할 수 있다.

그러나 2016년 12월부터 본격화된 국제사회의 강도 높은 대북 경제제재로 2017년 이후 조선의 대외 경제가 크게 위축되고 있다. 광산품, 수산품, 섬유 제품의 수출 금지로 인해 주요 외화 수입이 차단되었고 노동력의 해외 파견도 금지되다 보니 외화 수입의 감소는 당연하였고 외화의 지불 능력도 약화되어 해외로부터의 수입도 대폭 줄어들었다. 따라서 광산업, 수산업을 비롯한 국내 산업의 위축도 불가피할 것이다. 조선에 대한 기계류의 수출 금지, 석유와 석유 제품의 수출 제한, 조선에서의 외자기업 경영 금지 등의 일련의 조치들도 조선 경제에 큰 타격을 주고 있다. 요컨대, 경제제재 조치는 조선의 대외 경제 교류와 협력을 거의 금지한 것과 다름없다.

조선은 이미 여섯 차례의 핵 실험을 통해 사실상 핵무기를 보유하였고 일정한 핵 억제력도 확보하였다. 하지만 조선의 핵 전력이나 군사력은 한미 군사동맹에 비해 완전한 열세에 처하여 있는 것도 부인할 수 없는 사실이다. 조선의 핵 개발은 체제 유지에 목적을 두고 있는 것이지 전쟁을 도발하기 위한 것이 아니며 도발하지도 않을 것이다. 따라서 미국과의 협상과 관계 개선을 추구하여 왔던 조선이 핵과 미사일을 교섭카드로 미국을 계속해서 협상 테이블로 끌어내는 건 좋은 선택이라 할 수 있다.

김정은 위원장이 지속적인 경제성장을 통해 국민의 생활 수준을 개선한다면 자신의 정치적 기반을 더욱 공고히 하여 장기집권의 가능성이 매우 크다. 따라서 체제 유지가 보장된다면 핵 문제를 원만히 해결하여 국제관계를 개선하고 경제제재를 해제하여 국제 경제교류와 협력을 확대하고 지속적인 경제성장을 달성할 수 있는 전략적 선택이 가능하다. 실제로 김정은 위원장은 집권 후 국가통치 질서를 정상화하여 왔다. 또한 국민의 생활 수준을 높이기 위해 노력하는가 하면 '포전담당제'와 국영기업 개혁을 실시하고 경제개발구와 경제특구를 신설하는 등 대외 개방과 시장화 조치를 단행한 바 있다. 따라서 김정은 위원장이 국제관계를 개선하고 적극적인 대외 개방과 시장화 정책을 통해 경제의 신속한 회복과 성장을 도모할 가능성이 크다.

특히, 한국 문재인 대통령의 대북관계 개선과 남북 공동 번영의 추진도 조선에 발전노선을 전환할 수 있는 좋은 환경을 마련하였다.

관건은 조미관계의 변화 추세이다. 만약 조미 양자 간에 상호 불신이 해소되고 남북을 비롯한 미국, 중국, 러시아 등 국가들과의 협의에 의해 체제안전 보장이 확보될 경우 조선도 핵 문제의 근본적인 해결에 나서지 않을 이유가 없을 것이다.

## 5.2. 경제건설의 두 가지 측면

조선의 경제건설과 관련해서는 두 가지 측면으로 살펴볼 수 있다. 조선이 '경제건설 중심노선'의 기조 하에 경제건설을 추진할 경우, ① 자립민족경제 건설의 강화와 ② 국제경제와의 교류 및 협력의 확대를 시도할 것으로 사료된다.

먼저 자립민족경제 건설을 강화하는 측면을 살펴보자. 조선은 줄곧 자력갱생, 즉 자국 국민의 지혜와 힘으로 자국의 자원을 충분히 활용하여 경제발전을 도모하는 자립민족경제 체제의 구축을 목표로 하여 왔다.

김정은 위원장은 2016년에 열린 조선노동당 제7차 대회 보고에서 자립·자강 정신과 자립경제 체제 구축의 중요성을 거듭 강조하고 원료와 연료 및 설비의 국산화와 에너지, 전력, 식량 부족 문제를 해결하는 것이 급선무라고 지적하였다. 그리고 그 실현을 위한 수단으로 과학기술의 혁신을 통해 국내 자원을 이용한 전략적 원료 및 연료를 원활히 공급할 수 있는 생산기술 공정을 확립하고 국가의 실정에 맞는 첨단장비 등 기술장비를 생산하는 것이라고 지적하였다.

또한 2018년 4월에 열린 조선노동당 제7차 중앙위원회 제3차 전원회의에서도 당과 국가의 모든 역량을 집중하여 사회주의 경제건설에 매진할 것을 결정하고, 국가의 인적·물적 능력과 기술의 잠재력을 총동원하여 모든 부문과 단위는 자력갱생, 자급자족의 구호를 높이 들고 과학기술을 통한 자강력을 강화하여 생산의 비약적 발전을 성취할 것을 요구하였다.

현재 조선에서는 자력갱생으로 건설한 자립민족경제가 사회주의 경제

건설을 다그치고 국민의 생활 수준을 체계적으로 높이며 국가의 대외적 권위와 정치적 자주성을 담보하는 위력한 물적 기초로 자리 잡고 있을 뿐만 아니라, 무역과 투자를 비롯한 대외 경제관계를 끊임없이 확대·발전시켜 나갈 수 있는 힘의 밑천으로 자리매김하고 있다는 인식이 보편적이다(金明哲·權哲男, 2015, p. 74).

조선의 과학기술 혁신의 핵심은 자립민족경제 건설이란 기치 하에 추진되고 있다. 따라서 농산물 우량 품종, 생물농약, 수산물 양식기술, 석탄을 이용한 원유 추출과 화학비료 제조기술 등의 개발, 주체철 생산 체제의 확립, CNC 공작기계 생산 등의 영역에서 실질적인 성과를 거두고 있다. 다만 경제제재로 인한 대외 경제의 제약과 낙후한 산업발전 수준 등으로 말미암아 자립민족경제 건설의 속도는 느리다.

다음은 국제 경제 교류와 협력을 확대하는 것이다. 자립민족경제란 토대 위에 다른 국가들과 경제관계를 맺고 대외 무역을 발전시키고자 하는 것은 조선이 일관되게 견지해 온 방침이다. 조선의 대외 무역의 원칙은 무역의 다각화와 다양화를 기준으로 삼고 있다.

조선이 지속적인 경제성장을 달성하기 위해서는 국제 경제 교류와 협력의 확대가 필요하다. 그러나 2016년 말부터 가해진 강도 높은 대북 경제제재로 인해 조선의 대외 경제 교류와 협력은 큰 타격을 받고 있다. 따라서 조선으로서는 핵과 미사일 문제를 원만히 해결하고 경제제재를 해제하며 국제환경을 개선하는 것이 필요하다.

조선은 김정은 위원장의 2018년 신년축사를 기점으로 국제관계 개선에 적극성을 띠기 시작하였다. 남북정상회담을 비롯하여 중국과 미국 등의 정상들과도 연달아 회담을 이어 갔다. 이로 인해 남북관계는 현저히 개선되고 있고 조미 간의 협의도 계속 진행 중이다. 조선이 유엔의 제재로부터 완화, 나아가 해제하려면 미국과의 관계 개선이 반드시 필요하므로 이를 위해 계속 노력할 것으로 보인다. 국제사회의 역할도 매우 중요한데, 조선이 내민 손길을 맞잡고 상호 협력 하에 조선을 적극적인 대외 개방과 시장화로 인도하는 것이다. 조선의 경제적 안정과 발전은 한반도, 나아가 동북아지역의 경제 협력, 평화 및 발전에 이바지하리라 사료된다.

### 5.3. 경제발전 전망

앞으로 조선 경제가 어떤 방향으로 발전할 것인가 하는 문제는 국제사회의 관심사이다. 조선 경제의 발전 방향이 자국의 경제성장뿐만 아니라 한반도, 나아가서는 동북아지역의 경제 교류와 협력의 활성화에도 큰 영향을 줄 수 있기 때문이다.

조선 경제의 발전 방향은 크게 두 가지로 나누어 전망할 수 있다. 하나는 기존의 계획경제 체제를 토대로 자립민족경제 건설을 중점적으로 추진하는 것이다. 이럴 경우 대외 경제협력의 확대는 자립민족경제 건설을 보완하는 성격을 띤다. 이는 조선이 지금까지 추구하여 온 발전 방향이다. 대내적으로는 자력갱생을 통하여 계획경제 체제와 국유경제의 회복과 발전을 도모한다. 즉, 국내의 자원과 기술을 이용하여 생산을 추진하고 부분적인 시장화 정책을 통해 경제효율과 경제 활성화를 꾀하는 것이다. 반면 대외적으로는 부분적인 대외 개방 정책을 통해 외자를 유치하여 경제특구와 개발구 건설 및 수출산업의 발전을 도모한다. 그리고 수출전선의 확대와 관광업 진흥을 통해 외화 수입을 확보하여 자립민족경제 건설에 소요되는 에너지, 곡물, 원료, 기계설비 등의 물자를 수입하는 데 활용하는 것이다.

다른 하나는 국가발전의 전략적 차원에서 수출주도형 경제발전 전략과 적극적인 대외 개방 및 시장화 정책을 실시하고 점진적으로 시장경제 체제를 확립해 나가는 것이다. 대내적으로는 체계적인 경제개혁을 추진하여 시장경제 체제를 확립할 수 있는 토대를 마련하는 것이다. 경제특구와 개발구를 건설하는 목적은 단순히 수출산업을 발전시켜 외화 수입을 늘리려는 것뿐만 아니라 개혁·개방의 실험대로서 자국경제와 국제경제를 연결하는 연결고리 역할을 부여하고 시장경제에 적합한 인재를 양성하려는 데 있다. 그리고 대외적으로는 국제 분업 체제를 활용한 산업의 특화와 발전을 도모하는 것이다.

국제사회의 측면에서 보면 조선이 수출주도형 경제발전 전략과 적극적인 대외 개방 및 시장화 정책을 통해 점진적으로 시장경제 체제를 확립하는 방향으로 나아가는 것이 바람직하다. 왜냐하면 이 방향이 조선의 거대한 성장 잠재력이 현실화되는데 유리할 뿐만 아니라 남북 간의 공동 번영 및 나아가 동북아지역의 다자 간 경제협력의 발전에도 도움이 되기 때문이다. 조선은 동북아지역의 지리적 요충지에 자리 잡고 있어 국제경제와의 연결고리 및 물류발전의 유리한 조건을 지니고 있다. 게다가 비교적 싸고 우수한 노동력 자원에다 풍부한 광산자원과 관광자원을 보유하고 있기 때문에 경제발전의 잠재력은 아주 크다. 만약 조선이 수출주도형 경제발전 전략과 적극적인 대외 개방 및 시장화 정책을 본격적으로 실시한다면 빠른 속도로 경제성장을 이루어낼 것이라 확신한다.

동북아지역의 국가들은 지리적 인접성에다 경제발전 수준과 부존자원 조건의 차이로 인해 자원, 노동력, 자본, 기술 등 생산 요소 간의 보완성이 강하다. 동북아지역은 시장의 규모가 큰 데다 발전 잠재력이 무궁무진한 만큼 다자 간 경제협력에 필요한 제반 경제적 요소들을 구비하고 있다. 그럼에도 불구하고 이 지역의 다자 간 경제협력이 부진한 원인은 국제 정치관계의 문제점, 즉 동북아지역에 잔존(殘存)하고 있는 냉전구조 때문이다. 그 냉전구조의 핵심이 한반도의 남북 대립인 것은 말할 나위도 없다.

조선이 적극적인 대외 개방과 시장화 정책을 펼치고 남북관계가 개선되어 경제협력이 진척되면 한국을 비롯하여 조선, 중국, 러시아, 몽골 등이 육로로 연결될 것이다. 여기에 고속철도나 고속도로가 건설되면 이 지역은 일일경제권이 조성되면서 거대한 시장이 형성될 수 있다. 오늘날에는 자본을 투자할 때 자원이나 노동력 등의 비교우위뿐만 아니라 지역 시장의 활성화 정도와 발전 잠재력의 크기를 더욱 중요시한다. 한반도를 비롯한 중국, 러시아, 몽골 등 동북아 5개국이 다자 간 경제협력을 강화할 경우 일본도 자국의 경제발전을 위하여 참여하지 않을 수 없다. 따라서 조선의 변화와 남북 협력의 강화는 동북아지역의 다자 간 경제협력을 활성화하는 데 도화선이 될 것이다.

조선이 적극적인 대외 개방과 시장화 정책을 통해 경제적 안정과 발전을 이룬다면 한반도, 나아가서는 동북아지역의 안정과 발전에 큰 도움이 될 것이다. 국제사회는 상호 협력을 바탕으로 조선이 적극적인 대외 개방과 시장화 정책을 실시할 수 있는 여건들을 조성하고, 함께 발전할 수 있도록 견인해 나가야 할 것이다.

## 6. 결론

지금까지 조선 경제의 특성을 개괄하고 경제발전에 대해 전망하였다. 조선이 지닌 부존자원의 특징으로는 가성비 높은 양질의 노동력과 풍부한 광물자원을 들 수 있다. 게다가 동북아의 요충지인 지리적 조건 또한 세계경제와 연계하기에 매우 유리하다. 따라서 경제성장의 잠재력은 아주 크다. 다만 이러한 특징을 적극 활용하여 지속적인 성장을 실현하려면 세계경제와의 부단한 교류와 협력이 반드시 필요하다.

발전 전략, 대외 개방과 시장화 정책의 제약이라면 그동안 조선은 독자적 사회주의 건설을 위한 쇄국 및 자력갱생 정책과 대외 개방 및 시장화 정책 사이에서 우왕좌왕해 왔다. 일관성 없는 정책은 투자 환경의 낙후성과 외자 유치의 실패로 이어져 경제위기에서 벗어나지 못하였다. 조선은 줄곧 체제 유지와 적극적인 대외 개방 및 시장화 정책을 서로 공존할 수 없는 대립물로 인식해 왔다. 때문에 체제 유지가 최우선인 조선으로서는 대외 개방과 시장화 정책에 소극적일 수밖에 없었다. 지금 조선 경제에서 나타나고 있는 기본 특징, 즉 성장 동력의 둔화와 강한 대외 의존도 및 계획경제와 시장경제가 공존하는 이중경제 구조의 형성 등은 모두 이에 기인한다고 할 수 있다.

현재 조선 경제는 중대한 분수령에 놓여 있다. 두 가지의 발전 방향성을 놓고 선택의 귀로에 서 있다. 하나는 계획경제 체제를 토대로 자립민족경제의 건설을 추진하면서 대외 경제협력을 점차적으로 확대하여 이를 보완해 나가는 것이다. 다른 하나는 국가적 차원에서 수출주도형 경제발전 전략을 설정하고 보다 적극적인 대외 개방과 시장화 정책 등을 통해 시장경제 체제를 점진적으로 도모해 나가는 것이다. 전자는 지금까지 조선이 추구해 온 바 그 한계가 뚜렷하다. 반면 후자의 경우에는 미국을 비롯한 국제사회가 가하고 있는 경제제재를 풀어야 하는 문제가 있다.

한반도를 둘러싼 정치·경제적 이해관계는 무척 복잡한 고차 방정식과 같다. 지구상에 유일한 분단국가인 한국과 조선 때문에 여전히 냉전구조가 잔존하고 있음도 사실이다. 만약 조선이 적극적인 대외 개방과 시장화 정책 등을 통해 경제적 번영의 길에 나선다면 한반도를 비롯한 동북아지역의 안정과 발전은 더 이상 요원한 꿈이 아닌 미래의 청사진이라 할 수 있다. 특히, 동북아지역은 다자 간 경제협력에 필요한 모든 경제적 요소를 구비하고 있다.

따라서 국제사회는 상호 협력을 바탕으로 조선이 보다 적극적인 대외 개방과 시장화 정책을 펼칠 수 있도록 제반 여건을 조성할 필요가 있다. 조선의 의지만 분명하다면 이를 견인하는 건 국제사회의 몫이기 때문이다.

## 참고 문헌


정화순, 『조선에 대한 리해(경제)』, 평양: 외문출판사, 2015.

KDB산업은행, 『북한의 산업』, KDB산업은행, 2015.

KOTRA, 「2016년도 북한의 대외무역 동향」, KOCHI 자료 17-011, 2017.

통계청, "북한 통계" (http://kosis.kr/bukhan/index.jsp 검색일: 2019. 2. 26).

한국은행, "북한 GDP관련통계" (https://www.bok.or.kr/por-tal/maiu/couteuts.do?weuuNo=200091 검색일: 2019. 6. 20).

權哲男, 『關于圖們江地區開發戰略的硏究』, 延吉: 延邊大學出版社, 2006.

______, "朝鲜粮食不足問題及其解決前景," 『現代國際關系』, 1, 2013, pp. 47~53.

______, "朝鲜電力不足問題及其解決前景," 『東疆學刊』, 2, 2018a, pp. 47~52.

______, "朝鲜的交通運輸辨顎, 『世界知識』 12, 2018b, pp. 28~29.

權哲男·李庚倩, "朝鲜勞動力資源的优勢, 局限及開發利用前景," 『世界知識』 23, 2018, pp. 24~25.

今村弘子, 『北朝鮮 '虛構の經濟'』, 集英社, 2005.

金明哲·權哲男, "試論朝鲜對外經濟關系現狀及其發展策略," 『東疆學刊』 32(3), 2015, pp. 73~78.

林今淑·權哲男, 『現代朝鲜經濟』, 延吉: 延邊大學出版社, 2011.

西尾昭·張君三, 『朝鮮民主主義人民共和國外國人投資關連法制』, 啓文社, 1997.

李燦雨, "図們江地域開發の10年-その評価と課題," ERINA book Iet, 2, 2003.

日本貿易振興機構海外調査部, 『2014年度 最近の北朝鮮經濟に關する調査』, 日本貿易振興機構, 2015.

張慧智, "新時期朝鲜經濟發展略調整," 『東北亞論壇』 19(3), 2010, pp. 17~24.

FAO, The Democratic People's Republic of Korea Outlook for Food Supply and Demand in 2014/15 (November/October), *GIEWS Update*, 2015.

______, The Democratic People's Republic of Korea Outlook for Food Supply and Demand in 2015/16 (November/October), *GIEWS Update*, 2016.

FAO and WFP, Special Report: FAO/WFP Crop and Food Security Assessment Mission to the Democratic People's Republic of Korea, 2010.

______, Special Report: FAO/WFP Crop and Food Security Assessment Mission to the

Democratic People's Republic of Korea, 2011.
______, Special Report: FAO/WFP Crop and Food Security Assessment Mission to the Democratic People's Republic of Korea, 2012.
______, Special Report: FAO/WFP Crop and Food Security Assessment Mission to the Democratic People's Republic of Korea, 2013.

Chapter 3

# 남북한 경제통합의 경제적 효과

성한경(서울시립대학교 경제학부)

1. 서론
2. CGE 모형 소개
3. 모형 설정 및 시나리오
4. 분석 결과
5. 결론

## 1. 서론

2018년 2월에 열린 세계 최대의 동계 스포츠 축제인 평창동계올림픽은 극단으로 치닫고 있던 남북관계가 획기적으로 전환되는 계기가 되었다. 이후 진행된 두 차례의 남북정상회담과 함께 2018년 5월에 싱가포르에서 열린 1차 북미정상회담은 남북한 화해 분위기를 고조시켰다. 비록 베트남 하노이에서 열린 2차 북미정상회담이 사실상 결렬되었지만, 이후 한국, 미국, 북한은 북미 간 새로운 협상재개를 위한 움직임을 지속해 오고 있다.

남북한 화해 상태가 순탄하게 지속되기 위해서는 남북한 간 경제통합이 반드시 필요하다. 남북한 화해는 국내 정치와 외교안보 상황에 의해서 많은 변화를 겪어 왔다. 남한의 정치적인 지형의 변화와 함께 국제사회의 변화에 의해 순풍을 맞이한 적도 있지만, 어떤 경우에는 긴장감이 급상승하기도 했다. 그런 일은 북한 내부의 사정에 의해 발생하기도 했다. 그러나 남한과 북한이 최소한의 경제관계를 정상화시킬 수 있다면, 긴박한 남북관계의 변화가 줄어들 여지가 더 생길 수 있다. 왜냐하면 양국 간 경제통합으로 인해 어느 한쪽의 일방적인 관계 악화가 결국 모두에게 피해를 입힐 뿐만 아니라 양국의 경제적 이해관계를 공유하는 국내의 이익집단들이 양국관계 정상화를 누구보다 강력하게 지지할 것이기 때문이다.

본고에서는 이러한 남북한 경제통합에 좀 더 관심을 가지고, 관련된 분석을 행한 KIEP(2011)와 성한경(2014)의 일부 결과를 비교·분석하고자 한다. KIEP(2011)와 성한경(2014)은 남북한 경제통합 혹은 통일의 경제적 효과를 연산가능일반균형(Computable General Equilibrium: CGE) 모형을 활용하여 분석한 연구들이다. 두 연구 모두 유사한 방법론을 사용할 만큼 분석의 일관성이 유지되지만, 분석 시기, 시나리오와 목적이 다른 만큼 남북한 경제통합의 다양한 모습을 제시할 수 있다. 본고는 그 연구 결과들을 비교하여 분석하고 최근 한반도를 중심으로 진행되는 남북한 화해 논의의 방향성에 대한 시사점을 제공하고자 한다.

## 2. CGE 모형 소개

KIEP(2011)와 성한경(2014)에서 사용하는 분석 방법은 연산가능일반균형(CGE) 모형을 활용한 방법이다. CGE 모형은 일반균형모형을 실제 자료에 기반해서 구축한 것으로서 가계, 기업, 정부와 같은 경제 주체들의 행위를 규정하는 방정식과 그 방정식을 구성하는 변수(variable), 그리고 그 변수들 간의 영향을 추정하는 모수(parameter)들로서 구성되어 있다. 일반적인 CGE 모형은 기본적으로 초기에 경제가 균형 상태에 있고, 그 초기 균형 상태에서 변수나 모수의 변화가 주어지게 된다면, 그 체계 내에 모든 방정식에 영향을 주면서 새로운 균형 상태를 찾아나가게 된다. 그 결과 새로운 균형(steady state)을 찾아가면서 발생한 변수들의 변화를 관찰하고, 그 결과를 분석할 수 있다.

본고에서 소개하는 CGE 모형은 한 나라가 아닌 세계 각국에 미치는 파급효과를 분석하는 글로벌 모형이다. 글로벌 CGE 모형은 그 파급 효과가 글로벌 경제 전체에 미친다고 할 수 있는 우루과이라운드, 한미 FTA, TiSA와 같이 무역자유화의 효과, 교토의정서와 같은 기후협약에 의해 탄소배출량을 규제할 때 예상되는 효과, 그리고 공적개발원조(ODA)의 경제적 효과 등을 측정하는 데 사용될 수 있다.

글로벌 CGE 모형 중 경제통합이나 무역자유화의 효과를 측정하기 위해 가장 일반적으로 사용되는 모형은 표준 국제무역분석프로젝트(Global Trade Analysis Project: GTAP) 모형(Standard GTAP model)이다. KIEP(2011)는 1997년에 개발된 표준 GTAP 모형을 활용했지만, 성한경(2014)은 표준모형의 단점을 일부 보완한 축차 동태 GTAP 모형을 활용하였다. 단, 축차 동태 GTAP 모형이라고 하더라도 표준 GTAP 모형에 기반을 두고 자본과 부의 축적이 동태모형 틀 안에서 가능하도록 하여 모형의 현실성을 높이고 시간 변화에 따른 경제 효과의 변화 추정이 가능하도록 한 것이다(Ianchovichina, 1998). 따라서 축차모형 분석은 표준모형과 달리 동태모형 분석이 가능하게 함으로써 시간별 경제적 파급효과를 보고하지만, 분석 결과에서 중요한 결과의 방향성을 두 모형 모두 의미 있는 결과들을 제시할 수 있다.

두 연구에서 분석을 위해 사용되었던 자료는 미국에 소재한 퍼듀대학교 농업경제학과에 있는 GTAP 센터에서 제공하는 자료이다. KIEP(2011)는 당시 활용 가능한 가장 최신 자료였던 GTAP DB Version 7.0을 사용하였다. GTAP DB Version 7.0은 2004년을 기준으로 한 자료로서 113개의 국가, 57개의 산업, 5개의 생산 요소를 바탕으로 전 세계 투입-산출을 포괄하는 글로벌 사회계정행렬(Social Accounting Matrix: SAM), 수출입, 국민계정, 산업별 생산, 관세율 등의 자료들을 포괄하여 수집하고 조정해 놓은 자료이다. 이후의 연구인 성한경(2014)에서는 그보다 더 최신 자료인 GTAP DB Version 8.1을 활용하였다. GTAP DB Version 8.1은 산업 분류와 생산 요소의 분류는 기존 7.0과 동일하지만, 국가 구분이 더 세분화되면서 134개로 늘어났다. 특히, 과거와 달리 북한, 몽골, 마카오를 같은 국가 분류로 했던 GTAP 7.0과 달리 몽골을 별도로 분리하면서 북한과 마카오만 하나의 국가 분류(나머지 동아시아 국가: Rest of the East Asia)로 남아서 이를 가상의 북한으로 활용하기가 더 용이해졌다. 그러나 당시 최신의 GTAP 자료라고 하더라도 분석 시기보다 4~5년 전 자료이기 때문에 분석 당시의 경제 변동을 반영하기 힘들다. 이를 극복하기 위해 축차 동태 GTAP 모형을 활용한 성한경(2014)은 동태모형의 장점을 활용하여 세계경제 환경의 변화(GDP, 인구, 노동 공급)를 모형 내에 반영함으로써 모형의 현실성을 높였다.

GTAP DB에는 이러한 시차의 극복할 수 없는 문제가 여전히 남아 있지만, 현재 다국가를 고려한 CGE 모형 분석의 경우에는 거의 대부분의 연구들이 GTAP DB에 의존하는 만큼 현재 이용 가능한 가장 포괄적이고, 여러 연구들을 통해서 교차 검증된 자료이기도 하다.

## 3. 모형 설정 및 시나리오

### 3.1. KIEP(2011)

KIEP(2011)는 남북한 경제공동체 구상으로서 통일의 효과를 단기와 중장기에 나누어서 표준 GTAP 모형을 활용하여 분석한 것이다. GTAP 자료를 활용한 CGE 모형 분석을 위해서는 국가, 산업, 생산 요소를 분석의 목적과 편의에 맞춰서 GTAP이 제공하는 소프트웨어를 활용해서 통합 및 조정해야 한다. 일반적으로 그러한 분류는 분석 결과가 필요한 대상 국가와 산업의 결과가 제시될 수 있도록 관심 국가 및 산업을 별도로 해야 하지만, 가급적 간결하게 분류하는 것이 모형 분석 결과의 안정성을 도모하기 위해 바람직하다.

KIEP(2011)는 국가, 산업 및 생산 요소를 〈표 3-1〉과 같이 분류하고 있다. 본 모델에서는 국가 분류를 한국, 북한, 미국, 중국, 기타 세계로 하였다. 또한 당시 자료에서 가상북한은 GTAP 자료(113개국) 중에서 GDP, 일인당 GDP에서 북한과 가장 유사한 탄자니아를 선택하였다. 탄자니아가 아프리카 국가이기 때문에 한국과 멀리 떨어져 있지만, GTAP 모형과 자료에서 거리에 대한 고려가 포함되어 있지 않았기 때문에 그러한 문제점은 크지 않은 것으로 판단하였다. 산업은 쌀, 곡물, 기타 농업, 채취업, 경공업, 중공업, 공공서비스업, 비공공서비스업으로 총 8가지로 분류하였다. 당시 동 산업 분류는 무역자유화

〈표 3-1〉 KIEP(2011)의 국가, 산업, 생산 요소 분류

| No. | 국가 | 산업 분류 | 생산 요소 |
|---|---|---|---|
| 1 | 한국 | 쌀 | 토지 |
| 2 | 가상북한 | 곡물 | 자본 |
| 3 | 중국 | 기타 농업 | 노동 |
| 4 | 미국 | 채취업(수산업, 임업, 석탄, 석유, 가스, 광물) | |
| 5 | 기타 세계 | 경공업 | |
| 6 | | 중공업 | |
| 7 | | 공공서비스업 | |
| 8 | | 비공공서비스업 | |

자료: KIEP(2011).

효과 분석에서 많이 사용되는 분류 방법을 일부 변형한 것이었는데, 쌀이나 곡물의 경우 관세율 구조가 다소간 복잡하고 관세율 삭감의 민감성이 높기 때문에 필요에 따라 별도로 분류하였다.

생산 토지와 자연자원은 모두 토지로 분류하고, 숙련 및 비숙련 노동을 노동으로, 자본을 자본으로 분류하였다. 토지와 자연자원은 이동이 불가능하고, 자연자원도 이동에 제약이 있으나, 비숙련 노동, 숙련 노동, 자본은 산업 간 자유로운 이동이 가능하도록 설정되어 있다.

KIEP(2011)에서는 통일을 2020년까지의 단기 압축형과 2040년까지의 중장기 점진형으로 결정하였으며 이에 대한 세부 내용은 〈표 3-2〉와 같이 나타낼 수 있다. 단기 압축형은 이미 시기가 지났고 사실상 실현 가능성이 없는 만큼 본고에서는 중장기 점진형의 결과만을 제시한다. 또한 모든 시나리오에서 남북한 간에 자유무역협정(FTA)에 준하는 관세 감축과 이에 따른 국내 생산 증대, 자본축적과 관련한 추가적인 생산 증대, 한국 및 관련국의 대북한 소득 이전, 북한 내 산업의 생산성 증대를 고려하였다.

KIEP(2011)의 중장기 점진형 시나리오는 2040년을 통일이 시작되는 시점

〈표 3-2〉 KIEP(2011)의 중장기 점진형 통일 방안 단계별 시나리오

| | 단계별 추진 정책 | | | |
|---|---|---|---|---|
| 통일 단계 | 관세 | 지원 | 자체 조달 | 경제 구조 |
| 경제공동체 구성 (2010~2040) | 양자 간 상품관세 철폐 | 한국의 대북 소득지원 | 관세철폐에 따른 자본 축적 및 국내 생산 증가, 북한 내 공공서비스 생산성 증대 | 경제 구조 차이 유지 |
| 통일 1기 (2041~2045) | 관세철폐 유지 | 한국의 대북 소득지원 | 관세철폐에 따른 자본 축적 및 국내 생산 증가, 북한 내 경공업 및 공공서비스 생산성 증대 | 경제 구조 차이 유지 |
| 통일 2기 (2026~2030) | 관세철폐 유지 | 한국의 대북 소득지원 | 관세철폐에 따른 자본 축적 및 국내 생산 증가, 북한 내 제조업(경공업+중공업) 및 공공서비스 생산성 증대 | 경제 구조 차이 유지 |

자료: KIEP(2011).

으로 가정하고, 본격적인 통일 시나리오를 2050년까지 실행하는 것을 가정하였다. 중장기 점진형 시나리오는 통일이 시작되기 전 30년(2010~2040) 동안 경제공동체 형성 작업이 진행되기 때문에 외국의 도움 없이 한국의 지원과 북한의 생산성 증대만으로 통일을 준비하는 것으로 가정하였다. 2010~2040년까지의 통일 전 공동체 형성 작업에서는 한국과 북한 간 상품관세가 철폐되고, 한국의 대북한 지원이 시작되며, 북한 공공서비스의 생산성 증대가 발생한다고 가정하였다. 그리고 북한의 공공서비스 생산성 증대는 남한의 대북한 자원을 적극적으로 활용하여 북한의 생산과 소비의 기반이 되는 서비스와 인프라가 구축되면서 가능한 것으로 가정하였다.

2040년 통일을 기점으로 통일 1기(2041~2045)에는 기존에 감축된 관세율은 유지되고, 한국의 대북한 지원이 늘어나면서 북한에서 공공서비스뿐만 아니라 경공업에서의 생산성 증대가 발생한 것으로 가정하였다. 통일 전 공동체 형성 단계에서부터 남한으로부터 북한에 지원된 자금이 공공서비스 생산성 증대에 이용되고, 통일 1기에 비교적 북한이 빠르게 성장시킬 수 있는 경공업에서의 생산성 증대에도 활용된다고 가정했던 것이다. 통일 2기(2046~2050)

에서도 남북한 간 관세감축은 여전히 유지된다. 또한 남한의 대북한 지원이라고 해석될 수 있는 한국의 대북 소득이전이 늘어나 북한의 공공서비스뿐만 아니라 경공업과 중공업을 아우르는 제조업 전체에서의 생산성이 증대되는 것으로 가정하였다. 이러한 과정에서 생산성 증대는 기존 FTA와 관련된 연구들을 참조하여 각 분석기간에 제조업에서는 1.2%, 서비스업에서는 1%만큼 발생하는 것으로 가정하였다. 그리고 통일 2기가 지난 2050년 이후 북한의 일인당 GDP 수준이 한국의 65% 수준까지 상승하는 것으로 가정하였다.

### 3.2. 성한경(2014)

성한경(2014)은 남북한 경제통합에 대한 경제적 효과를 동태적인 CGE 모형을 활용하여 분석한 것이다. 본 모델이 기존 연구와의 가장 큰 차이점은 남북한 경제통합을 통해서 ① 남북한 생산 요소(노동, 자본, 천연자원), ② 시장, ③ 재정, ④ 해외 신인도 변화를 고려한다는 점이다. 남북한 경제통합으로 인해 남북한 생산 요소의 생산성 증대로 인해 실질적인 노동 및 자본 투입량이 줄어들 수 있다는 점을 가정하였다. 또한 북한의 천연자원 개발 능력이 제고되어 천연자원에 대한 부존량이 늘어나는 것과 유사한 효과를 기대할 수 있을 뿐만 아니라 남북한 간 경제통합으로 새로운 수출입 시장이 개척되어 남북한 경제 전체에 긍정적인 영향을 미칠 수 있다고 가정하였다.

그리고 남북한 긴장 완화를 통해서 남북한 대치로 인해 투입되었던 국방비를 절감하면서 남한 입장에서는 재정적인 여력을 확보할 수 있게 되고 이를 활용하여 북한 경제지원에 활용할 수 있다고 가정하였다. 그리고 통일로 인해 남북한 간 긴장이 완화되고 해외 신인도가 개선되며 한반도를 둘러싼 긴장이 완화되면서 한반도 문제에 관여하는 주변국들인 6자회담 당사국들에게 긍정적인 영향을 기대할 수 있다는 점을 고려하였다. 이를 요약하면

〈표 3-3〉 성한경(2014)에서 가정한 남북한 경제통합에 따른 변화

| 경제적 편익 | | 세부 항목 |
|---|---|---|
| 생산 요소 공급 | 노동 | 병력 감축에 따른 노동 변화 |
| | | 북한 노동력의 생산성 변화 |
| | | 남북한 노동력 이동 |
| | 자본 | 자본조달비용의 변화 |
| | 토지 | 북한의 천연자원 부존량 변화 |
| | | 개간을 통한 토지 변화 |
| | | 군 규모 축소에 따른 토지 반환 |
| 시장 확대 | | 남북한 포괄적 경제동반자협정(CEPA) 체결 |
| | | 남북한 환태평양경제동반자협정(TPP) 참여 |
| | | 남한 자유무역협정(FTA)의 북한 확대 |
| 재정 | | 국방비 변화 |
| | | 남한 정부의 대북 지원 |
| 해외 신인도 | | 미·중·러·일의 국방지출 변화와 그에 따른 부수 효과 |

자료: 성한경(2014).

〈표 3-3〉과 같이 나타낼 수 있다.

또한 본 분석에서는 〈표 3-4〉에서 볼 수 있듯이 분석을 위한 국가 분류에서 북한, 그리고 6자회담의 당사국인 미국, 중국, 일본, 러시아를 각각 분류하였고, EU를 별도로 분류하였으며, 향후 분석 결과의 확장성을 위해 동남아 국가, 남아시아 국가, 사하라 이남 아프리카 국가를 별도로 분류하였다. 그리고 당시 빠르게 진행되었던 TPP 협상의 기타 참가국(호주, 뉴질랜드, 말레이시아, 싱가포르, 베트남, 브루나이, 캐나다, 멕시코, 칠레, 페루)을 별도로 분류하였고, 마지막으로 나머지 국가들을 기타 세계로 분류하였다. 산업 분류는 한국의 FTA 미양허 품목인 쌀을 별도로 분류하였고, 다른 1차산업을 농업으로 분류하였으며, 당시 알려져 있기로 북한 경제개발의 토대가 될 가능성이 큰 석탄산업을 별도로 분류하였다. 그리고 제조업은 경공업과 중공업으로 분류하였으

〈표 3-4〉 성한경(2014)의 국가, 산업, 생산 요소 분류

| No. | 국가 | 산업 분류 | 생산 요소 |
|---|---|---|---|
| 1 | 한국 | 쌀 | 토지 |
| 2 | 북한 | 농업 | 자본 |
| 3 | 미국 | 광업 | 노동 |
| 4 | 중국 | 경공업 | |
| 5 | 일본 | 중공업 | |
| 6 | 러시아 | 공공서비스 | |
| 7 | EU | 비공공서비스 | |
| 8 | 동남아 국가 | | |
| 9 | 남아시아 국가 | | |
| 10 | 사하라 이남 아프리카 | | |
| 11 | 기타 TPP 참가국 | | |
| 12 | 기타 세계 | | |

자료: 성한경(2014).

며, 서비스는 공공서비스와 비공공서비스로 분류하였고, 서비스업의 교역장벽을 도입하기 위해 당시 OECD에서 제공했던 최신의 서비스무역제한지수(STRI)를 서비스 관세상당치로 활용하였다. 생산 요소는 기존 연구와 유사하게 토지, 자본, 노동으로 분류하였다.

성한경(2014)은 앞서 가정한 남북한 경제통합에 따른 변화가 이끌어낼 예상되는 경제적 효과를 특정한 하나의 값으로 구하기보다는 구간으로 도출하였다. 이를 위해 남북한 경제통합에 따른 변화의 예상치에 50%의 변화폭을 가정하여 도출된 예상치가 50%에서 150%까지 변할 수 있음을 가정하였다.

본 분석에서는 〈표 3-5〉와 같이 두 가지 통합시나리오를 고려했는데, 통합시나리오 I은 남북한 간의 활동만으로 통일이 이루어지는 경우로 6자회담 당사국이 특별한 역할을 하지 않지만, 통합시나리오 II는 6자회담 당사국이 관여하게 되는 상황을 가정한 것이다.

〈표 3-5〉 성한경(2014)에서 가정한 기간별 세부 통합시나리오 1과 5: 통합시나리오 I 과 II 공통

| | 통일 1기<br>(2016~2020) | 통일 2기<br>(2021~2025) | 통일 3기<br>(2026~2030) |
|---|---|---|---|
| 통합시나리오 I -1<br>통합시나리오 II-1 | 최소치 | 최소치 | 최소치 |
| 통합시나리오 I -5<br>통합시나리오 II-5 | 최소치 | 최대치 | 최대치 |

자료: 성한경(2014).

〈표 3-6〉 성한경(2014)에서 가정한 기간별 기저시나리오 설정

| 통일기간 | 기저시나리오(baselines) |
|---|---|
| 통일 1기<br>(2016~2020) | GDP 변화, 노동 증가, 인구 변화<br>한미, 한EU FTA 발효 |
| 통일 2기<br>(2021~2025) | GDP 변화, 노동 증가, 인구 변화<br>한미, 한EU FTA 발효<br>GDP 변화, 노동 증가, 인구 변화 |
| 통일 3기<br>(2026~2030) | GDP 변화, 노동 증가, 인구 변화<br>한미, 한EU, 한중 FTA 이행 |
| 통일 이행<br>(2031~2055) | GDP 변화, 노동 증가, 인구 변화<br>한미, 한EU, 한중 FTA 이행 |

자료: 성한경(2014).

각 시나리오별로 남북한 경제통합으로 예상되는 변화의 최대치나 예상치를 모형에 대입할 경우 남북한 경제통합의 경제적 효과가 지나치게 비현실적으로 나타나는 점을 발견하여, 현실적인 시나리오로서 다섯 가지를 고려하였다. 단, 본고에서는 성한경(2014)에서 제시하는 시나리오 중 예상치에서 가장 최소치를 가정한 것과 최대치를 고려한 시나리오 2개만을 소개한다. 단, 나머지 시나리오들은 두 시나리오 사이의 결과를 제시하고 있다.

본 분석에서는 동태 CGE 모형을 활용하기 때문에 정태적인 표준모형과

달리 기저시나리오가 있다. 기저시나리오는 통합시나리오의 적용과 관계없이 추정된다. 남북한 경제통합이 시작되는 시점에서는 가정된 변화에 따른 분석시나리오로 인해서 기저시나리오와 분석시나리오가 달라지게 된다. 기저시나리오에 대한 세부 내용은 〈표 3-6〉과 같다. 성한경(2014)에서는 순수하게 통일에 따른 경제적인 효과만을 보고하는 것이기 때문에 기저시나리오에 따른 경제적 효과와 통합시나리오에 따른 경제적 효과의 차이를 남북한 경제통합의 효과로서 보고했다.

## 4. 분석 결과

### 4.1. KIEP(2011)

KIEP(2011)는 통일에 따른 잠재적인 비용 및 재원과 함께 통일의 편익을 〈표 3-7〉, 〈표 3-8〉과 같이 제시하고 있다. KIEP(2011)에서 한국이 치르게 되는 잠재적인 비용은 북한에 대한 지원액과 함께 이로 인한 국내 생산의 위축과 관련된 모든 효과를 고려한 것이고, 필요재원은 직접적인 대북 지원액만을 표시하였다.

KIEP(2011)의 중장기 점진형에 따르면 2050년 이후 북한의 일인당 GDP가 남한의 65% 수준으로 올라가기 위해서는 1기의 북한의 실질 GDP는 약 97.9% 증가하여야 하기 때문에 연간 약 20% 정도의 고도성장이 있어야 한다고 하였다. 또한 통일 2기에서는 북한의 실질 GDP는 약 125% 증가하여야 하기 때문에 연간 약 25% 정도의 초고속성장이 있어야 함을 예상하였다. 단, 북한을 제외한 다른 국가들은 북한의 공공서비스와 제조업 생산성 증대로 인해서 상대적으로 산업 생산이 감소하는 것으로 보고하였다.

〈표 3-7〉 KIEP(2011)의 통일 방안 잠재비용과 필요재원

| 추진 방안 | 한국의 잠재비용 | 필요재원 |
|---|---|---|
| 단기 압축형 | GDP 7.3% 수준 | GDP 2% 수준 |
| 중장기 점진형 | GDP 9.3% 수준 | GDP 4% 수준 |

자료: KIEP(2011).

〈표 3-8〉 KIEP(2011)의 중장기 점진형 남북한 경제 편익

| | | 실질 GDP 변화(연간) | 후생 수준 변화(억 달러) |
|---|---|---|---|
| 한국 | 통일 1기 (2041~2045) | -1.18% (-0.23%) | -191.45 |
| | 통일 2기 (2046~2050) | -7.25% (-1.5%) | -492.48 |
| 북한 | 통일 1기 (2041~2045) | 97.86% (20%) | 392.19 |
| | 통일 2기 (2046~2050) | 125.29% (25%) | 3,261.69 |

자료: KIEP(2011).

KIEP(2011)에서는 중장기 점진형의 통일 1기와 2기 모두에서 한국의 후생 감소가 나타나기는 하지만, 북한의 후생 증가보다 작아서 남북한 경제통합에 따른 북한의 경제개발이 남북한 전체적으로 긍정적인 경제 편익을 가져다 줄 수 있는 것으로 분석되었다. 단, 동 결과는 모형 분석을 이용한 것이기 때문에 가정에 근거한 양적 변화만을 보여 준다는 단점도 제시하였다.

### 4.2. 성한경(2014)

〈그림 3-1〉과 〈그림 3-2〉는 성한경(20014)에서 가정한 통합시나리오 I-1과 II-1의 분석 결과를 나타내고 있다. 남북한 경제통합이 시작되고 20년이

〈그림 3-1〉 성한경(2014)의 실질 GDP 변화: 통합시나리오 I-1(%)

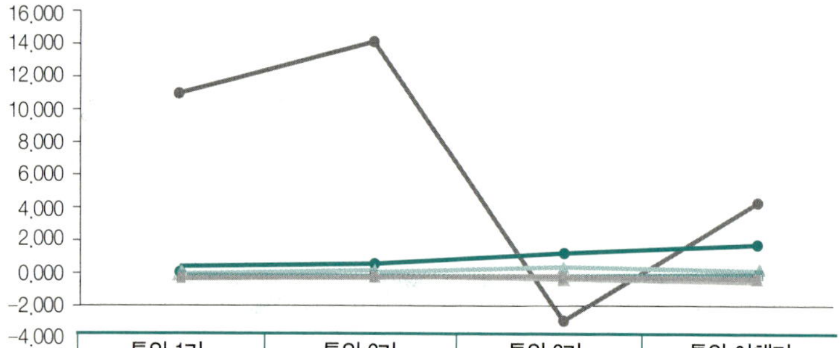


| | 통일 1기 (2016~2020) | 통일 2기 (2021~2025) | 통일 3기 (2026~2030) | 통일 이행기 (2030~2035) |
|---|---|---|---|---|
| 한국 | 0.010 | 0.596 | 1.205 | 1.814 |
| 북한 | 11.160 | 14.307 | -2.953 | 4.396 |
| 미국 | 0.016 | 0.037 | 0.041 | 0.035 |
| 중국 | -0.091 | -0.198 | -0.258 | -0.247 |
| 일본 | 0.152 | 0.293 | 0.322 | 0.279 |
| 러시아 | -0.067 | -0.240 | -0.361 | -0.397 |

자료: 성한경(2014).

〈그림 3-2〉 성한경(2014)의 실질 GDP 변화: 통합시나리오 II-1(%)

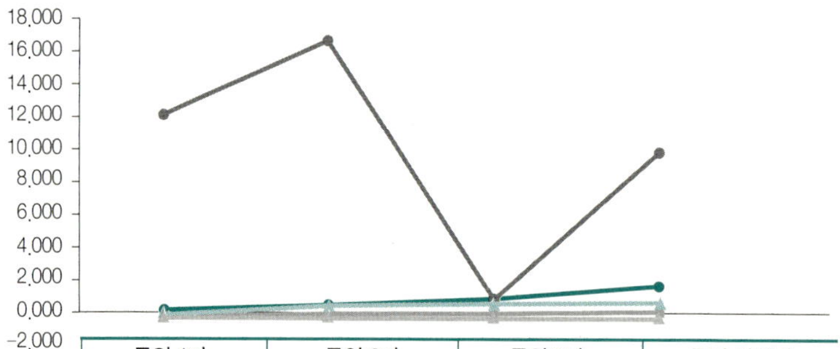


| | 통일 1기 (2016~2020) | 통일 2기 (2021~2025) | 통일 3기 (2026~2030) | 통일 이행기 (2030~2035) |
|---|---|---|---|---|
| 한국 | 0.002 | 0.555 | 1.124 | 1.717 |
| 북한 | 12.249 | 16.713 | 1.003 | 9.968 |
| 미국 | 0.017 | 0.242 | 0.289 | 0.307 |
| 중국 | -0.097 | 0.041 | 0.041 | 0.077 |
| 일본 | 0.147 | 0.524 | 0.647 | 0.660 |
| 러시아 | -0.073 | -0.087 | -0.144 | -0.136 |

자료: 성한경(2014).

〈그림 3-3〉 성한경(2014)의 실질 GDP 변화: 통합시나리오 I-5(%)

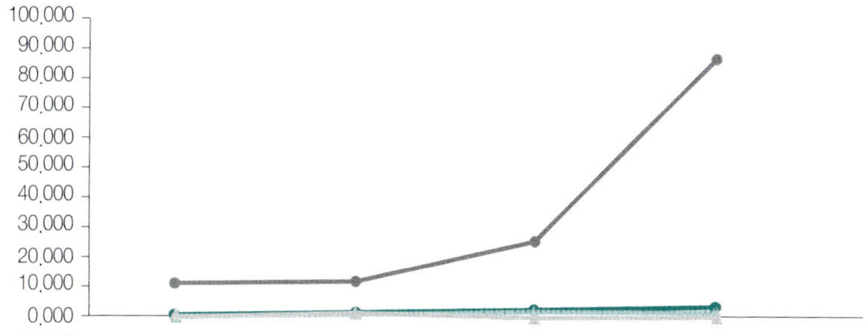


| | 통일 1기 (2016~2020) | 통일 2기 (2021~2025) | 통일 3기 (2026~2030) | 통일 이행기 (2030~2035) |
|---|---|---|---|---|
| 한국 | 0.010 | 0.559 | 1.679 | 3.081 |
| 북한 | 11.160 | 11.768 | 25.045 | 86.504 |
| 미국 | 0.016 | 0.229 | 0.227 | 0.125 |
| 중국 | -0.091 | 0.005 | -0.188 | -0.453 |
| 일본 | 0.152 | 0.513 | 0.541 | 0.323 |
| 러시아 | -0.067 | -0.110 | -0.306 | -0.578 |

자료: 성한경(2014).

지난 후 한국의 실질 GDP는 각각 약 1.8%, 1.7% 증대되고, 북한의 GDP는 각각 약 4.4%, 10.0% 증대된다고 보고하였다. 두 시나리오 모두에서 통일 1기와 2기에 실질 GDP 증가폭이 커지지만 통일 이행기로 가면서 그 증가폭이 줄어드는 것으로 보고하였다. 통일 과정에서 국제적인 지원을 고려하지 않은 통합시나리오 I-1과 통일 과정에서 국제적인 지원을 고려한 통합시나리오 II-1을 비교해 보면, 전반적으로 통합시나리오 II-1에서 남북한 모두의 경제적 효과가 더 클 뿐만 아니라 남북한 경제통합은 주변국인 당사국에도 경제적으로 긍정적인 영향을 미치는 것으로 보고하였다. 통합시나리오 II-1에서 당시 TPP 협상을 하고 있었던 미국과 일본은 다른 중국, 러시아에서도 한반도 긴장 완화에 따른 국방비 절감으로 인해서 비공공서비스, 경공업 생산성이 증대될 뿐만 아니라 TPP 당사국으로서 GDP 증가폭이 다른 두 국가에 비

〈그림 3-4〉 성한경(2014)의 실질 GDP 변화: 통합시나리오 II-5(%)

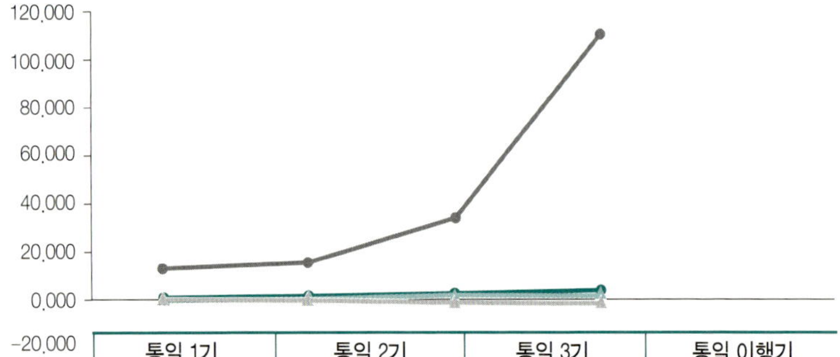


| | 통일 1기 (2016~2020) | 통일 2기 (2021~2025) | 통일 3기 (2026~2030) | 통일 이행기 (2030~2035) |
|---|---|---|---|---|
| 한국 | 0.002 | 0.538 | 1.613 | 2.883 |
| 북한 | 12.249 | 15.260 | 33.767 | 110.589 |
| 미국 | 0.017 | 0.227 | 0.213 | 0.069 |
| 중국 | -0.097 | -0.014 | -0.254 | -0.653 |
| 일본 | 0.147 | 0.499 | 0.500 | 0.200 |
| 러시아 | -0.073 | -0.127 | -0.356 | -0.724 |

자료: 성한경(2014).

해 큰 것으로 보고하였다.

또한 본 분석에서 가장 큰 변화를 가정한 I-5, II-5 시나리오의 결과는 〈그림 3-3〉과 〈그림 3-4〉에 제시되어 있다. I-5와 II-5에서는 통일 이행기에 이르는 20년 후 한국의 실질 GDP는 각각 약 3.1%, 2.9% 증대되고, 북한의 GDP는 각각 약 86.5%, 110.6% 증대되는 것으로 보고하였다. 최대의 변화를 가정한 통합시나리오 I-5와 II-5에서 미국과 일본의 GDP는 소폭 증가하는 데 반해 중국과 러시아의 실질 GDP는 감소하는 것으로 보고하였다. 이는 경제통합에 따른 산업생산성 증대와 급진적인 경제성장이 다소간 주변국에 부정적인 영향을 미칠 수 있음을 보여 주는 것으로 보고하였다.

### 4.3. KIEP(2011)와 성한경(2014)의 결과 비교

본고에서 제시된 두 연구들은 통일의 논의가 이루어지던 당시 분위기를 일부 반영하고 있다. KIEP(2011)는 이명박 정부 하에서 통일비용 조달을 위한 통일항아리에 대한 논의가 시작되고 있었던 시기였다. 즉, 당시에는 통일을 위해서는 어느 정도의 재원을 준비해야 하느냐에 대한 논의가 있었기 때문에, 통일 이후 북한 경제의 발전 목표를 설정하고 이를 달성하기 위한 방안을 모색한 것이었다고 평가될 수 있다. 반면에 성한경(2014)이 연구될 당시에는 박근혜 대통령의 통일대박론이 관심을 끌면서 대통령 직속으로 통일준비위원회가 발족하던 시기였다. 따라서 소위 통일이 남북한 모두가 혜택을 보는 상황이 되어서 통일에 대한 국민적인 공감대가 필요했던 시기라는 점을 감안하면, 그러한 방안을 모색한 연구라고 할 수 있다.

따라서 본 연구들의 결과를 동일한 기준으로 비교하는 것은 어려움이 있다. KIEP(2011)는 남북한 경제공동체에 집중하였고, 남한과 관련국의 일방적인 대북지원 그리고 이를 활용한 북한 산업의 생산성 증대라는 가정에 의존하고 있다. 따라서 불가피하게 남한 및 주변 국가들의 경제적 손실이 모형의 분석 결과로써 제시되었다. 그리고 무엇보다도 KIEP(2011)는 남한의 일인당 GDP 65%라는 일정한 목표치를 바탕으로 이를 위해 얼마 정도의 효과가 필요한지를 설명한 것이다. 따라서 제시된 목표를 달성하기 위해서는 연간 25%라는 다소간 비현실적인 북한의 경제성장이 필요하다는 것을 제시하고 있다.

이에 반해 성한경(2014)은 남북한 경제통합으로 가능한 여러 가지 변화들을 객관적인 추정치로서 모형에 대입하여 결론을 이끌어 낸 것뿐만 아니라 남북한 경제통합을 남북한 관계를 넘어서는 문제로서 인식하고 있다. 그런 점에서 본다면, 성한경(2014)이 KIEP(2011)에 비해 좀 더 구체적이고 실현 가능한 대안을 제시한 연구라고 평가될 수 있다.

## 5. 결론

본고는 과거 남북한 경제통합의 편익 및 비용과 경제적 효과를 분석한 두 연구인 KIEP(2011)와 성한경(2014)의 결과를 비교하여 분석한 것이다. 두 연구에서는 공통적으로 남북한 경제통합을 통해 남북한이 자유무역을 하고, 남한의 대북지원이 이루어질 경우 예상되는 경제적 효과를 추정한 것이다. KIEP(2011)는 북한이 어느 정도의 시기에 남한 일인당 GDP의 65%가 되기 위해 필요한 연간 경제성장률과 이를 위한 무역자유화, 대북지원, 북한 생산성 증대를 제시하고 있지만, 성한경(2014)은 남북한 경제통합에 따라 예상되는 변화에 따른 경제적 효과를 도출하면서 이를 달성하기 위한 정책적 방안도 제시하고 있다.

본고에서는 앞선 두 가지 연구의 결과를 통해서 다음과 같은 시사점을 도출한다. 첫째, KIEP(2011)에서 북한 경제성장의 목표를 현실적으로 제시해야 한다는 점과 단기간에 북한 경제를 성장시키기 위해 남한 입장에서는 적지 않은 규모의 피해가 발생할 수 있다는 점을 보여 주고 있다. 그런 만큼 남한에 의존하는 북한 경제개발이 남한 내에서의 지지를 받기 힘들 수도 있고, 이러한 부담감에 대한 우려가 오히려 통일에 대한 부정적인 인식을 이끌어낼 수 있음을 추론할 수 있고, 남북한 모두가 상생할 수 있는 대안의 제시가 필요함을 보여 주는 연구 결과로써 해석될 수 있다. 둘째, 그런 점에서 성한경(2014)은 좀 더 현실적인 대안을 제시하였고, 그렇게 될 경우 예상되는 보다 현실적인 북한의 경제성장률을 제시하였다. 무엇보다도 성한경(2014)은 남북한 경제통합이 한반도를 넘어서 국제적인 이벤트로서 자리매김할 수 있는 가능성을 제시하였다. 그러나 여전히 이를 추진하기 위한 구체적인 대안의 제시가 필요하다는 결론을 이끌어 낸다고 할 수 있다.

관련하여 현재 한국이 처한 현실에서 여전히 본 연구에서 요약한 기존 연구들은 의미를 가진다. 남북한 문제는 단순히 남한, 북한, 미국의 문제를 떠나서 여전히 6자회담 대상국 모두가 관심을 가지고 참여할 때 가능한 일이다. 비록 현재 북한 문제에 직접적인 개입 당사국은 남한, 북한, 미국이라고 하더라도 여전히 중국과 러시아도 개입되어 있다. 또한 일본도 여전히 남북한 문제에서 자국의 이익을 관철시키고 싶어 한다는 점이다.

따라서 남북한 경제통합 및 통일의 과정은 이러한 국가들이 공유할 만한 이익을 제공해 주지 않으면 성공하기 쉽지 않다. 성한경(2014)은 그러한 국가들이 공유할 만한 실질적인 이익으로 한반도 긴장 완화에 따른 군사비 절감으로 제시하고 있고, 그 절감된 군사비의 지극히 일부만 북한 개발에 투자된다면, 북한 경제의 비약적인 발전이 가능함을 제시하고 있다. 그리고 성한경(2014)에서 제시되지는 않았지만, 그러한 북한의 비약적인 발전은 북한에 투자한 6자회담국에 막대한 투자수익을 가져다 줄 것으로 충분히 짐작할 수 있다.

본고에서 향후 새로운 연구 과제도 남겨 주고 있다. 제시된 KIEP(2011)와 성한경(2014)은 경제통합이라는 관점에서 자유무역, 남한과 주요국의 경제지원, 북한의 생산성 증대에 초점을 두었지만, 이를 넘어서 남북한 경제통합을 경제단계별 통합, 즉 자유무역지대, 관세동맹, 공동시장의 형태로 발전시켜 나가는 모습에 따른 효과를 시기별로 보여 줄 필요성도 또한 제시하고 있다. 향후 이러한 연구들이 풍부하고 다양하게 제시되기를 희망한다.

## 참고 문헌

대외경제정책연구원(KIEP), 『남북한경제공동체추진구상 용역보고서』, 2011.

성한경, 『남북한 경제통합의 효과』, 대외경제정책연구원, 2014.

Hertel, T. and M. Tsigas, *Global Trade Analysis Modeling and Applications*, Cambridge University Press, 1997.

Ianchovichina, E., "International Capital Linkages: Theory and Application in a Dynamic Computable General Equilibrium Model," Ph.D. thesis, Department of Agricultural Economics, Purdue University, 1998.

Chapter

# 4 북한의 경제개발 전략과 산업구조

김동훈(연세대학교 국제학대학원)

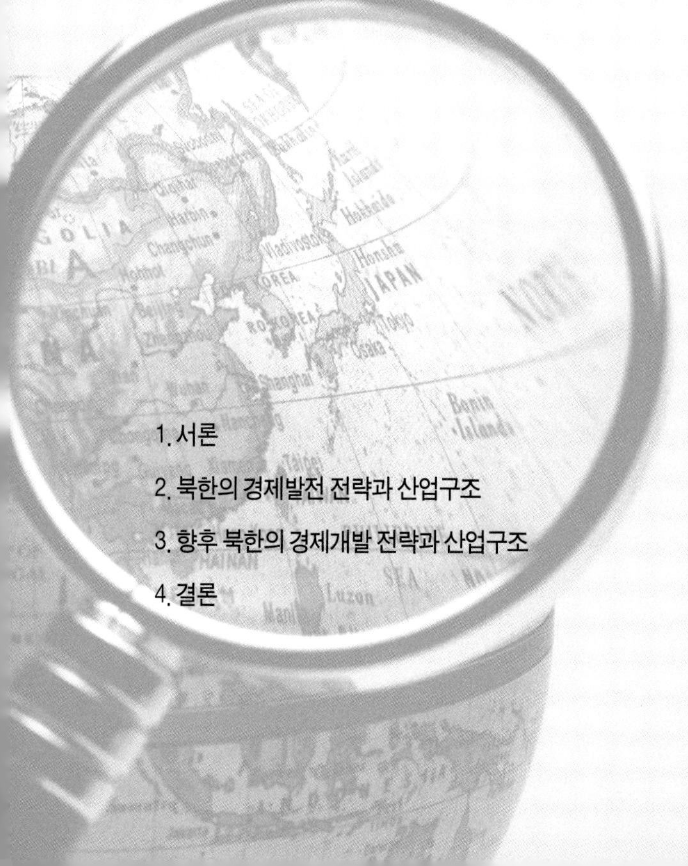


1. 서론

2. 북한의 경제발전 전략과 산업구조

3. 향후 북한의 경제개발 전략과 산업구조

4. 결론

## 1. 서론

본고는 해방 후 북한의 경제발전 전략과 산업구조가 현재까지 어떻게 변하여 왔는지 살펴보고 향후 바람직한 산업구조의 방향을 제시하는 것을 목적으로 하고 있다.

북한의 관점에서는 두 가지의 경제발전 경로를 미래에 선택할 수 있다. 첫째, 해방 후 지속적으로 추진된 바와 같이 내적 지향(inward-looking)의 경제개발 발전 경로를 유지하는 것이다. 이는 자력갱생 전략으로 국내의 기술과 자원에 의존하여 경제발전을 추구하는 전략이다. 국제무역 등의 대외 경제관계는 국내 산업을 육성하는데 필요한 중간재 등을 수입하기 위한 외화획득을 목표로 할 뿐 적극적인 대외 개방 정책을 의미하지는 않는다. 둘째, 수출촉진이 경제개발 전략의 수단으로 강조되는 외적 지향(outward-looking)의 경제발전 경로이다. 즉, 산업화와 제조업 제품이 경제발전의 지렛대로 활용된 남한의 경제발전 경로를 따르는 것이다.

역사적인 경험을 보면 내적 지향의 경제발전은 성공적인 전략이 아니다. 대체적으로 이러한 발전 전략을 선택한 국가들의 내수 규모가 규모의 경제를 활용할 만큼 크지 못하였으며 국내 시장의 보호로 인한 경쟁의 부재로 인하여 산업들이 경쟁력을 갖추지 못하였다. 북한의 경우에도 중공업 위주의 내적 지향 정책으로 인하여 산업 간 연계성이 떨어지고 경제의 비효율이 고착화되어 있다.

대외 지향적인 경제개발 전략을 선택하는 후발 국가들은 몇 가지 유리한 측면들이 있다. 우선, 선진 국가들에 의하여 개발된 기술을 경제발전 과정에 적용할 수 있다. 그리고 자국의 제품을 수출하는데 세계시장을 활용할 수 있다. 또한 경제성장을 위한 투자 재원이 부족할 경우 해외 자본 유입에 도움을 받을 수 있는 장점이 있다. 현재, 북한의 입장에서 내적 지향의 정책을 계속 추진하는 전략을 선택하는 것은 바람직한 방향이 아니다. 이미 노령화되기 시작한 2,500만 명의 인구로는 경제발전에 필요한 충분한 내수 제공이 불가능하기 때문이다. 경제발전을 촉발시키기 위해서는 북한이 필요한 기술을 축적할 수 있어야 하고, 충분한 시장 접근이 가능해야 하며, 투자에 필요한 충분한 재원을 마련할 수 있어야 한다. 자원들을 확보하는 방법은 대외 지향적인 경제 정책을 수립하는 방법밖에 없다.

북한과 같은 계획경제 체제 하에서 산업구조의 결정은 경제발전 전략과 분리하여 생각할 수 없으며 이 둘의 관계를 고찰하는 것이 불가피하다. 기존 문헌들은 북한의 미래 발전 전략으로 대외 개방형 공업화, 자원개발 주도형, 첨단산업 개발론, 비약발전론 등을 제시하고 있다. 이들 문헌들은 하나의 분석 틀로 보기보다는 자신들이 각기 강조하고자 하는 관점에서 전통적인 경제개발 요소인 자본, 시장, 그리고 비교우위에 중점을 둔 문헌과 추격성장 또는 비약발전에 초점을 맞춘 문헌으로 나눌 수 있다. 이 분류는 저자의 편의에 의한 것이며 두 부류의 문헌 내용은 상당 부분 중첩되는 부분도 존재한다. 그러나 향후 북한의 발전 경로에 대해서 문헌들이 다른 발전 가능성을 제시하고 있는 바 여러 문헌들이 공통적으로 제시하는 방향에서 어떠한 산업을 육성할 필요가 있는지 제시하고자 하였다.

북한은 경제발전을 위한 자본이 부족하기 때문에 해외 자본에 의존할 수밖에 없으며 해외 자본을 끌어들이는 최적의 방법은 경제특구를 활용하는 것이다. 또한 비교적 잘 훈련된 노동력이 풍부하기 때문에 경제개발 초기에 이를 활용한 의류산업 등 경공업 산업에 특화를 하는 것이 필요하다. 이러한 산업들은 자본집중도가 낮고 국제시장의 규모가 크기 때문에 초기 발전 산업으로 적합하다. 베트남, 캄보디아 등 아시아 개발 국가들도 이들 산업을 중심으로 경제발전을 촉진시킨 경험이 있다. 동시에, IT 산업 중 소프트웨어 등 노동집약적인 분야에서 비교우위를 가질 수 있다.

본고의 구성은 다음과 같다. 우선 제2절에서는 해방 이후 김정은 정권 집권 시기까지의 경제발전 정책과 산업구조의 변화를 기존 연구를 중심으로 검토하였다. 제3절에서는 북한의 미래 경제발전을 위한 전략과 바람직한 산업 육성에 대해 논의하였으며 대외 개방형 공업화 전략, 경제적 추격이론 등의 기존 문헌 등을 비판적으로 검토하고 정책적 시사점을 제시하였다. 제4절은 주요 내용을 요약하고 결론을 서술하였다.

## 2. 북한의 경제발전 전략과 산업구조

### 2.1. 북한의 경제발전 전략 개요: 해방 후 현재까지

해방 이후 북한은 1990년 초반 경공업과 무역 중시 정책으로 전환하기까지 중공업 위주의 정책을 추구하였다. 중공업 위주의 정책을 추구한 것은 중공업의 규모가 국가 생산 역량을 결정하고 중공업이 여타 산업에 필요한 중간재를 공급하는 생산 기반이라는 믿음에 근거하고 있다(김태운 외, 2008). 농업과 경공업이 발전하기 위해서 필요한 생산재를 중공업 육성을 통하여 제공한다는 것이다. 또한 북한에는 해방 후 비교적 풍부한 천연자원과 일제하에서 개발된 광산 및 중화학공업 설비들이 존재하였기 때문에 중공업 위주의 정책을 추구하였던 것은 자연스러운 선택이었을 수 있다.

중공업 육성은 초기 경제발전 단계에서 빠른 산업화와 경제성장을 촉진하는 데 기여하였다. 그러나 결과적으로 중공업은 농업, 경공업 및 서비스산업에 중간재 공급 역할을 제대로 수행하지 못하였으며 중공업과 다른 산업과의 불균형이 심화되는 결과를 초래하였다. 중공업 육성과 더불어 북한의 산업구조는 자립경제의 육성이라는 정책기조 하에서 형성되었다. 자립경제의 건설이 국가발전 전략으로 채택된 것은 남한과 경쟁하여야 하는 상황에서 체제의 우월성과 정당성을 확보하려는 의도가 담겨 있다. 자립민족경제의 기본 원리는 북한에서 필요한 모든 생산물을 북한의 자원과 기술 및 인력을 이용하여 생산한다는 것이다. 이러한 관점에서 농업 부문은 북한 주민들이 필요한 식량 수요를 충족시킬 수 있어야 하고 중화학공업에 필요한 원자재를 공급할 수 있어야 한다는 것이다. 또한 에너지 자립 정책은 석탄에 대한 의존도를 심화시키는 결과를 초래하였다. 중공업 위주 정책과 자립민족경제 정책은 북한 경제 정책의 성역으로 오랫동안 추진되었으며 북한 경제 정책의 유연성과 창조성의 발현을 저지하는 역할을 하였다.

경제군사병진 정책은 북한의 산업구조를 특정 산업에 편중시키는 역할을 하였다. 군사력 강화를 통하여 정권의 우월성을 자랑하려던 북한은 중공업과 더불어 군수산업을 육성하는 정책을 추구하였다. 경제군사병진 정책을 통하여 북한의 산업구조는 군산복합체 구조로 이행하였으며 사적인 경제와 군사경제의 이중구조로 전환되었다(권영경, 2007). 북한의 경제 상황은 중심이 군사 부문으로 옮겨가면서 1980년대와 1990년대에 더욱 악화되었다. 중공업은 그 성격상 군사력 강화의 기초였으며 자립경제와 군사력 강화는 중공업 우선 정책의 원동력으로 작용하였다. 군수산업의 확장은 불가피하게 투자의 비효율성을 초래하였고 결과적으로 북한의 성장 잠재력을 잠식하는 역할을 하였다. 또한 중공업과 자립경제의 추구는 다른 산업과의 상호 보완성을 약화시키게 되었다.

군수산업에 중점을 둔 중공업 우선 정책은 다른 산업과의 전후방 연관효과를 창출하는 데 실패하게 되는데, 이는 경공업이나 농업 부문에 필요한 중간재를 제공할 수 있는 역할을 제대로 수행하지 못하였기 때문이다. 이에 따라 각 산업 부문은 자체적으로 필요한 원자재를 조달하였고 산업 간 중복투자의 비효율성을 초래하게 되었다. 중공업에 대한 지나친 집착은 산업 간

발전의 이중구조 형성을 초래하였고 산업 간 불균형 발전은 심화되게 되었다. 결국 이는 북한 주민들의 직접적인 삶의 수준과 연관되어 있는 경공업과 농업의 발전을 저해하게 되었다. 또한 에너지와 교통 인프라의 만성적인 부족은 경제발전의 장애물로 작용하게 되었다.

1990년대에 북한의 산업구조는 과거와는 다른 양상을 보여 주게 된다. 이는 지정학적 환경과 세계 대외 무역 관계의 변화를 반영하는 것이라 볼 수 있다. 우선 동유럽에서의 공산주의 체제가 붕괴하게 되고 세계시장이 통합되면서 공산주의 국가들에서도 국제 무역의 국제적인 원칙이 통용되게 된다. 또한 남한과의 경제적 거래의 증가가 이러한 변화에 기여를 하게 된다. 이에 따라 산업 정책도 중공업 우선주의 정책에서 경공업과 무역 우선 정책으로 전환된다. 2000년대 이후에는 경제의 중심추가 농어업과 경공업 그리고 무역과 서비스산업으로 이동하게 된다. 특히, 경공업에 대한 강조는 주민들의 삶의 안정을 통하여 북한 체제를 유지하고자 하는 전략과 연관되어 있다.

김정은 정권은 2013년 3월 31일 조선노동당 중앙위원회 전원회의에서 경제건설과 핵무력 건설 병진노선을 채택하게 된다. 이 노선의 주요 골자는 핵무력 강화를 통하여 과학기술을 발전시키고 다른 경제 부문의 경제개발을 유도한다는 것이다(통일부 통일교육원, 2016). 북한은 1993년 이후 여섯 차례의 핵 실험을 시행하게 되는데 이러한 무력도발에 대응하여 국제사회는 북한에 대하여 경제제재를 강화하게 된다. 제4차 핵 실험(2016. 1. 6)과 제5차 핵 실험(2016. 9. 9) 이후 유엔 안보리는 안보리 결의 2270과 2321을 채택하게 되며 석탄 수출의 상한선을 제한하게 된다. 이러한 경제제재는 북한으로 하여금 다시 한번 자립경제노선으로 회귀하게 한다.

### 2.2. 북한의 산업구조 변화: 해방 후 현재까지

〈표 4-1〉은 1946년부터 1970년까지의 사회총생산액(GVSP)의 부문별 가치를 나타내고 있다. 사회총생산액은 국내총생산(GDP)과는 다른 개념이다. 사회총생산은 서비스 부문을 비생산적으로 간주하여 총생산 구성 요소에서 배제한다. 또한 거래에 있어서의 이중거래를 인정하기 때문에 부가가치 개념인 국내총생산과 거리가 있다. 1946년 사회총생산에서 제조업은 23.2%의 비중을 차지하고 있는데 제조업은 중공업과 경공업을 포괄하고 있다. 반면 농업은 59.1%를 차지하고 있다. 이 두 산업 부문은 1970년대까지 상이한 추세를 나타내게 된다. 1970년대까지 제조업은 65%까지 성장하였으나 농업은 사회총생산액에서 20%로 줄어들게 된다. 또한 상품 유통의 비중도 지속적으로 감소하게 된다. 이러한 현상은 중공업 우선주의 정책 추진의 결과로 해석될 수 있다. 결과적으로 농업 부문의 생산성은 하락하였으며 주민들은 생필품의 부족으로 곤란을 겪게 된다.

1970년대 이후 북한은 대외 교역 관계를 확대하고 외자 유치 및 기술이전

〈표 4-1〉 사회총생산액의 부문별 구성비

(단위: %)

| | 1946 | 1949 | 1953 | 1956 | 1960 | 1962 | 1964 | 1965 | 1970 |
|---|---|---|---|---|---|---|---|---|---|
| 공업 | 23.2 | 35.6 | 30.7 | 40.1 | 57.1 | 61.0 | 62.3 | 64.2 | 65.0 |
| 중공업 | | | (11.7) | (21.7) | (31.4) | | (32.5) | | |
| 경공업 | | | (19.0) | (18.4) | (25.7) | | (29.8) | | |
| 농업 | 59.1 | 40.6 | 41.6 | 26.6 | 23.6 | 21.3 | 19.3 | 18.3 | 20.0 |
| 운수체신 | 1.6 | 2.9 | 3.7 | 4.0 | 2.2 | 2.8 | 2.8 | - | - |
| 기본건설 | - | 7.2 | 14.9 | 12.3 | 8.7 | 9.1 | 9.8 | - | - |
| 상품 유통 | 12/0 | 9.4 | 6.0 | 10.8 | 6.0 | 3.6 | 3.8 | - | - |
| 기타 | 4.1 | 4.3 | 3.1 | 6.2 | 2.4 | 2.2 | 2.0 | - | - |

자료: 국토통일연구원(1988), p. 96; 황의각(1993), pp. 125~126; 김태운·이강국(2008) 재인용.

〈표 4-2〉 북한의 산업구조(1970~1990)

(단위: %)

| | 1970 | 1975 | 1980 | 1987 | 1990 |
|---|---|---|---|---|---|
| 농림수산업 | 21.5 | 21.8 | | 20.0 | 26.8 |
| 광공업 | 57.3 | 63.0 | | 60.0 | 56.0 |
| 중공업 | 62.0 | 63.7 | 63.9 | 74.1 | 73.3 |
| 경공업 | 38.0 | 36.3 | 36.1 | 25.9 | 26.7 |
| 기타 서비스 | 21.2 | 15.2 | | 20.0 | 17.2 |

자료: 민족통일연구원(1995), p. 131; 김태운·이강국(2008) 재인용.

을 위해 정책전환을 추구하게 된다. 또한 1970년대부터 1990년대까지 경공업과 소비재 생산을 확대하고 연합기업소 제도를 도입하는 등의 조치들을 취하였다. 이러한 노력에도 불구하고 〈표 4-2〉를 보면 이 기간 동안의 산업구조는 크게 변동이 일어나지 않았다. 농림수산업 부문의 비중이 1970년 21.5%에서 1990년 26.8%로 증가하였으나 광공업의 비중은 56% 수준에서 유지되었다. 반면, 광공업 내에서 중공업과 경공업의 추이를 보면 중공업은 같은 기간에 62.0%에서 78.3%로 확대된 것을 알 수 있다. 이는 경공업에 대한 강조에도 불구하고 중공업 우선 정책이 고착화되어 있음을 알 수 있다.

북한은 1990년대에 경제위기를 겪으면서 중화학공업이 감소하고 서비스산업이 확대되는 경험을 하게 된다. 제3차 7개년 계획(1987~1993)이 실패로 끝나자 1994~1996년을 완충기(buffer year)로 설정하여 세 가지 우선 원칙을 강조하였다. 첫째, 농업 우선 정책이고, 둘째 경공업 우선 정책이며, 셋째 무역 우선 정책이었다. 1990년대에는 자연재해로 인하여 농업 기반이 붕괴되고 곡식 수확량이 급속도로 감소하여 식량 부족이 심화되었다(서승환, 1994). 이를 극복하기 위하여 농업 우선 정책이 시행되었다. 경공업 우선 정책이 시행된 것은 주민들의 삶을 향상시키기 위해서 생필품 부족을 해결하기 위한 방책이었다. 무역 우선 정책은 수출 확대에 초점을 두었는데 국제 무역의 구조와

〈표 4-3〉 북한의 산업구조(1990~2016)

(단위: %)

| 구분 | | 1990 | 2000 | 2010 | 2012 | 2014 | 2016 |
|---|---|---|---|---|---|---|---|
| 광공업 | 전체 | 40.8 | 25.4 | 36.3 | 35.9 | 34.4 | 33.2 |
| | 광업 | 9.0 | 7.7 | 14.6 | 14.0 | 12.2 | 2.6 |
| | 제조업 | 31.8 | 17.7 | 21.9 | 21.9 | 20.4 | 20.6 |
| | -중화학 | 25.6 | 11.2 | 15.3 | 15.2 | 13.4 | 13.7 |
| | -경공업 | 6.2 | 6.5 | 6.6 | 6.7 | 7.0 | 6.9 |
| 건설업 | | 8.6 | 6.9 | 7.8 | 7.8 | 9.0 | 8.8 |
| 서비스업* | | 23.1 | 37.3 | 32.9 | 32.9 | 36.7 | 36.3 |
| 농림어업 | | 27.4 | 30.4 | 23.4 | 23.4 | 21.6 | 21.7 |

주: * 전기·가스·수도 부문이 포함된 수치임.
자료: 한국은행, 북한 GDP 관련 통계(온라인 자료); 홍순직 외(2017).

양식에 대한 변화가 강조되었다. 국제 무역의 구조 변화는 세계시장에 경쟁력 있는 최종재와 가공재를 수출한다는 것을 의미한다. 무역 양식의 변화는 쌍방 무역의 원칙에서 벗어나 국제 무역의 일반적인 규범을 따른다는 것이었다. 이러한 국제 무역 방향의 변화는 베를린 장벽 붕괴 이후 사회주의 국가의 시장의 붕괴에 의해 영향을 받았으며, 자본주의 국가와의 무역거래를 확대하기 위한 의도라 할 수 있다(조강일, 1995).

〈표 4-3〉을 보면 산업구조 면에서 1990년에 중화학공업의 비중이 25.6%에서 2000년 11.2%로 축소되었다. 이는 에너지와 원자재 공급의 부족에 기인한 것이었다(홍순직 외, 2017). 반면 서비스 부문은 23.1%에서 37.3%로 확대되었으며 배급제의 붕괴 이후 주민들의 생계를 안정화시키기 위해서 실시된 정부의 지원 확대에 기인하였다(홍순직 외, 2017).

2000년대 들어서 북한은 경기위기를 극복하기 위해서 대외 관계를 개선하려는 노력을 하게 되는데 이는 해외 원조와 지원을 받기 위한 목적이었다. 특히, 경제특구를 통한 해외 자본의 유입을 위해서 노력하였다. 이러한 노력을 통하여 2000년대에는 1990년대의 심각한 경제난에서 어느 정도 벗어나게 된다. 산업 정책적 측면에서는 4대 선행 부문에 초점을 두고 정책을 추진하게 된다. 이들은 석탄, 전력, 철도·교통 및 금속·기계 산업이며 1990년대 경제위기 이후 경제를 안정시키기 위해서 필요한 핵심적인 산업으로 인식되었다. 2002년 7월 1일 공표된 경제관리 조치들은 경제위기를 극복하려는 노력이라고 볼 수 있다. 이들 조치는 임금과 가격 인상, 배급제의 폐지, 계획 목표의 분권화, 공장관리의 자율화, 시장과 수평적 물류 유통 체계의 도입, 임금에 있어서의 성과제도 도입 등을 포함한다(홍순직 외, 2017). 또한 연합기업소를 개편하고 중소 공장의 생산성을 향상시키기 위한 조치들을 취하게 된다.

산업구조의 측면에서 보면, 농업 부문은 관개시설 개선이나 토지재정리 사업 등 농업 생산성을 증가시키기 위한 노력에도 불구하고 그 비중이 2000년 30.4%에서 2010년 23.4%로 하락하게 된다. 반면 광업과 제조업의 비중은 2000년 각각 7.7% 및 17.7%에서 2010년 각각 14.6% 및 21.9%로 증가하게 되었다. 특히, 중화학공업의 비중은 같은 기간에 11.2%에서 15.3%로 증가하였다.

김정은 체제 하에서 북한은 제7차 당대회에서 인민경제의 발전을 위한 5개년 전략을 발표하게 된다(통일연구원, 2016). 이 전략에서 4대 선행 부문의 확대를 강조하고 주민의 생계 향상을 주요 국가 아젠다로 설정하게 된다. 우선 과학적 방법을 이용하여 농업과 어업 부문에서의 생산 증가를 독려하고, 철도 네트워크의 유지 관리 및 건설 분야의 개발을 통하여 산업 시스템 기반을 재정비하는 것을 목표로 하고 있다. 또한 대외 관계와 무역구조 개선 및 관광산업과 경제개발 특구사업의 중요성을 강조하게 된다(홍순직 외, 2017).

김정은 시대 하에서 산업구조는 광업과 중화학공업 비중이 하락하는 추세를 보이고 서비스, 농어업 그리고 경공업 비중이 상승하는 모습을 보이고 있다. 중화학공업은 2010년 15.3%에서 2016년 13.7% 하락하였으며, 경공업 비중은 각각 6.6%에서 6.9%로 증가하였다.

## 3. 향후 북한의 경제개발 전략과 산업구조

### 3.1. 향후 북한의 경제개발 전략

앞 절에서 살펴본 바와 같이 북한은 내부에서 생산되는 원자재와 독자적인 기술을 기반으로 자본재를 생산하고 이를 이용하여 국내용 소비재를 생산, 공급하는 내적 지향의 공업화 전략을 실시했다고 할 수 있다. 이미 설명한 바와 같이 이러한 전략은 적정 규모의 내수가 확보되지 않으면 성공할 수 없는 전략이다. 북한 경제의 핵심이라 할 수 있는 금속, 기계, 화학 등 중화학공업은 기술 및 설비 측면에서 효율성이 크게 떨어져 국제경쟁력을 상실하였다. 또한 자본재 부문으로서 경공업과 농업의 생산 활동을 위한 설비 및 원자재의 공급 기능을 거의 하지 못하고 있는 실정이다. 그렇다면 향후 경제회복과 경제발전을 위하여 어떠한 경제개발 전략을 시행하여야 하고 어떠한 산업구조를 설계하여야 하는가?

#### 3.1.1. 경제발전의 조건: 자원, 시장, 비교우위

본 소절에서는 북한의 경제개발 전략이 전통적으로 경제개발에 필요한 요소들, 자본, 시장, 비교우위의 요소(기술, 부존자원)의 관점에서 타당한지 검토해 보고자 한다. 또한 향후 남북한 산업협력과 남한지역 주력 산업과의 분업구조 구축 측면에서 바람직한 산업구조를 평가하고자 한다.

북한이 당면한 현실적인 제약은 경제성장을 촉진시키기 위한 자본과 시장이 부재하다는 것이다. 대외 개방형 공업화 전략은 제조업 부문을 중심으로 시장과 자본을 외부에 의존하는 공업화 전략이라 정의할 수 있다(이석기 외, 2013). 대외 개방형 공업화 전략의 주요 내용을 살펴보면, 북한은 내수시장이 협소하여 산업이 규모의 경제를 활용하여 성장할 수 없기 때문에 수출시장 확대를 통하여 시장 규모의 제약을 탈피하고 생산 능력을 확충하여야 한다는 것이다. 생산설비 확보를 위한 자본 또한 부족하고 초기 수출을 통하여 확보하기 어렵기 때문에 경제특구 등을 활용한 외국인 직접투자를 통하여 조달하는 것이 필요하다는 주장이다. 또한 북한은 잘 교육된 풍부한 노동력이 비교우위의 원천이므로 이를 잘 이용하여 섬유·의류 등의 경공업 제품과 전기전자, 화학, 기계 중 노동집약적인 제품을 중심으로 생산하여 수출산업을 육성하고 점차 주력산업을 확장시키는 전략이라 할 수 있다.

자원개발 선도형 발전 전략은 석탄, 철광석, 마그네사이트 등 북한에 풍부하게 부존되어 있는 지하자원의 개발을 통하여 수출하고 이를 초기 경제개발의 자본으로 활용하자는 전략이다(이석기 외, 2013). 이석기 외(2013)는 북한이 개발하여 수출할 수 있는 자원의 규모가 예상보다 크지 않고 생산량을 늘리기 위해서 상당한 투자가 필요하다면 북한 지하자원의 가치는 일부에서 평가되고 있는 것보다 훨씬 작을 수 있다고 평가하고 있다. 또한 지하자원의 개발을 위하여 인프라 확충을 할 경우 해외 자본의 유입을 통해서 투자비용을 조달할 수밖에 없다는 것이다. 이 경우 자원 선도형 경제개발은 현실성이 작다고 평가될 수밖에 없다. 다만 자원의 일부를 지하자원의 개발을 통하여 초기 경제성장을 위한 시드머니로 활용할 수 있을 것이다. 즉, 제조업 부문을 중심으로 한 대외 개방형 공업화 전략에 대한 보완으로써 지하자원을 활용한다는 관점에서는 유효한 전략이라고 할 수 있을 것이다.[1)]

다음은 첨단산업 중심 개발 전략이다. 노동집약적인 산업 중심의 경제발전이 저개발의 함정에 빠트릴 수 있다는 비판에 대한 대안으로 기술 중심 또

1 다음 절에서 다루고 있는 비약(leapfrogging)발전 모형에서는 북한의 광물자원이 신재생에너지 등 새로운 에너지 인프라 구축을 위해서 사용될 수 있음을 제시하고 있다(이근, 2014). 최경수(2013)는 북한이 발간한 『조선지리전서』의 지하자원 매장량에 2012~2013년 국제거래 가격을 적용하여 그 잠재가치를 약 5.8조 달러로 추정하고 있다(이근 외, 2014 재인용). 또한 한국광물자원공사가 2008년 가격 기준으로 추정한 잠정가치 규모는 약 6.3조 달러이다(손희두, 2011, pp. 30~31 재인용).

는 첨단산업 중심의 개발론이 제기되고 있다(이석기 외, 2013). 이는 북한이 주장하고 있는 단번도약의 논리와도 맥을 같이 하고 있다. 또한 최근 김정은은 첨단산업 중심의 지식경제 강국 건설을 지시한 것으로 알려져 있다(손영석, 2017). 2016년 5월 열린 노동당 7차 대회 중앙위원회 사업총화 보고에서 김정은은 "첨단기술산업은 지식경제의 기둥이다. 정보산업, 나노산업, 생물산업과 같은 첨단기술산업을 대대적으로 창설해 나라의 경제발전에서 첨단기술산업이 차지하는 비중과 중추적 역할을 높여나가야 한다"라고 지시했다. 손영석(2017)은 "지식경제 강국은 기존 산업에 비해 첨단기술산업이 경제구조의 대부분을 차지하는 경제 대국이다. 현재 세계적으로 국민총생산에서 첨단기술산업의 생산액이 50% 이상을 차지하면 지식경제 시대의 요구에 맞는 경제구조가 형성된 것으로 평가하고 있다"라고 설명하고 있다. 위의 내용을 액면 그대로 해석한다면 북한은 정보산업, 나노산업, 생물산업 등 새로운 첨단산업이 경제에서 차지하는 비중을 50% 이상으로 유지하겠다는 것이다.

북한은 최근 경제특구를 활용하여 첨단산업과 관광 분야를 집중 육성하려고 노력하는 것으로 보인다. 북한은 최근 '원산-금강산국제관광지대', '경원경제개발구', '강남경제개발구' 등 3개 지구를 새로이 지정하였다(조선민주주의인민공화국, 2018).[2] 강남경제개발구는 농축산지구와 공업지구로 나누어져 있는데 공업지구에서는 첨단 제품 개발 기업 유치가 추진된다. 또한 평양시에 위치한 은정첨단기술개발구는 "첨단과학기술개발구는 정보기술, 나노 및 새 재료, 생물공학 분야의 첨단산업 구축과 첨단공업 설비제작기지 구축을 기본으로 하면서 일부 가공무역사업과 사업 활동을 적절히 결합한 개발구로 꾸리는 것을 목적으로 하고 있습니다"라고 밝히고 있다.[3]

2 2018년 조선민주주의인민공화국 주요 경제지구들에 따르면, 현재 북한에는 27개의 경제지구가 선정되어 있으며 공업개발구가 14개, 농업개발구가 3개, 관광개발구가 6개, 수출가공구가 3개, 첨단과학기술개발구가 1개이다. 개성공업지구는 경제지구에서 빠져 있다. 이는 개성공단 중단 상황을 반영한 것이다.

북한의 이러한 노력이 경제발전에 어떠한 영향을 미칠지는 아직 미지수이다. 북한은 소프트웨어 분야에서 잘 훈련된 인력을 확보하고 있고 우주항공이나 보안 등 일부 분야에서도 높은 수준의 기술을 보유하고 있는 것으로 알려져 있다. 그러나 이러한 인력과 기술 기반을 산업화하여 경제성장으로 유도하기까지는 많은 과정을 거쳐야 할 것이다. 또한 첨단산업의 경우 투자 위험이 클 뿐 아니라 관련된 산업 생태계가 구축되어야 성공할 수 있는데 전자산업이나 정밀화학 등 관련 산업이 발달되어 있지 않은 환경에서 첨단산업이 발전한다는 것은 한계가 있을 수밖에 없다.

### 3.1.2. 경제발전의 속도: 추격과 비약발전

앞 소절에서는 주로 경제성장의 요소라 할 수 있는 자본 도입, 시장 확보, 비교우위산업 선정의 입장에서 경제발전 문제를 논의하였다. 본 소절에서는 북한 경제가  다른 국가들 수준으로 빠르게 성장할 수 있을지에 대한 문제를 기존 문헌을 중심으로 검토하였다. 추격(catch-up)은 후발자가 선발자의 기술이나 소득 수준에 도달하는 것으로 정의할 수 있는 반면, 비약(leapfrogging)은 이러한 시도가 짧은 기간 내에 이루어지는 것으로 정의된다(이근 외, 2014). 북한은 2001년 1월 노동신문을 통하여 경제성장을 단기간에 성취할 필요가 있다는 내용의 '단번도약'을 발표하였다. 북한의 '단번도약'은 개념적으로 비약발전과 동일한 내용이라 할 수 있다. 그러나 북한의 단번도약은 아직 IT 서비스 분야에 한정되어 있고 아직까지 북한 경제에 큰 영향을 미치지 못하고 있는 것으로 평가된다. 이근 외(2014)는 북한이 선택할 수 있는 체제이행과 비약발전의 가능성에 대한 분석을 하고 있다. 우선 북한이 선택할 수 있는 첫 번

3 북한은 첨단과학기술 부문에 투자하는 기업에 대해 토지 위치 선택권과 토지 사용료 면제 혜택을 제공하겠다고 설명하였다. 또 경제개발구에서 10년 이상 운영하는 기업에는 기업소득세를 감면해 주고 이윤을 재투자해 5년 이상 운영 시에는 재투자분에 대해 기업소득세를 50% 환급해 주겠다는 방침이다(조선민주주의인민공화국, 2018, NK 경제(2018.12.6) 재인용).

째 체제이행 시나리오는 점진적인 이행 시나리오로 김정은 체제가 정권을 유지하면서 현상 유지적인 개혁·개방을 하는 것이다. 두 번째는 보다 적극적인 개혁·개방을 시도하는 경우로 중국과 같은 '개방형 사회주의' 체제로 나가는 것이다. 세 번째 시나리오는 남북한이 통합되고 북한 지역에 대한 남한 지역의 투자 및 경제협력이 확대되는 상황을 고려하고 있다.

북한의 체제전환 시나리오에 고려할 수 있는 정책 방향으로는 우선 통상적인 체제이행 정책을 시행할 수 있다(Kim and Ronald, 2012). 이들 통상적인 체제이행 정책은 농업의 사유화, 소기업의 장려, 노동집약적 수출산업 장려, 외국인 유치 등과 같은 정책 수단을 포함하고 있다. 그러나 북한이 체제전환 과정에서 단순한 경제성장이 아닌 단기간에 이루어지는 비약적인 발전을 달성하기 위해서는 통상적인 체제이행 정책 이외에도 비약성장을 위한 추가적인 정책을 도입하는 것이 필요하다(이근 외, 2014). 정책 옵션으로 세 가지를 제시하였는데 중국 복건성과 같은 노동집약적 수출주도 모델, 인도식 IT 서비스 주도 비약 모델 그리고 아프리카식 차세대 산업 선정 전략을 포함하고 있다(Lee et al., 2009; Lee and Mattews, 2012; Lee et al., 2014).

첫 번째 중국 복건성 모델은 중국 복건성이 화교 자본을 받아들여 단기간에 경제성장을 달성했던 사례를 모델로 하고 있다. 북한의 경우 남한과의 협력을 전제로 한다면 이러한 정책 옵션이 성공할 가능성이 높은 것으로 평가된다. 1980년도에 복건성의 일인당 GDP는 중국 전체 평균의 75%에 불과하였으나 외국인 직접투자 유입과 수출 증진을 통하여 10년 내에 중국 평균을 넘어서고 2000년도에는 중국 평균 일인당 GDP보다 60% 이상 앞서게 되었다(Lee et al., 2009).

두 번째 인도식 IT 주도 비약 모델은 IT 서비스산업을 이용하는 전략으로 인도의 경우 산업구조의 변화가 통상적인 경제발전 패턴과 달리 나타나고 있다. 제조업 부문이 성장한 다음 서비스 부문이 성장한 것이 아니라 제조업 부문의 성장 없이 서비스 부문의 비중이 증가하는 서비스 주도 성장을 이룬 것으로 평가된다(Lee et al., 2014). 이들은 후발자에 의한 추격이 제조업뿐만 아니라 서비스 부문에서 발생할 수 있음을 강조하고 있다. 즉, IT 서비스의 경우 초기 소요되는 자본량이 상대적으로 적은 반면 지식집약도가 높아 우수한 인력만 보유한다면 개발도상국의 경우에도 비교우위가 있는 산업이며 인도가 이를 적극 활용한 사례로 평가된다. 북한도 이러한 인도의 사례를 인지하고 있었으며 '단번도약'을 위한 중점 산업으로 IT 서비스산업을 채택하고 육성을 추진하고 있다.[4)]

세 번째 또 다른 유형의 정책 방향은 신재생에너지 등 차세대 성장 산업에 진입하여 이를 선점하는 비약형 경제발전 전략이다. 신재생에너지 기반의 비약 전략은 이미 선진국들에 의하여 시도되고 있으며, 스마트그리드 등의 새로운 기술은 기술 자체가 태동기라는 점에서 새로운 기회의 창이라고 볼 수 있다는 평가이다(이근 외, 2014). 남한의 경우 에너지 인프라가 상대적으로 낙후되어 있지 않아 스마트그리드 등 새로운 인프라 구축의 이점이 크지 않다. 반면에 북한의 경우 수력 및 화력 등 에너지 자원의 인프라가 매우 낙후되어 있거나 부족하기 때문에 오히려 신재생에너지 자원을 이용한 인프라 구축이 수월할 수 있다는 것이다. 또한 새로운 에너지 인프라 구축을 위해서는 풍부한 광물자원을 수출하여 얻은 자금을 활용할 수 있다는 것이다. 이러한 방식은 남미 및 아프리카 일부 국가에서 시도된 적이 있으며 아프리카 모잠비크도 매장된 석탄을 활용하여 그 수출대금으로 태양광에 투자하는 전략을 채택하였다(Lee and Mathews, 2012).

Lee et al.(2009)는 북한에서 추격성장이 이루어지지 못하고 있는 것은 주로

4 2002년 북한의 노동신문은 인도의 정보기술산업 발전을 강조하며 인도 정부가 토대가 약한 자국의 제조업 사정을 고려하여 컴퓨터 프로그램 개발과 인터넷 전문가 등 정보기술 부문 인재를 양성한 결과라 설명하였다(연합뉴스, 2002. 6. 19일자; 이근 외, 2014 재인용).

정치적 제약, 특히 북한 정권의 리더십 문제로 지적하고 있다. 체제 유지를 위한 점진적 이행 시나리오와 통상적인 정책이 같이 시행되는 경우에는 현상 유지형 개혁·개방을 통해 일정 정도 경제성장을 달성할 수 있으나 단기간 내 소득이 급격히 증가하는 추격성장은 불가하다는 것이다. 그러나 중국식 시장사회주의 형태로 체제가 이행되는 경우 복건성 모델과 인도 모델을 적용하여 북한도 비약성장을 달성할 수 있다고 전망하고 있다. 또한 남북한이 통합되어 남북한 경제협력이 증가하고 북한에 대한 투자가 더욱 확대되는 경우에는 세 가지 유형의 비약발전 모델이 모두 적용 가능하며 신재생에너지산업을 이용한 도약 가능성이 높아질 수 있다고 평가된다(이근 외, 2014).

### 3.2. 향후 북한의 산업구조

북한이 미래에 어떠한 산업을 육성할 것인지는 매우 복잡한 시나리오에 의하여 결정될 수밖에 없다. 북한 정권이 현상 유지 정책을 선택할 것인지 급격한 체제이행 정책을 선택할 것인지, 또는 체제이행 과정에서 어떠한 정책을 구사할 것인지 불명확하다. 그러나 북한이 현재까지 고수해 온 내적 지향 발전 전략은 경제성장을 견인할 수 있는 전략이 아닌 것은 분명하다. 앞 소절에서 대외 개방적 공업화 전략이나 비약발전 등 북한의 발전 전략에 대한 기존 연구에서 제시하는 산업 육성의 방향이 반드시 일치하는 것은 아니다. 이석기 외(2013)에서는 자본 유치, 시장 확대, 노동집약적 산업 육성 및 산업 생태계 조성의 중요성을 강조하고 있는 반면, 이근 외(2014) 등에서는 비약발전을 위해서 신재생에너지산업 등 첨단산업의 육성 가능성도 제기하고 있다. 그러나 대체적으로 바람직한 산업으로서 해외 자본 유치를 통한 노동집약적 경공업과 IT 서비스산업 육성 및 수출 확대를 통한 경제성장에는 일치되는 견해를 보이고 있다. 홍순직 외(2017)는 북한 중공업의 경우 국제적인 기술 흐름에서 벗어난 설비를 보유하고 있고 상당 기간 북한의 경제성장을 견인할 핵심 산업이 되기 어렵다고 보고 있다. 또한 중화학공업을 현대화하고 경쟁력을 강화하기 위해서는 대규모 자본의 투자가 필요한데 현재 북한의 자금 동원 및 해외 자본 유치 능력을 고려하면 현실적인 방안이 되지 못한다고 평가하고 있다. 따라서 설비 중심의 중화학공업보다는 노동경쟁력이 중요한 경공업을 중심으로 경제성장을 추진하는 것이 효과적이다라고 평가하고 있다.

### 3.2.1. 경공업

현재 북한의 경공업은 주민에 대한 생필품 공급이 주요 기능이다. 그러나 북한 경공업의 역할은 1990년대의 경제위기를 거치면서 위축되어 현재 생필품 공급 기능을 제대로 하지 못하고 있는 것으로 평가된다. 따라서 북한은 생필품의 상당 부분을 수입품, 특히 중국 제품에 의존하고 있은 것으로 알려져 있다. 현재 북한은 4대 선행 부문에 대한 투자가 우선시 되고 있으며 경공업에 대한 투자 재원이 부족하고 경공업 생산시설에 대한 신규 투자나 기존 설비의 개선을 위한 투자는 제한적이다.

내수시장이 협소하고 자본이 부족한 소규모 저개발 국가는 투자 자본과 제품 판매를 위한 시장을 외부에 의존할 수밖에 없다. 의류산업을 비롯한 경공업 부분은 제품의 시장 규모가 크고 해외 자본 유치를 통하여 단기간에 생산 능력을 구축할 수 있는 장점이 있다(홍순직 외, 2017). 북한의 경우 또한 경쟁력 있는 생산 요소인 노동력을 활용하여 경공업을 육성하는 것이 필요하다. 특히, 남한 및 중국과 인접해 있어 경제개발 초기에 시장 및 자본을 제공할 수 있는 장점이 있다.

의류산업은 산업의 특성상 외국인 직접투자 등을 통하여 단기간에 생산 기반을 갖출 수 있으므로 북한의 경제성장을 위하여 효과적인 산업이라 평가할 수 있다. 특히, 1990년 이후 경제위기를 겪으면서 사실상 실업 상태인 비숙련, 반숙련 노동력이 많아서 이를 활용한다면 급속한 성장을 기대할 수 있다(홍순직 외, 2017).

경공업 발전을 통하여 경제성장을 견인한 베트남의 경우 가장 빠르게 성장한 수출산업이 의류산업이었다. 베트남 의류 수출은 외국인 투자 기업이 주도하고 있다. 베트남 의류산업의 장점은 상대적인 저임노동력이었으며 최근에는 임금 상승에 직면하여 생산성 향상을 통하여 지속 성장을 하고 있다. 베트남 의류산업은 전체 수출에서 2위를 차지하고 있으며 수출금액이 지속적으로 증가하고 있다(베트남섬유의류협회, 2019). 캄보디아의 경우도 외국인 직접투자로부터 의류산업이 시작되었으며 외국인 직접투자의 30% 정도를 차지할 정도로 의류산업의 비중이 높으며 주로 수출시장을 겨냥한 생산에 중점을 두고 있다. 의류산업은 캄보디아 제조업 수출의 70~80%를 차지하고 있다(한국수출입은행, 2017).

향후 북한의 의류산업의 발전을 위해서는 핵 문제 해결을 통한 대외 관계의 개선 및 남북한 경제협력 등을 통하여 선진국 시장에 대한 접근성을 강화하고 해외 자본 유치 환경의 개선이 필수적이다. 현재 설비 수준은 낙후되고 생산 능력 확충을 위해서는 해외 투자 유치가 필수적인데 향후 지리적으로 근접해 있는 한국 및 중국으로부터의 투자 유입 가능성은 북한 경공업 부문의 가장 큰 잠재력의 하나라고 할 수 있다.

경제특구는 북한이 외부로부터 자본과 기술, 경영 노하우를 도입하여 생산 역량을 확충하고 이를 통하여 생산된 제품을 해외시장에 판매하는 대외지향형 공업화 전략의 실현을 위해서 가장 효율적인 수단이며, 경제특구에서 집중적으로 육성할 산업으로는 북한이 보유하고 있는 가장 경쟁력 있는 생산 요소인 노동력을 잘 활용할 수 있는 경공업과 IT 산업을 들 수 있다(홍순직 외, 2017).

### 3.2.2. IT 산업

북한의 IT 기술 개발은 역사적으로 남한보다 20년 앞서 진행되었다(김종선 외, 2005). 초기 자립적 민족경제 건설의 수단에서 출발하였던 IT 산업은 중공업의 자동화 확대 등을 위해 시도되어 왔다. 1990년 이후에는 소프트웨어 분야에서 독자적인 산업으로 발전하여 왔으며 주요 외화벌이 수입 수단으로 활용되고 있다. 북한의 IT 산업은 기술 개발의 오랜 역사에도 불구하고 자립적 민족경제의 건설 및 주체사상으로 인한 폐쇄성으로 인하여 해외 기술 및 정보를 활용하지 못하고 있으며 세계의 기술적 흐름에 동참하지 못하고 있다. 특히, 전통적으로 중화학공업 육성을 위하여 하드웨어 개발에 많은 노력을 기울여 왔으나 사회주의 붕괴, 1990년대 고난의 행군 시기로 인한 산업 인프라 붕괴, 폐쇄적인 경제 정책 및 경제난 등으로 하드웨어 분야의 생산 능력이 거의 붕괴되었다. 그러나 우수한 인력을 보유하고 있기 때문에 소프트웨어 분야에서의 잠재력은 높은 것으로 평가된다.

캄보디아 등의 국가들은 IT 제조업 역량 확대를 위해서 외국인 직접투자를 활용하였다. 중국은 외국 자본을 도입하여 초기에 IT 산업의 토대를 마련한 후 점진적으로 기술 자립화를 달성하고 제품 경쟁력을 높여 나간 사례이다. 베트남은 1986년 도이모이 정책을 채택한 이후 대외 개방 및 개혁 정책을 추진하였다. 베트남 정부는 개혁·개방 이후 경제발전에 있어 IT 산업의 중요성을 인지하고 1990년 초반부터 IT 산업 발전을 위한 기본계획을 작성하였다. 최근 10년간 베트남 IT 산업은 연간 10% 이상의 성장률을 보이고 있으며 2017년 매출 916억 달러 중 하드웨어가 816억 달러, 소프트웨어가 38억 달러로 IT 제조의 비중이 높다(코트라, 2018). 초기에 외국 자본에 의해 IT 제조업은 많은 성장을 하였으나 소프트웨어 분야는 고급 인력 및 기술이 부족하여 현재 비중이 낮은 상황이다. 캄보디아 또한 외국인 투자를 통한 시장 확대가 IT 육성 정책의 핵심으로 최근 빠른 경제성장은 IT 산업이 크게 기여하고 있는 것으로 평가된다. IT 산업은 이동통신을 중심으로 발전하고 있으며 소프트웨어 시장은 아직 산업 형성이 초기 단계에 머물고 있다.

IT 산업은 성장 여건이 갖추어지면 빠르게 성장할 수 있는 산업이며 전후방 연관 효과가 큰 산업이다. 최근 많은 저개발 국가들이 IT 산업을 경제성장의 동력으로 이용하는 것은 이러한 연유에 있다. 북한의 경우 노동력은 질이 높고 아직 임금이 낮은 수준에 머물러 있어 북한 당국도 IT 산업의 인재를 적극적으로 육성하기 위해 노력하고 있는 바 이를 잘 활용하면 빠른 성장이 기대된다. 북한의 경우 위에서 언급한 세 개의 국가와 다르게 IT 제조업이 제대로 성장하지 못한 것은 대외 개방을 통해 해외 자본 유치가 진행되고 있지 못하기 때문이다. 남한보다도 IT 산업의 역사가 긴데도 불구하고 큰 진전을 이루지 못하는 것은 폐쇄적인 시장 환경 때문이라고 볼 수 있다. 기술과 자본이 모두 결핍된 북한의 입장에서는 대외 개방을 통한 자본과 기술력 공급을 통하여 IT 인프라를 구축하고 양질의 노동력과 결합하면 IT 산업을 발전시킬 수 있을 것으로 예상된다. 또한 다른 산업과의 전후방 연관 효과를 통하여 국가 경제 전반에 영향을 미칠 수 있을 것이다.

북한이 IT 산업 투자를 위해서 외자 유치를 할 때 가장 용이한 방법은 남한의 자본을 이용하는 것이다. 남한의 경우 이미 IT 산업에 국제경쟁력을 갖추고 있기 때문에 남한의 자본을 이용하여 IT 산업의 가치사슬을 형성할 경우 북한의 IT 산업의 경쟁력을 향상시킬 수 있을 것이다. 또한 남한과의 분업관계를 통하여 경쟁력을 확보한다면 세계시장 진출도 용이해질 것으로 판단된다. 이러한 모든 시나리오는 결국 남북관계의 개선을 전제로 한 것이고 또한 핵 문제 해결을 통하여 경제제재로부터 자유로울 때 가능한 일일 것이다.

## 4. 결론

본고에서는 해방 이후 북한의 경제개발 전략과 산업구조의 변화를 개괄한 후 향후 북한 경제의 발전을 위한 경제발전 전략과 바람직한 산업구조 형성에 대하여 검토하였다. 북한은 해방 이후 자립민족경제의 기치를 내걸고 군수산업과 연관된 중공업 위주의 정책을 시행하였다. 그 결과 중공업은 경제 내에 전후방 연관관계를 통하여 경제 전체 발전에 기여하기보다는 그 자체로 설비가 낙후되고 비효율적인 부문으로 남아 있다. 산업 간 연계관계가 약하고 산업 간 중복 투자로 인해 경제 전체의 비효율성이 높은 상황이다. 내적 지향의 경제 정책으로 충분한 규모의 시장을 확보하지 못하고 산업 전체가 규모의 경제 등 효율성을 추구하지 못하고 있다. 경공업과 농어업 및 서비스산업을 강조하고 있으나 아직도 중화학공업 중심 경제개발 정책을 추진했던 과거의 영향으로부터 벗어나지 못하고 있다.

경제회복과 경제발전을 위해 북한이 선택해야 할 경제 정책 방향은 자명하다. 그 속도가 어떠하든 간에 대외 개방형 경제 정책으로 전환되지 않는 이상 단번도약은 고사하고 북한의 경제 쇠락을 막을 방법이 없을 것이다. 단번도약을 꿈꾼다면 단순한 대외 개방을 넘어서 더 적극적으로 해외 자본 유치와 수출시장 확대를 위한 정책을 구사하여야 할 것이다.

북한은 우수한 노동력을 확보하고 있는 바 이를 이용하여 의류산업 등의 경공업과 소프트웨어 중심의 IT 산업을 육성하는 것이 세계시장에서 비교우위를 확보할 수 있는 방법이다. 그러나 이들 산업들을 육성하기 위해서는 경제특구 등을 통하여 해외 자본을 유치해야 하는데 해외 자본의 유입은 체제 내 인센티브 시스템에 의하여 결정될 수밖에 없다. 인센티브 시스템의 확대는 결국 북한의 체제전환과 개방 정책의 정도에 의해 영향을 받을 것이다.

북한은 남한과 중국이 인접해 있는 지정학적 환경으로 자본 유입과 시장 확보에 유리한 위치를 점하고 있다. 향후 남북관계가 개선되고 북핵 문제 해결 등으로 경제제재가 해소된다면 남북협력 관계 구축을 통하여 북한에 비교우위산업을 빠른 시일 내에 육성할 수 있는 가능성이 높다. 또한 미래에 비약적 경제성장을 기대한다면 체제전환과 더불어 이를 촉진시킬 수 있는 추가적인 정책을 실시할 수밖에 없을 것이다.

## 참고 문헌


국토통일원, 『북한경제개관』, 서울: 국토통일원, 1988.

권영경, "북한의 경제현황과 개혁 · 개방," 『북한이해』, 서울: 통일교육원, 2007.

김종선 · 이춘근, "북한 IT 산업의 개발 역사와 시사점," 『과학기술정책』, 과학기술정책연구원, 2005, pp. 24~33.

김태운 · 이강복, "북한의 산업구조 변화 추이와 향후 전망," 『아시아연구』, 2008, pp. 107~134.

민족통일연구원, 『남북한경제지표편람』, 서울: 민족통일연구원, 1995.

베트남섬유의류협회, http://www/vietnamtextile.org.vn/(접속일: 2019. 7. 20).

산업연구원, "북한의 대중 의류 임가공 교역 실태 및 전망," 『산업경제 분석』, 2016. 12.

서승환, "경공업제일주의 방침을 철저히 관철하는 것은 현시기 사회주의 경제건설에서 나서는 중요한 전략적 과업," 『경제연구』, 평양: 과학백과사전종합출판사.

손영석, "첨단기술산업을 기둥으로 하는 경제구조의 확립은 경제강국 건설의 중요한 요구," 『김일성종합대학 학보』 제63권 제4호, 2017.

손희두, 『북한의 자원개발법제와 남북한 협력방안 연구』, 한국법제연구원, 2011.

NK 경제, 북한 경제특구 개발 키워드는 '첨단산업'과 '관광', 2018. 12. 6일자.

이근 · 최지영, "북한경제의 추격 성장 가능성과 정책선택 시나리오," 『BOK경제연구』 제 2014-15, 2014.

이석기 · 김석진 · 정근주, "북한의 산업발전 잠재력과 남북협력과제: 경제특구, 경공업 및 IT 산업을 중심으로," 연구보고서 2013-672, 산업연구원, 2013. 12.

조강일, "무역제일주의의 방침은 사회주의 경제건설에서 일대앙양을 일으키게 하는 혁명적 방침," 『경제연구』, 평양: 과학백과사전종합출판사, 1995.

조선민주주의인민공화국 외국문출판사, 『조선민주주의공화국 주요 경제지대들』, 2018.

최경수, 『북한 지하자원 매장량』, 북한자원연구소, 2013.

KOTRA, 코트라 베트남 투자뉴스, 제619호, 2018. 9. 17.

통일부 통일교육원, 『2017 북한 이해』, 서울: 통일부 통일교육원, 2016.

통일연구원, "북한 제7차 당대회 분야별 평가 및 향후 전망," 제13차 KNU 통일포럼, 2106. 5.

한국수출입은행, 『캄보디아 국가 신용도 리포트』, 2017. 12. 29.

홍순직 · 이석기 · 조봉현 · 이윤식 · 정일영, "통일 후 남북한 산업구조 재편 및 북한 성장산업 육성방안," 『중장기통상전략연구』 17-02, 대외경제정책연구원, 2017. 12.

황의각, 『북한경제론』, 서울: 나남, 1993.

Kim, B. Y. and G. Roland, "Scenarios for a Transition to a Prosperous Market Economy in North Korea," *International Economic Journal*, 26(3), 2012, pp. 511~539.

Lee, K., B. Y. Kim, and I. S. Lee, "The Possibility of Economic Reform in North Korea," *Journal of Contemporary Asia*, Vol. 39(2), May 2009, pp. 279~294.

Lee, K. and J. Mathews, "South Korea and Taiwan," *The Innovative Firms in the Emerging Market Economies*, Oxford University Press, 2012, pp. 223~248.

Lee, K., T. Y. Park, and R. T. Krishnan, "Catch-up or Leapfrogging in the Indian IT Sector: Windows of Opportunity, Path-creating, and Moving up the Value Chain," *Development Policy Review*, 32(4), 2014, pp. 495~518.

Chapter 5

# 북한의 경제발전 재원조달의 전제 조건

강태수(대외경제정책연구원)
강다현(연세대학교 지속가능발전센터)

1. 서론

2. 베트남의 시장경제 체제 이행과 재원조달 사례

3. 국제사회 민간투자 유인 체계

4. 결론

## 1. 서론

2018년 6월 12일 북·미 정상은 북·미 관계 수립과 평화 체제 구축에 포괄적로 합의하였다(싱가포르 제1차 북미정상회담). 2018년 4월 남북정상회담에서 북한은 '베트남식 개혁·개방'에 관심을 표명한 바 있다. 베트남 사례는 체제전환국이 국제자금을 유치하려면 미국과의 관계 정상화가 선결 과제임을 보여 준다.

북한 경제 규모는 몽골, 라오스와 비슷한 수준이다. 한국 경제 규모의 2.2%, 인구는 2,501만 명, 일인당 GNI는 145만 원(2017년 추계), 2017년 무역 총액은 55억 달러(수출 18억 달러, 수입 37억 달러) 수준이다(한국은행 경제통계시스템). 이에 반해 베트남 일인당 소득은 2,400달러 수준이고 인구는 1억 명에 근접해 있으며 경제 규모는 2,200억 달러(2017년 기준)를 상회한다(World Bank). 한국 경제 규모의 15% 수준이다(한국은행 경제통계시스템; World Bank).

베트남은 1986년 12월 도이모이(Doi Moi) 선언을 계기로 개혁·개방을 시작하였다. 최근 베트남 경제 규모는 북한의 13배 이상이다. 북한이 현재의 베트남 수준에 도달하려면 연 10%씩 고속성장을 해도 최소 20년이 걸려야 가능하다.

북한의 개혁·개방 추진에 소요되는 자금을 한국이 홀로 부담하기는 불가능하다. 국제금융기구 및 국제사회 민간 부문을 통한 국제자금 유치가 관건이다. 국제사회 민간자본의 북한 투자 인센티브를 높이려면 국제 투자자의 신뢰 확보가 시급한 과제이다. 북한 금융 시스템을 개혁하는 것이 국제 투자자로부터 신뢰를 얻기 위한 첫걸음이다.

본고는 우선 국제사회에 정립된 체제전환국의 시장경제 체제 이행 로드맵을 살펴보았는데, 북한이 롤 모델로 지적한 베트남 사례를 위주로 분석하였다. 다음으로는 국제 민간투자 유인의 전제 조건인 북한 금융 시스템 개혁

과제를 점검하였다. 아울러 북한의 국제 지급결제망(internatioanl payment and settlement network) 접근성 문제를 분석하였다.

## 2. 베트남의 시장경제 체제 이행과 재원조달 사례

국제사회에는 시장경제 체제로 이행하는 체제전환국가가 거쳐야 할 일반적인 로드맵이 정립되어 있는데 다음과 같다.

① 국제사회(UN) 제재 해제 → ② 미국과의 관계 개선 → ③ 국제금융기구 가입(IMF, WORLD BANK, ADB 등) → ④ 무역 정상화→ ⑤ WTO 가입 → ⑥ 시장경제 지위 획득

### 2.1. 베트남 개혁 · 개방과 재원조달 과정

#### 2.1.1. 미국의 베트남에 대한 제재 해제

1986년 12월 베트남은 도이모이 개혁·개방을 선언하였다. 하지만 개혁·개방 선언에도 불구하고 국제사회의 지원과 투자는 거의 없었다. 국제 투자자들이 베트남 개혁·개방을 주목한 것은 미국-베트남 국교 정상화 이후이다. 국교 정상화는 베트남군의 캄보디아 철수 및 파리평화협정을 계기로 체결되었다. 미국-베트남 국교 수교는 도이모이 개혁·개방 선언 이후 11년, 무역협정은 20년이 걸렸다. 정작 국제사회의 베트남 투자 진출이 본격화된 것은 2001년 무역협정 비준 이후이다. 무역협정 비준으로 베트남의 투자 여건이 크게 개선되었다는 인식이 확산되었기 때문이다(권율 · 김미림, 2018).

국제금융기구 융자, 양허성 원조(concessional aid), 다자 간 공적개발원조

〈그림 5-1〉 개혁 초기 베트남 외자도입액 추이(ODA 1989~1998)

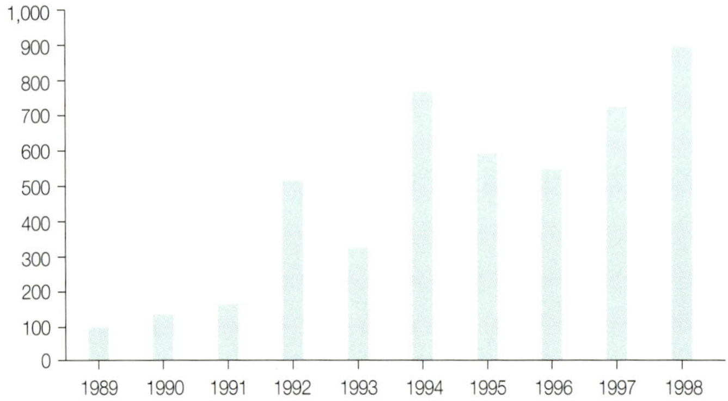


자료: OECD, Aid(ODA) disbursements to countries and regions[DAC2a](검색일: 2019. 8. 21).

(Official Development Assistance: ODA) 등의 지원은 미국의 제재 해제 이후 허용되었다. 베트남이 국제 민간 부문 투자를 본격 유치하기에는 오랜 시간이 소요되었다. 그 시간 공백을 메운 것이 국제금융기구를 통한 공적 지원이다. 예컨대, 1993년 7월 미 클린턴 행정부가 베트남에 대한 융자 재개를 허용한 직후 국제통화기금(IMF) 스탠바이 대출 1억 9,400만 달러가 1차로 지원되었다. 아울러 1993년 12월 World Bank 주선으로 Donner conference가 개최되었다. 그 결과 베트남에 대한 국제사회의 ODA, FDI가 급증하였다. 1994년 11월에는 시티뱅크, BOA 등의 하노이 지점 등이 인가되었다(〈그림 5-1〉 참조).

### 2.1.2. 미-베트남 국교 정상화, '미-베트남 무역협정' 비준, WTO 가입

베트남의 대외 수출 및 외국인의 베트남 직접투자(FDI)는 미-베트남 국교 정상화(1995년 7월), '미-베트남 무역협정' 비준(2001) 등을 계기로 소폭 증가세를 보였다. 본격적인 급등세는 세계무역기구(WTO) 가입(2006년 11월, 150번 째 회원국) 이후에 나타난다(〈그림 5-2〉, 〈그림 5-3〉 참조). WTO 가입은 모든 회원국들

〈그림 5-2〉 베트남 무역 규모

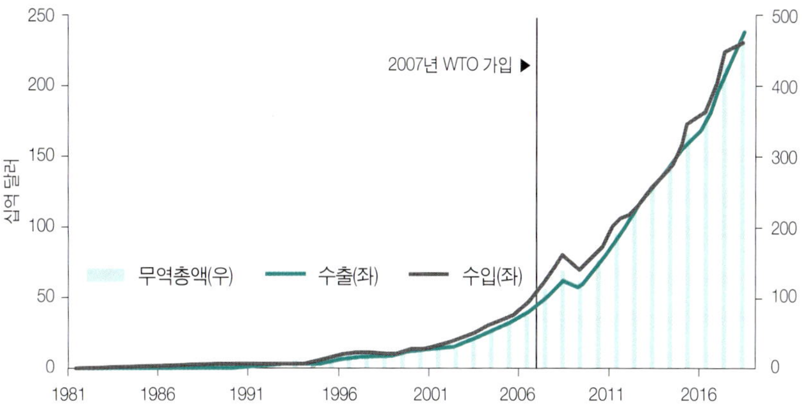


자료: IMF, DOT(검색일: 2019. 8. 21).

〈그림 5-3〉 베트남 FDI 유입 추이

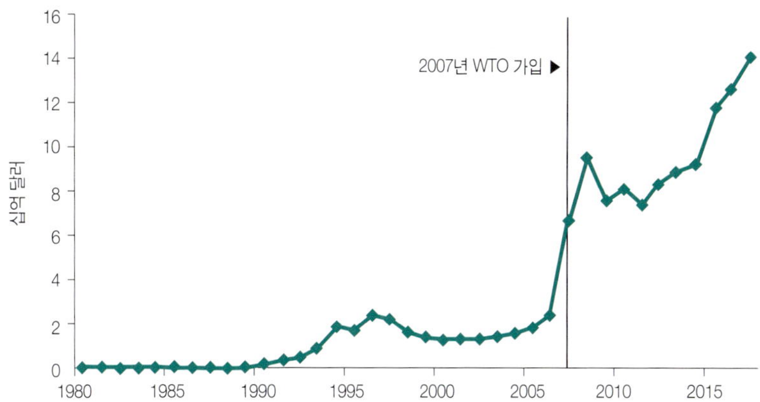


자료: World Bank, "World Development Indicators," Data Bank(검색일: 2019. 8. 21).

과의 가입 협상 타결이 필수이다. 미국 등 선진국은 신규 가입국에게 국제 기준에 부합되는 제도·법률·기초 인프라 구축을 가입 조건으로 요구한다. 북한의 WTO 가입은 국제 시장경제 질서에 북한이 성공적으로 편입됨을 의미한다.

### 2.2. 베트남 사례가 북한의 재원조달에 주는 시사점

최근 북한은 국제사회 제재(UNSCR 2397, 2017. 12. 23)로 경제 활동이 위축되고 심각한 외화 부족 현상에 직면한 것으로 추정된다. 베트남의 사례는 북·미 관계 정상화가 해외 자본 유치의 선결 과제임을 시사한다. 북한의 경우도 북·미 관계 정상화가 개혁·개방을 통한 국제 자본 유치의 시발점이기 때문이다.

#### 2.2.1. 국제사회 대북제재의 영향

2017년 11월 29일 ICBM급 미사일 발사 이후 북한은 강력한 국제사회 제재(UNSCR 2397, 2017. 12. 23)에 직면해 있다. 정제유와 원유가 북한으로의 수출이 감축되고 일부 품목(농산물, 기계류, 전자기기류, 목재, 선박 등)은 북한으로의 수출이 전면 금지(UN 안보리 대북제재 결의안 2397)되었다. 북한의 산업 생산 활동과 대외 경제 활동 위축이 불가피해 보인다.

특히, 대북제재 이후 북한 수출입이 큰 어려움에 처한 것으로 판단된다. 2018년 북·중 간 무역총액은 24억 2,700만 달러로 2017년(49억 8,000만 달러) 대비 51.3% 감소하였다. 북한의 대중국 수출은 2억 900만 달러로 2017년(16억 5,000만 달러) 대비 87.3% 감소하였다. 무연탄, 철광석, 의류 등 주요 수출품목의 수출이 전면 금지되었다. 연관 분야인 '운송, 저장, 판매' 산업도 직접적인 피해를 받았을 것으로 예상된다. 중국으로부터의 수입은 22억 1,800만 달러

〈표 5-1〉 대북제재 현황

| UN 안보리 대북제재 결의안 | 관련 사건 | 제재안 주요 내용 |
|---|---|---|
| UNSCR 2375 (2017. 9. 11) | 6차 핵 실험 (2017. 9. 3) | • 대북 수출 제한: 정제유, 원유 상한 설정<br>• 대북 수입 금지: 직물, 의류 완제품<br>• 해외 파견노동자 신규 고용 금지<br>• 경협 금지: 북한과 합작사업 설립·유지·운영 금지 |
| UNSCR 2397 (2017. 12. 23) | ICBM급 미사일 발사 (2017. 11. 29) | • 대북 수출 제한: 정제유, 원유 상한 감축<br>• 해외 파견노동자 24개월 내 전원 본국 소환<br>• 해상 차단: 북한 입출항 선박 단속 강화<br>• 영해 조업권 거래 전면 금지 |

자료: 저자 작성.

로 2017년(33억 3,000만 달러) 대비 33.4% 감소하였다. 대북제재로 전자기기, 설비, 운송수단의 수입이 전면 금지되어 산업 생산에 어려움이 가중된 상황이다. 북한에 대한 국제사회의 인도적 지원도 급감하였다. 2018년 상반기 중 1,010만 달러로 전년 동기 대비 60% 감소하였다.

북한 입장에서 경제 운용에 필요한 최소한의 수입 규모(import)를 유지하려면 외화 확보가 시급한 실정이다. '상품 수입에 필요한 외화조달을 위해 수출'하는 것이 북한의 무역구조이다. 주요 수입품은 원유, 정제유, 전자기기, 기계류, 운송수단 등이다. 주요 수출품은 광물(무연탄), 섬유·의류, 수산물, 식료품·농식품 등이다. 아울러 외화자금 확보를 위해 해외 노동자 파견, 해외 북한 식당 운영, 북한 영해 조업권 판매, 북한 관광상품 판매 등을 시행 중이다.

대북제재의 주요 목표는 북한의 외화조달 차단에 맞추어져 있다. UNSCR 2397은 북한 해외 파견노동자의 24개월 내(2019년 12월까지) 전면 송환, 영해 조업권 거래 전면 금지 등을 포함한다.

### 2.3. 북·미 관계 정상화와 국제금융기구 가입

북한 경제 재건에는 막대한 재원이 투입된다. 이러한 재원은 상품 수출을 통해 조달된다. 그런데 북한 수출의 획기적 증가는 미국, 일본 등과 무역협정 체결이 전제 조건이다. 이를 위한 첫 번째 단계가 북·미 국교 정상화이다. 예컨대, 베트남의 경우 국제사회의 지원과 투자는 미국과 수교한 1995년을 전후하여 두 배 이상 증가하였다.

북한의 국제금융기구 가입도 북한과 미국, 일본 간 관계 정상화가 선결되어야 가능하다. 하지만 테러 지원국의 국제금융기구 가입은 '무조건 반대'한다는 것이 미국의 입장이다. 북한이 테러 지원국에서 해제되지 않는 한 미국과 일본이 최대 지분을 보유하는 국제금융기구에 북한의 가입은 불가능하다.

결국 북한 개혁·개방 과정에 필요한 재원조달은 국제금융기구 가입이 첫 단계이다. 베트남 등 주요 체제전환국도 국제사회 민간투자 유치가 본격화되기 전에는 국제통화기금(IMF), 세계은행(World Bank), 아시아개발은행(ADB) 등 공적 자금에 의존하였다. IMF 가입 조건은 '환율제도의 안전성 유지'가 관건이다. World Bank는 IMF 회원국에만 가입 자격이 부여된다. 북한의 국제금융기구 자금 수혜 시 의무 조건은 IMF에 국가 통계를 제출하는 것이다. 북한은 통계의 대외 공개에 거부감이 클 것으로 예상된다. 아울러 통계편제 능력이 떨어질 가능성이 크다. IMF는 체제전환국의 통계 작성 능력이 취약하면 '유예기간'을 설정한 전례가 있다. 동 기간 동안 통계 작성 능력 배양을 위한 '기술 지원'을 제공한다. IMF는 동구권 체제전환국 실무자들에게 금리, 통합재정수지, 중앙은행계정 등 통계 교육을 실시한 바 있다.

세계은행의 경우 비회원국에는 자금 지원을 하지 않는 것이 원칙이다. 다만 상임이사회 승인을 얻으면 특별신탁기금을 통한 비회원국 지원이 가능하다. 북한에 대한 국제사회 제재가 해제되고 북·미 관계 정상화가 진전되면

### 〈참고〉 국제기구 가입 전 활용 가능 재원

**다자 간 신탁기금(Multi-Donor Trust Fund)**

- 국제사회 대북제재가 완화·해제되면 국제금융기구 가입 이전에라도 북한 경제개발 지원에 다자 간 신탁기금이 활용 가능하다.
  - 국제금융기구 가입 이전 다자 간 신탁기금 활용 사례로는 팔레스타인 신탁기금, 보스니아 헤르체고비나 신탁기금 등이 있다.

〈표 5-2〉 국제금융기구 가입 이전 세계은행의 다자 간 신탁기금 사례

| 구분 | 내용 |
| --- | --- |
| 팔레스타인 신탁기금 | • 개발 복구 명목으로 4억 1,035만 달러 지원(1993~2000년) |
| 동티모르 신탁기금 | • 8억 달러 지원(1999~2003년)<br>• 세계은행, ADB, EU 등 국제기구와 26개 이상 참여 |
| 보스니아 신탁기금 | • 1996년 1억 5,000만 달러의 신탁기금 설립하여 개발 복구 지원 |
| 코소보 특별신탁기금 | • 1999년 2,500만 달러의 이익잉여금으로 조성 |

자료: 김영근(2008).

특별신탁기금 형태의 자금 지원(가칭, '북한 신탁기금')이 가능할 것으로 보인다.

북한의 국제시장경제 질서 편입의 마지막 단계는 WTO 가입이다. 개발재원조달의 경우 대외 관계 정상화 초기에는 국제금융기구를 활용한다. 중장기적으로는 상환 부담이 없는 외국인 직접투자(FDI)를 유치하게 된다. 이것이 체제전환국 모델이다.

## 3. 국제사회 민간투자 유인 체계

북한 금융 시스템의 전면 개혁은 국제사회 민간투자의 북한으로의 원활

한 유입에 중요한 전제 조건이다.

### 3.1. 금융 부문 개혁 과제

북한 경제발전은 국제사회 민간투자 유치가 핵심이다. 이를 위해 북한은 '2011년 국가경제개발 10개년 전략계획'을 발표하였다. 외자 유치 전문 정책 금융기관 설립을 시도[1]하였으나 국제사회의 대북제재로 어려운 실정이다. 경제개발지구 지정 확대,[2] 외국인 투자자 보호제도 도입[3] 등의 노력을 기울여 왔다. 외국인 투자 보호 관련 법적 기반은 갖춘 것으로 보인다. 하지만 제도 작동에 대한 외국인 투자자들의 신뢰가 여전히 낮은 실정이다. 2008년 이집트 기업 '오라스콤'의 송금 실패'[4]가 대표적인 사례이다.

이에 따라 다음의 금융개혁 노력을 바탕으로 북한 경제에 대한 외국인 투자자의 신뢰 확보가 선결 과제이다. 외국인 투자자들로부터 주목 받는 투자처 여부는 금융개혁의 성패에 달려 있다는 의미이다.

#### 3.1.1. 이원적 은행제도 정착과 금융기관 부실채권 정리

북한은 2004년, 2006년 「중앙은행법」과 「상업은행법」을 제정해 금융개혁의 토대를 마련하였다. 북한 「중앙은행법」은 '조선중앙은행'에 '은행의 은

1 2011년 북한은 "국가경제개발 10개년 전략계획"을 발표하고 '국가개발은행' 설립을 제시하였다. 다만 국제사회의 대북제재로 설립이 어려운 실정이다.

2 2013년 5월 「경제개발특구법」을 제정하여 법적 근거를 마련하였다. 현재 북한 접경지역 대도시 중심으로 5개의 경제특구와 21개의 경제개발구를 지정하였다.

3 '외국인 투자자 보호제도'는 국유화 제한, 투자자금 회수 보장, 내국민 대우 및 자의적 차별 금지 등을 말한다.

4 2008년 오라스콤 사례 내용은 다음과 같다. 이집트 기업인 오라스콤은 북한 체신청과 합작하여 이동통신사 고려링크를 설립(오라스콤 지분 75%)하였다. 최초 북한의 휴대전화 가입자는 500만 명으로 추정되는데 오라스콤은 수익에 대한 이집트 송금에 실패하였다. 북한 당국은 오라스콤의 수익을 공식 환율(108원=1달러)이 아닌 시장 환율(8,000원=1달러)로 환전을 요구하였다. 시장 환율로 환전하면 80분의 1로 가치가 하락하여 오라스콤은 2013년부터 북한 신규 투자를 중단하였다.

〈그림 5-4〉 북한의 저금 입금 및 인출 체계

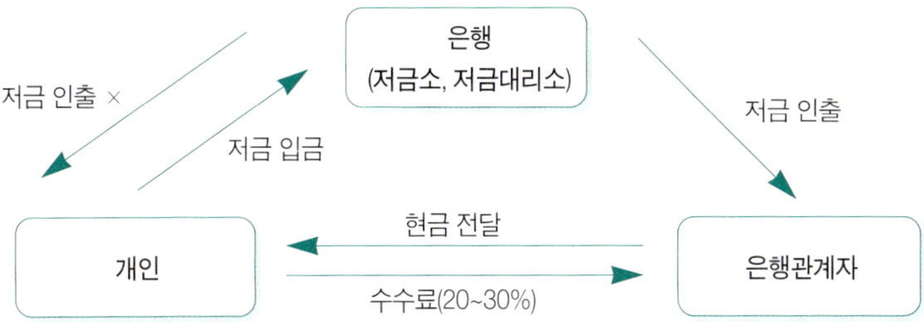


자료: 통일부, 북한정보포털(검색일: 2019. 8. 21).

행'으로서의 지위를 명시적으로 부여하고 있다. 이는 '이원적 은행제도(market-oriented two-tier banking system) 도입'을 선언한 것으로 평가된다.

상업은행이 예금을 확보할 때 전제 조건은 예금 인출 보장, 적정한 실질금리 지급이다. 사회주의 국가는 예금 금리가 낮고 인출도 어렵다. 이에 따라 가계의 현금 보유 선호 성향이 강하다. 예컨대, 1985년 소련 가계의 은행 예금은 총 18.7억 루블인데 현금 보유는 14억 루블이었다(Kim, 1999). 낮은 예금 금리, 예금 인출 제한, 예금자 신분 노출에 따른 불안감, 주기적 화폐개혁 조치 우려에 따른 박탈감 등이 북한의 실상이다. 불과 몇 년 전까지도 은행 직원에게 20~30% 수수료를 주어야 개인 예금 인출이 가능하였다. 주민들 간에 예금 기피, 사금융 활용, 외화 선호 등이 확산된 이유이다.

2015년 「상업은행법」을 개정하여 은행 예금 관련 개인 비밀 보장, 예금 원리금 상환 보장 조항을 추가하였다. 하지만 은행 시스템에 대한 북한 주민의 신뢰가 여전히 저조하여 추가적인 상업은행 설립이 없는 실정이다. 상업은행의 기능을 '비공식 사적 금융'이 수행하는 것으로 알려져 있다. 예컨대, 전통적인 계(契)나 중국 자본인 고리대금업이 성행하고 있다. 〈그림 5-4〉에서처럼 북한의 은행은 저금소와 저금대리소의 간단한 역할만을 하고 있다.

### 은행 부실채권 정리 및 자본 확충

체제전환국 주민에게 '자금'은 상환 의무가 없는 '재정 활동'(국가 예산에 의한 자금 공급)이다. 자금의 개념이 원리금 상환을 요구하는 '금융'(은행 대출)으로 바뀌려면 시간이 소요된다. 베트남의 경우 이원적 은행제도 전환 이후에도 상당 기간 대규모 부실채권(non-performing loans)이 발생한 이유이다.

북한의 경우 차입기업에 대한 대출심사(loan screening) 부재로 부실 대출이 증가할 위험이 높은 실정이다. 시장경제로의 전환 시 금융 부문의 효율적인 자원 배분은 부실채권 해소 여부가 좌우된다. 은행 부실채권 규모의 정교한 측정은 상업은행 건전성 유지에 필수 요건이다. 부실화된 은행 여신은 부실채권 정리기구(asset management company)에 집중시킬 필요가 있다.

부실채권은 신속하게 일괄 처리하는 것이 관건이다. 은행 B/S에 부실채권이 남게 되면 불확실성이 지속되어 정상적인 영업 활동에 걸림돌이 된다. 은행에 신규 자본을 투입(recapitalization)하여 영업력을 증진시키려면 부실여신 정리가 선결 과제이다. 베트남은 대규모 부실채권 정리를 위해 국제금융기구의 도움을 받았다. 아울러 자산관리공사 설립으로 본격 대응한 바 있다.

### 3.1.2. 환율제도 개혁

외화를 제도권으로 흡수하려면 공식 환율과 시장 환율 간 괴리를 최소화시켜야 한다. 1985년 시장 환율이 공식 환율의 8배에 달했던 베트남은 1988년에는 1.7배로 빠르게 수렴하는 모습을 보여 주었다. 북한은 이 격차가 80배에 이르는 것으로 나타난다(공식 환율: 미 달러화 대비 107.3원, 시장 환율 평균 8,000원). 이는 주민들의 자국통화 기피 현상을 유도하여 외환을 선호하는 달러화 통용 현상(dollarization)을 심화시킨다.

〈그림 5-5〉 북한의 공식 환율과 시장 환율 추이

주: 1) 시장 환율은 Daily NK 자료(평양).
2) 공식 환율은 한국은행 경제통계시스템 자료(연도별).
자료: Daily NK(검색일: 2019. 8. 21); 한국은행 경제통계시스템(검색일: 2019. 8. 21).

미국 달러화, 중국 위안화 통용 현상은 북한 내에서 보편적인 현상이다. 하이퍼 인플레이션 상황에서 달러화를 보유하면 자산가치가 보호된다. 아울러 화폐개혁 대상에서 제외되는 이점이 있다.

### 3.1.3. 인플레이션 문제

과거 체제전환국 개혁·개방 과정에서 거의 예외 없이 하이퍼 인플레이션이 촉발되었다. 소매가격 보조금(retail price subsidies) 제도와 화폐 유통 이원화에 따른 과잉화폐 문제가 하이퍼 인플레이션의 주된 원인이다. 사회주의 국가는 소비재 가격을 낮게 통제하기 위해 기업에 소매가격 보조금을 지급한다.[5] 가격 자유화는 보조금 제도 철폐를 의미한다. 이는 하이퍼 인플레이션 촉발의 계기로 작용한다. 1993년 조지아는 15,442%의 하이퍼 인플레이션

5 예컨대, 구소련의 경우 1989년 육류 1kg당 국정 소매가격은 1.79루블인데 보조금은 4.69루블로서 보조금이 생산비용의 72% 차지한다. 보조금은 구소련 정부지출의 19%, GDP의 11% 규모이다(Kim, 1999).

을 기록하였다. 아르메니아, 우크라이나 등도 2,000% 초과하는 인플레이션에 노출된 바 있다.

북한은 2002년 '7·1 경제관리개선조치'로 소매가격 보조금 제도를 폐지하였다. 이에 따라 향후 전면적인 가격 자유화 시 인플레이션 압력은 크지 않을 전망이다. 실제로 2013년 이후 심각한 인플레이션은 발생하고 있지 않다.

### 화폐 유통의 이원화와 인플레이션

북한의 화폐 유통은 '무현금 유통'과 '현금 유통'으로 분리된다. '무현금 유통'이란 조선중앙은행 내 설치된 계좌이체를 통한 기업 간 거래를 의미한다. '현금 유통'은 개인 간 또는 개인과 기업 간 거래를 지칭하는데, 주로 근로자들의 소득 및 지출과 관련된 현금거래이다.

북한의 '현금 유통' 구조를 살펴보면 다음과 같다(〈그림 5-6〉 참조). 현금은 조선중앙은행 계좌로부터 임금 등의 형태로 기관, 기업소를 거쳐 주민에게

〈그림 5-6〉 북한의 현금 유통 경로

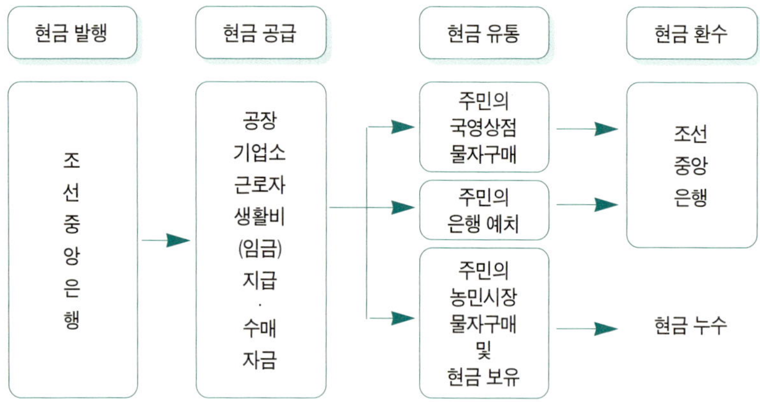


자료: 안예홍(2004. 3), p. 14.

지급된다. 그 후 주민이 임금소득으로 물품을 구입하면 기관, 기업소를 거쳐 다시 조선중앙은행으로 환류된다.

문제는 국영상점의 물자 부족과 예금 인출의 어려움으로 주민의 예금 기피 현상이 심화되고 있다는 점이다. 현금이 조선중앙은행으로 환수되기보다 '누수'되는 부분이 갈수록 커져 '현금거래 시스템'이 사실상 마비되는 상황이다. 현금 누수에 따른 주민 보유 과잉화폐 규모가 2002년경 북한 국가 예산의 두 배에 육박하는 실정이다.

현금 누수 현상은 인플레이션을 부추기는 압력으로 작용한다. 이에 따라 북한 정부는 물가안정을 위해 주기적으로 화폐개혁을 통해 과잉화폐를 환수해야 하는 입장이다. 북한은 2001년과 2009년에 화폐개혁을 실시하였으나 인플레이션을 막는 데 실패하였다. 오히려 인플레이션을 잡으려는 화폐개혁 조치가 북한 화폐에 대한 주민들의 불신을 자초한 측면이 있다. 북한 주민들은 불시에 시행될지 모를 화폐개혁 조치[6]와 높은 인플레이션 등에 대비하여 북한 화폐 대신 미국 달러화, 중국 위안화 등 외화 보유를 선호하고 있다.

대부분의 체제전환국들은 currency board system(일종의 고정환율제도)을 활용하여 하이퍼 인플레이션에 대응하였다. 에스토니아, 리투아니아, 불가리아 등이 currency board system을 활용하였다(Buch, 1993). Currency board는 준비통화(reserve currency)와 currency board 발행통화 간 교환율을 고정시킨다. 에스토니아는 독일 마르크화를 준비통화로 활용하였다.

인플레이션 기대심리가 높은 북한도 체제이행 초반에는 고정환율제가 바람직해 보인다. 환율을 고정시켜 당국의 물가안정 의지를 민간에 강력히 전달할 필요가 크다. 고정환율제는 거시경제 운용 시 '명목적인 닻'(nominal

6 2002년 7.1 경제조치 이전에는 화폐가 독자적인 구매력을 지니지 못하였다. 가치저장 수단이나 가치의 척도로서 역할을 못하고, 배급표가 있어야 상품 구입이 가능하였다. 화폐는 배급표의 보조 수단 역할을 수행하였다. 북한은 공급되는 상품이 항상 화폐량보다 적은 결핍경제이다. 화폐가 민간에 쌓이는 추세가 지속되자 북한 정부는 주기적으로 화폐개혁을 통해 과잉 화폐량(monetary overhang)을 환수해 왔다.

〈그림 5-7〉 제재 전후 장마당 물가 추이 / 쌀값 1kg 가격 동향

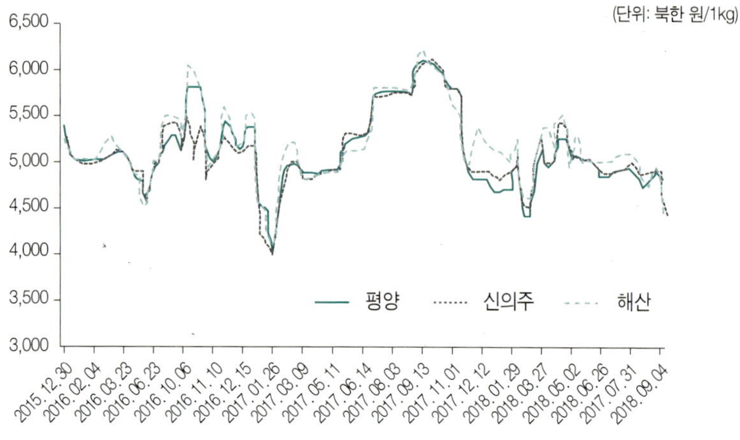


자료: Daily NK(검색일: 2019. 8. 21).

anchor)으로 작용하여 한 나라 경제의 불확실성을 크게 줄여 주는 장점이 있다. 고정환율제도 채택 국가들의 경제성장률이 그렇지 않은 국가들보다 상대적으로 높은 것으로 드러났다(Fischer et al., 1996; Lougani and Sheets, 1997).

최근 북한 내에서 인플레이션과 환율 변동성이 안정화되는 이유는 달러화, 위안화 통용 현상(dollarization)이 확산되기 때문으로 보인다. UN 대북제재 이후에도 쌀값이 안정세를 유지하고 환율 변동성이 그리 크지 않은 모양새다. 북한 경제 내에서 북한 원화는 화폐로서의 역할이 미미하다. 달러화, 위안화 통용 확산 현상은 일종의 통화위원회(currency board) 타입의 고정환율제가 이미 북한 내에서 작동중임을 시사한다(〈그림 5-7〉 참조).

국제사회의 대북제재가 산업 생산 활동에 발목을 잡은 것은 분명해 보인다. 하지만 제재에도 불구하고 물가, 환율 동향에는 별다른 영향이 없는 것으로 나타났다. 이는 대북제재가 어떤 경로로 북한 경제에 타격을 주는지에 대

해 보다 상세한 분석이 필요함을 시사한다. 예컨대, 제재가 파급되는 경로를 파악함에 있어 북한 고유의 '수입 대금 결제 방식'을 감안할 필요가 있다(최장호·최유정, 2019). 북한은 상품 수입과 대금 결제를 동시에 하지 않는다. 먼저 상품을 수입하고 판매 대금은 추후 지급하는 방식이다. 물품 반입과 결제 시점의 불일치 현상이 관행화되어 있다. 이에 따라 중국에서 물품을 구입하면 수입통계는 증가하나 북한 보유 외화는 줄지 않는 것으로 나타난다. 수입된 상품이 판매되어야만 대금 결제 절차가 진행되기 때문이다.

국제사회 대북제재는 북한의 외화조달 차단에 초점을 두고 있다. 다만 북한이 수입대금 결제를 계속 미루고 버티는 전략(muddling through)으로 대응하면 제재 효과가 축소될 수 있음에 유의할 필요가 있다. 아울러 외부 제재에 대한 북한 경제의 내성(resilience)을 점검하는 스트레스 테스트 분석이 필요해 보인다. 예컨대, 북한이 보유한 외화가 국제사회 제재를 언제까지 감당할 수 있는 규모인지에 대한 정밀한 분석이 필요하다.

### 3.1.4. 국제 지급결제망 접근성

#### 1) 국가 간 결제

1987년 채무상환 불이행(디폴트)을 선언한 북한은 외국과의 자금결제 시 '신용장 방식' 활용이 불가능하다. 이에 따라 '송금(현금)결제 방식'에 의존하고 있다(KIEP, 2017. 12, p. 127).

북한과 중국 간에 1992년부터 마카오 소재 은행 경유 송금 방식을 활용한 바 있다. 북한 은행(조선 무역은행)과 중국 은행(중국 건설은행)이 마카오 은행 내에 설치한 계좌를 통해 자금을 이체하는 방식이다. 다만 절차가 번거롭고 장기간이 소요된다.

이에 따라 북한과 중국 양국 중앙은행 간 '지불결산협의'를 체결하여 조선광선은행(2004년), 중국 건설은행(2006년) 계좌를 통한 '위안화 송금결제 방

〈표 5-3〉 국가 간 환결제 방식

| 구분 | 내용 |
| --- | --- |
| 신용장 방식 | 수출업자가 수입업자 거래은행의 신용장을 근거로 환어음을 발행 → 선적서류와 함께 수출국 거래은행에 매입을 의뢰 → 수출대금 수령 |
| 송금결제 방식 | 수입업자가 물품 수령 → 수출업자에게 수입대금 송금 |

자료: 저자 작성.

〈그림 5-8〉 마카오 소재 은행 경유 송금 방식(예시)

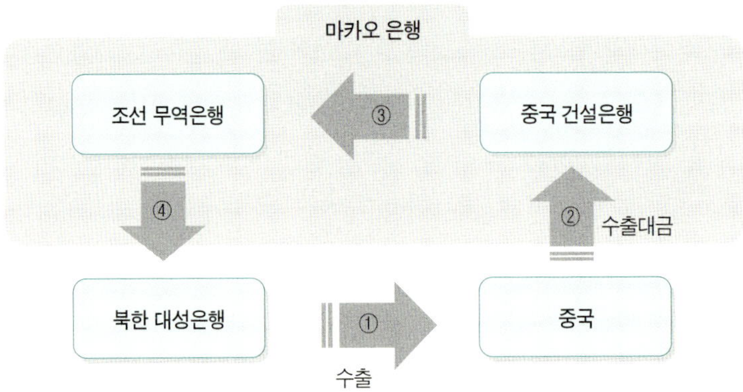


자료: 저자 작성.

식'을 활용 중이다.

### 2) 남북한 간 결제

남북한 간 거래의 경우도 신용장 방식이 불가능하다. 제3국 은행의 북한 계좌를 경유하는 송금(현금)결제 방식은 가능하다.

제3국을 경유하는 송금결제 방식은 시간과 비용이 추가된다. 이에 따라 남북한은 2000년 12월 장관급회담에서 '남북한 간 청산결제에 관한 합의서'를 체결하고 2003년부터 적용키로 합의하였다.

〈그림 5-9〉 제3국 은행의 북한 계좌를 경유

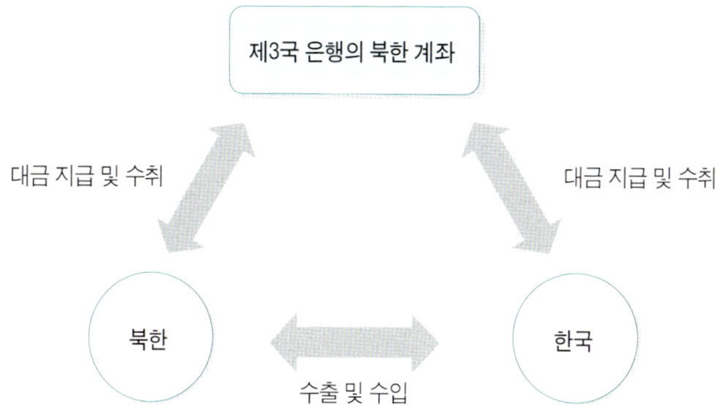


자료: 김진섭·고재길·남금천(2011).

매 거래마다 대금을 결제하는 것이 일반적인 결제 방식이다. '청산결제'란 양국 은행에 개설된 청산계정(clearance account)에 유출과 유입액을 기록해두고 일정 기간(통상 1년) 경과 후 대차 잔액만을 결제하는 방식이다. 남한은 '수출입은행', 북한은 '무역은행'을 청산결제은행으로 지정하였다. 청산결제 한도는 미화 3,000만 달러, 금리는 1%이다. 다만 남북관계 악화로 합의에만 그친 상태이다. 동·서독의 경우 1949년부터 통일 전까지 청산결제제도를 활용한 바 있다. 달러 부족 상태인 북한은 매 거래마다 미 달러화 결제가 어렵다. 이러한 점에서 청산결제 시스템은 북한과 거래 시 금융 중개의 안정성을 높이는 효과가 크다고 본다.

아직까지는 남북한 간 청산결제 실적이 없는 상태이다. 향후에도 북한은 국제 지급결제 금융망 접근이 상당 기간 어려울 것으로 예상된다. 이런 상황을 해소하기 위한 잠정적인 방안이 필요하다. 이란 중앙은행과 한국 상업은행(우리은행, 기업은행) 간에 사용 중인 결제 방식도 하나의 대안이 된다고 본

〈그림 5-10〉 한국-이란 결제 경로

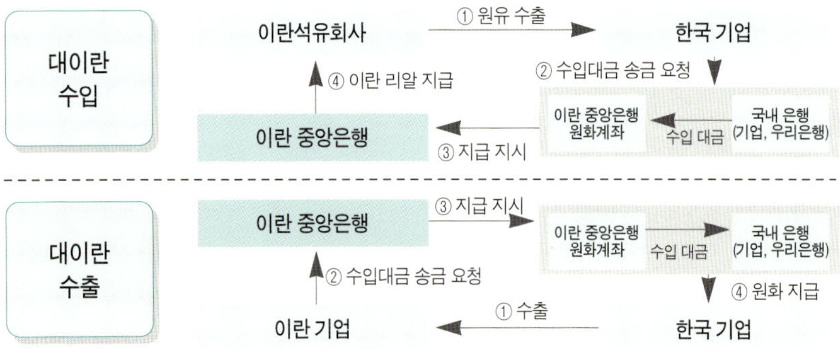


자료: 기획재정부 국제금융국 외환제도과 보도자료, 『국내 은행과 이란 중앙은행 간 원화결제 실시 합의』, 2010. 9. 18.

다. 다만 미국 정부의 동의가 전제 조건임은 물론이다. 이란과 거래하는 한국 수출입 업체는 이란 중앙은행이 '우리은행'과 '기업은행'에 개설한 계좌를 통해 대금을 결제한다. 이란이 한국에 원유를 수출하고 받은 대금(원화)을 우리은행, 기업은행에 입금한다. 한국 기업이 이란 측에 수출하면 대금을 동 계좌에서 받아 가는 방식이다.

동 방식은 한·미 정부가 협의를 거쳐 2010년 도입하였다. 이를 통해 한국과 이란은 실제 외환거래 없이 원유와 상품을 매매해 왔다. 다만 2019년 5월 2일부터 미국이 한국의 이란산 원유 수입에 대한 한시적 제재 유예 조치를 중단하였다. 이에 따라 한국과 이란의 교역 통로였던 원화결제 계좌 거래도 중단되었다. 원화결제 계좌가 동결됨에 따라 이란에 대한 수출은 사실상 어려워 보인다. 대(對)이란 수출대금 결제 통로이던 우리은행, IBK기업은행의 이란 중앙은행(CBI) 계좌도 2019년 5월 2일부터 잠정 동결된 상태이다.

과거 개성공단 사업의 경우는 남한 기업이 개성 현지에서 미 달러화로 현금 지급한 바 있다. 남한 측 금융기관은 개성공단이나 금강산 관광특구 내 지점을 설립하여 입주기업이나 관광객을 대상으로 환전 및 송금업무를 수행하였다.

개성공단은 남측 기업이 130여 개 참여하였고, 현재 90% 이상이 개성공단 재입주를 희망하고 있다. 개성공단과 관련 일자리는 남한에 최소 2만, 최대 10만 명에 이르는 것으로 알려져 있다.

북한 노동자 임금의 경우 개성공단 입주기업이 우리은행 개성공단지점[7]에서 미 달러화로 환전한 후 북한 '중앙특구개발지도총국'에 직접 지급하는 방식을 취하였다. 중앙특구개발지도총국은 임금총액 가운데 30% 공제 후 나머지를 상업합영회사를 통해 북한 노동자에게 생필품, 북한 원화로 지급하였다.

## 4. 결론

2018년 4월 남북정상회담에서 북한은 '베트남식 개혁·개방'에 관심을 표명한 바 있다. 이에 따라 향후 북한의 개혁·개방은 '베트남 방식'과 유사한 경로로 이행될 가능성이 크다고 본다. 체제전환국이 국제자금을 유치하려면 미국과의 관계 정상화가 필수이다. 이것이 '베트남 사례'가 북한에 주는 가장 중요한 시사점이다.

북·미 관계 정상화 이후 북한으로의 자금유입은 대체로 두 단계로 나누어진다. 우선 IMF, World Bank 등 국제기구를 통한 공적개발원조(ODA)가 첫 단계이다. 다음으로 국제사회 민간 부문 투자(FDI)가 유입되어야 한다.

7 2004년 12월~2016년 2월 중 운영하였다. 개성공단 입주기업, 주재원 대상 입출금, 환전·송금 서비스를 제공하였다.

북한 개혁·개방 성공 여부는 국제사회 민간 투자자 유치에 달려 있다. 본고는 국제사회로부터 재원을 조달하기 위한 전제 조건으로 네 가지 과제를 제시하였다. 시장 기능이 작동하는 이원적 은행제도 확립, 환율제도 개혁, 인플레이션 안정화, 글로벌 지급결제망 접속 등이다.

경제 사정을 외부에서 판단하기는 여전히 어려운 과제이다. UN 등 국제사회의 대북제재가 어떤 경로를 통해 영향을 미치는지도 미지의 영역이다. 본고가 제시한 네 가지 과제의 성공 여부도 결국 신뢰할 만한 북한 통계 인프라 구축 노력, 대용 통계 접근성 강화 등에 달려 있다고 본다.

## 참고 문헌


권율 · 김미림, "베트남 개혁모델이 남북경협에 주는 정책적 시사점," 『KIEP 오늘의 세계경제』, Vol. 18, No. 24, 대외경제정책연구원, 2019.

기획재정부, "국내은행과 이란중앙은행 간 원화결제 실시 합의," 2010.

김영근, "북한 경제 재건을 위한 국제 공적개발원조(ODA) 지원 규모 추정," 『국제지역연구』 17(4), 2008, pp. 1~31.

김진섭 · 고재길 · 남금천, "남북교역의 대금결제 관행과 대응방안," 『한국관세학회지』, 2011, pp. 389~415.

안예홍(2004), 『북한의 금융현황과 최근의 변화』, 한국은행 금융경제연구원 금융경제연구소 174호, pp. 1~25.

최장호 · 최유정, "2018년 북중 무역 평가와 2019년 전망," 『KIEP 오늘의 세계경제』, Vol. 19, No. 6, 대외경제정책연구원, 2019.

통일부, 북한정보포털(http://nkinfo.unikorea.go.kr/nkp/overview/nkoverview.do 검색일: 2019. 8. 21).

한국은행 경제통계시스템(http://ecos.bok.or.kr 검색일: 2019. 8. 21).

Buch, Claudia, "Die Wahrugsreform in Estland. Die Weltwirtschaft," Col. 1993, pp. 441~465.

Daily NK(http://www.dailynk.com 검색일: 2019. 8. 21).

Fischer, S., R. Sahay, and C. Vegh, "Stabilization and Growth in Transition Economies: The Early Experience," IMF Working Paper, No. 96/31, 1996, pp. 1~32.

IMF, DOT(http://www.imf.org/Data 검색일: 2019. 8. 21).

Kim, Byung-Yeon, "The Income, Savings, and Monetary Overhang of Soviet Households," *Journal of Comparative Economics*, Vol. 27, No. 3, 1999, pp. 644~668.

Lougani, P. and N. Sheets, "Central Bank Independence, Inflation and Growth in Transition Economies," *Journal of Money*, Credit and Banking, Vol. 29, 1997, pp. 381~399.

OECD, "Aid(ODA) disbursements to countries and regions[DAC2a]," (http://stats.oecd.org/ 검색일: 2019. 8. 21).

World Bank, Data Bank(http://data.worldbank.org/ 검색일: 2019. 8. 21).

Chapter 6

# 북한의 경제발전과 WTO 가입 효과

이홍식(고려대학교 경제학과)
조성택(고려대학교 경제학과)

1. 서론
2. 북한의 WTO 가입의 의미와 가입 절차
3. WTO 가입이 북한에 미치는 영향
4. 북한의 WTO 가입을 위한 선결 과제와 정책적 시사점
5. 결론

## 1. 서론

구 공산권 국가들은 체제전환을 하는 과정에서 생산의 효율화, 법·제도 개혁을 통한 경쟁력 강화를 위해 다양한 방안을 강구하였다. 그것은 자유무역 체제 편입을 통해 경제적 고립을 탈피하고 내부의 개혁 과제를 해결함으로써 새로운 경제성장 동력을 마련하는 것이었다. 이들은 개혁 과정에서 서방 국가와의 관계 정상화 및 교역 확대가 경제성장을 위한 선결 과제임을 인식하게 되었으며 공산권 내의 많은 국가들이 자유무역 체제에 참여하기 위한 준비를 진행하게 되었다.

미국은 당시까지 공산국가들에게 최혜국 대우 지위를 인정하지 않고 금융기관의 신용공여를 차단함으로써 정치적 압박을 가하고 있었기 때문에[1) 구 공산국가들은 체제전환 과정에서 이러한 각종 무역장벽을 제거하여 교역에서의 차별적 조치를 최소화할 필요가 있었다. 정치적 관계 개선과 함께 국제통상 규범에 따른 세계경제로의 안정적 편입은 세계무역기구(World Trade Organizatuin: WTO) 가입을 통해 가능할 수 있었다. 이에 따라 중국, 베트남, 러시아 등 대표적 공산권 국가들이 내부 개혁과 함께 WTO 가입을 추진하게 되었다.

WTO에 가입한 후 대부분 체제전환국들의 국제 교역량은 급격하게 증대되었다. 중국의 무역총액은 관세 및 무역에 관한 일반협정(General Agreement on Tariffs and Trade: GATT)에 가입 신청을 한 1987년도에 750억 달러에 불과하였으나 WTO 가입이 확정된 2001년 직후부터 교역 규모가 급격히 증가하여 2016년에는 4조 달러를 상회하였다. 러시아 또한 1993년 700억 달러에 불과하였

1 미국이 공산국가들에게 무역 및 투자에 제약을 가할 수 있었던 법적 근거는 잭슨-배닉 수정 조항으로써 이는 "이민의 자유를 허용하지 않는 비시장경제 국가"에 최혜국 대우 지위 정지와 수출입은행의 신용공여 및 해외민간투자공사(OPIC)의 투자보증 제한 등을 내용으로 하고 있다.

으나, 2012년 WTO 가입 승인 당시 8,500억 달러까지 상승하였다(KIEP, 2018a). 베트남의 무역총액도 1995년 140억 달러에 불과하였으나, 2017년에는 4,300억 달러를 기록하였다. 특히, 베트남은 2001년 미국-베트남 간 무역협정을 통해 정상교역관계(Normal Trade Relations: NTR)의 지위가 부여되면서 미국과의 교역 또한 무역량 증대에 큰 부분을 차지하게 되었다(KIET, 2007). 투자 측면에서도 이들 국가는 WTO 가입 이후 세계시장으로부터 자본유입이 급증하였다. 이들 국가로 유입된 해외 자본은 경제성장의 동인이 되었으며 그 과정에서 고용창출, 기술이전 등도 함께 이루어졌다.

이상과 같이 구 공산 체제 국가들은 WTO 가입을 계기로 무역·투자 확대를 통해 현재까지 경제성장을 이어가고 있으며 중국, 베트남과 같이 근본적인 체제를 유지하면서 자유무역 체제로의 안정적 편입을 달성한 사례는 북한에게 시사하는 바가 크다고 할 수 있다. 북한이 정상국가로 가기 위한 바람직한 개혁·개방의 구체적 경로와 방안은 현 시점에서 정확하게 예단할 수 없지만, 그 핵심은 국제통상 규범 하에서의 자유무역 체제로의 안정적 편입일 것이다. 즉, 과거 구 공산권 국가가 추진했던 WTO 가입을 통해 국제적으로 정상교역국가로 인정받고 자유무역을 통해 경제성장을 이루는 것이 종국적으로 달성해야 하는 북한의 과제라 할 수 있다.

그럼에도 불구하고, 북한의 WTO 가입을 위해서는 미국과의 관계 정상화, 테러지원국 및 경제제재 해제 등 선행되어야 할 과제들이 산적하기 때문에 WTO 가입 논의는 그 현실성이 부족하고 시의적절하지 못하다는 의견이 있을 수 있다. 경제제재 해제를 위해서는 북한의 비핵화가 전제되어야 하고 이는 북한과 미국의 이해관계에 따라 장기간 시간이 소요될 것으로 예상되기 때문이다. 또한 각국의 이해관계가 첨예하게 얽혀 있어서 그 향방을 예측할 수 없는 한반도의 지정학적 특수성도 하나의 이유가 될 수 있을 것이다.

그러나 WTO 가입은 신청에서 정식 회원국이 될 때까지 양자 및 다자 협정의 지난한 과정이 필요하며, 해외 사례를 보더라도 정식 회원국이 될 때까지 10년 이상의 시간이 소요된다. 또한 한반도 경제권 형성의 장기적 비전을 고려했을 때 북한의 시장 개방에 관한 많은 제반 준비가 요구되고 있다. 따라서 현 시점에서 북한의 WTO 가입에 대한 논의를 시작하는 것은 장기적으로 북한의 개방과 남북한 경제통합을 준비해야 하는 한국의 입장을 고려하면 시의성이 있다고 할 수 있다. 따라서 본고에서는 WTO 가입이 북한에 미치는 영향을 해외 사례를 통해 가늠해 보고 WTO 가입 절차와 이와 관련하여 대두될 수 있는 다양한 쟁점 사항들을 살펴본 후 이를 통해 정책적 시사점을 도출할 것이다.

북한의 WTO 가입에 대한 연구는 그리 많지 않다. 북한의 WTO 가입 문제와 관련한 대표적인 연구로는 KIEP(2018a)와 KIET(2007)가 있다. KIEP(2018a)는 주요 체제전환국의 WTO 가입 사례를 검토하여 WTO 가입 배경, WTO 가입에 따른 예상 파급 효과 등을 분석하여 한반도 경제권에 주는 함의를 도출하였다. 이를 위해 WTO 가입의 주요 쟁점별로 다수의 체제전환국의 WTO 가입 경험 사례를 종합적으로 비교하였고 체제전환국이 준수해야 할 관련 규범 등을 소개하였다.

KIET(2007)는 북한의 WTO 가입 이슈를 중점적으로 다루지는 않았지만 북한의 대외 무역 정상화를 위한 다양한 정책점 시사점을 제시하고 있어서 참고해야 할 연구라 할 수 있다. KIET(2007)는 베트남의 대외 무역 정상화 과정과 문제점 등을 분석하여 북한에게 주는 정책적 함의를 도출하였다. 이를 기초로 북한의 수출산업 육성 방안과 한국의 지원 방안 등도 제시하였다.

이와 함께 일반적인 WTO 가입 효과에 관한 해외 연구도 진행되어 왔다. WTO 가입이 무역과 투자에 미치는 영향과 관련해서는 Rose(2004)가 대표적이라 할 수 있다. Rose(2004)는 중력모형을 이용하여 GATT/WTO 가입 국가가 그렇지 않은 국가와 비교할 때 가입 전후 무역량에 차이가 있는지를 검증하였다. 분석 결과 GATT/WTO 가입은 무역량 증가에 유의미한 영향을 준 것으로 도출되었다. 또한 Hong(2008)은 중국의 WTO 가입 이후 FDI 변화 여부를 정량적으로 분석하였으며 WTO 가입이 외국인 직접투자(Foreign Direct Investment: FDI)의 증가에 긍정적 영향을 미친 것으로 도출되었다.

이와 같이 선행 연구에서는 특정 국가의 사례를 설명하고 국가별 협상 결과 및 관련 규범을 나열하는 데 그치거나 고전적인 중력모형과 FDI 결정 요인을 통해 WTO 가입 이후 무역 및 투자 규모의 변화를 정량적으로 분석하였다. 물론 특정 국가의 사례를 통해 북한에 대한 시사점을 제시하는 것은 북한에 대한 기준점을 제시할 수 있다는 장점이 있지만 북한의 특수성을 간과할 수 있으며, 해외 연구에서처럼 정량분석이 주는 장점은 무역량과 FDI 변화의 엄밀한 통계적 분석이 수반된다는 점이지만 WTO 가입에 대한 다양한 쟁점들을 포함하지 못한다는 단점이 있다.

따라서 본고에서는 위의 선행 연구들을 참고하여 해외 사례를 통해 WTO 가입이 북한에 미치는 영향을 살펴보고 WTO 가입을 위한 필수 선행 과제들을 고찰해 보고자 한다. 아울러 북한의 WTO 가입을 위한 방안 등을 북한의 특수성을 고려하여 논의하고자 한다. 장기적 관점에서의 북한의 개혁과 개방을 위한 방안이 될 것이며, 향후 지속적인 남북한 협력과 다양한 사안들을 준비하는 기초 자료로 활용될 수 있을 것이다.

본 장의 순서는 다음과 같다. 먼저 2절에서는 북한에게 있어서 WTO 가입의 의미와 가입 절차에 대해 설명하고, 3절에서는 WTO 가입이 북한에게 미치는 영향을 해외 사례를 통해 예상해 본다. 4절에서는 북한이 WTO 가입을 위한 선결 조건을 설명하고 정책적 시사점을 제시하며, 마지막 5절에서는 결론을 통해 마무리한다.

## 2. 북한의 WTO 가입의 의미와 가입 절차

북한이 WTO에 가입한다는 것은 자유무역 체제에 편입된다는 것을 의미한다. WTO 국제통상 규범을 준수하고 부여된 의무를 준수하는 것은 북한으로서는 경험해 보지 못한 것들이다. 북한은 냉전시절 중국, 소련 및 동유럽과 교역을 해왔지만 기본적으로 '자립적 민족경제 건설노선'에 따른 공업화 전략을 추진해 왔다. 이는 국제무역의 역할을 축소하고 수입대체를 이루겠다는 극단적 전략이라 할 수 있으며, 김정은 집권 이후 생산 전반에 국산화를 달성하겠다는 이러한 전략은 더욱 강조되었다.

지금까지 지속된 정책기조를 포기하고 새로운 제도 하에서 무역 정책을 수립하고 추진하는 일은 북한에게는 생소한 일일 것이나 정상국가로서의 최종단계가 WTO 가입임을 고려할 때 주어진 시간 동안 많은 준비와 대책을 마련해야 할 것이다. 만일 북한의 경제제재 및 테러지원국 지정이 해제되고 대외관계가 정상화되어 WTO 가입에 대한 논의가 시작된다면, 북한이 직면하는 내부 정치 상황과 가입 조건 및 관련 협상에 있어서 많은 난점이 있을 것으로 예상된다.

예를 들어, 북한은 WTO의 통상 규범을 준수하고 상품에 대한 양허표를 제출해야 하는데 이 과정에서 개방 수준이나 통상 규범에서 배제 또는 유예할 항목에 대해 북한 내부에서 논란이 발생할 수 있을 것이다. 북한이 중국 또는 베트남과 같이 체제를 유지하면서 대외관계 개선을 추진한다면 체제상의 차이점 또한 문제가 될 수도 있다.

그러나 이러한 문제를 해결한다는 전제 하에 WTO에 최종적으로 가입한다면 북한에게 있어서 WTO 가입은 다음과 같은 규범을 준수한다는 것을 의미한다. 첫째는 비차별 원칙에 따른 최혜국 대우(Most Favored Nations: MFN)와 내국민 대우(National Treatment: NT) 원칙이다. 이는 WTO의 규범 중 가장 기본이 되는 것으로서 최혜국 대우는 각국이 교역상대국을 차별할 수 없도록 하는 원칙이다.[2] 북한이 특정 국가에 교역상 특혜를 부여했다면 다른 WTO 회원국에게도 동일한 수준으로 대우해야 한다는 것을 의미한다. 물론 특정 국가와의 자유무역협정, 국가별 특수성[3]에 따라 예외의 사례가 있지만 최혜국 대우는 WTO 회원국으로서 반드시 준수해야 할 준칙이라 할 수 있다.

내국민 대우는 수입품과 국내 생산품을 동일하게 취급해야 한다는 원칙이다.[4] 즉, 해외 상품이 북한에 수입된 이상 북한은 이를 자국 상품과 동등하게 취급해야 한다는 것이다. 이 원칙은 해외 수입 상품을 차별하고자 취하는 각종 국내 규제 도입 방지를 목적으로 하고 있으며, 그 적용 대상이 상당히 광범위하기 때문에 적용 대상과 관련하여 무역상대국과의 분쟁이 발생할 수 있다. 북한은 이와 같은 수출국 간 경쟁에 있어서의 기회균등 원칙과 국내 상품과 수입 상품 간의 공정경쟁 원칙을 모두 준수해야 한다(이광은, 2005).

두 번째는 시장 개방은 일방적 요구가 아닌 오직 협상을 통해서만 진행되어야 한다는 협상주의 원칙이다. WTO의 설립 목적은 국가 간 무역장벽을 완화하고 시장 개방을 통해 자유무역을 증진하는 것으로써 이는 북한과 같은 폐쇄국가에게 법과 제도 등 대내적 개혁이 요구되는 일이다. 이는 개혁 과정에서 무역상대국과의 갈등이 발생할 시 협상주의 원칙에 따라 일방적 조치가 아닌 오직 협상을 통해서만 해결해야 한다는 것을 의미한다. 협상주의 원칙은 국가 간 대립 완화, 점진적 개방을 통한 구조조정 부담 경감 등의 장점이 있지만 시장경제 체제 국가들과의 통상협상 경험이 별로 없는 북한에게는 양자 및 다자 간 협상이 상당한 내부 갈등을 야기할 소지가 있다.

2 GATT 제1조, GATS 제2조, TRIPS 제4조에 명시되어 있다. 최혜국 대우 원칙은 자유무역협정에 대해서는 예외로 하고 있다.

3 인도와 파키스탄의 교역에 대한 특별 규정(GATT Article XXIV), WTO 가입 조항(Article XII)에 근거한 서독과 동독 간 내독거래 인정 등을 들 수 있다.

4 GATT 제3조, GATS 제17조, TRIPS 제3조에 명시되어 있다.

세 번째는 투명성과 예측 가능성 보장 원칙으로서 북한의 무역과 관련한 법과 제도 등이 무역장벽으로 활용되지 않도록 대외적으로 투명하게 그리고 예측 가능하도록 공개하고 검토를 받아야 한다는 것을 의미한다. WTO는 무역과 관련한 모든 정책들을 공포하고 무역 검토 절차에 따라 공식적 검토를 받을 의무를 모든 회원국들에게 부과하고 있다. 모든 회원국은 이러한 원칙하에 자국의 무역 정책을 회원국들에게 회람하도록 하고 정기적으로 검토를 받고 있다. 예측 가능성 원칙은 각국이 WTO에 제출한 양허 스케줄을 준수한다는 약속으로, 이를 통해 모든 회원국이 상호 간 명확하게 교역장벽 완화 전망을 가능하게 한다. 이러한 사항들은 북한이 WTO의 기본 원칙 준수를 위해 국제적 수준과 유사한 정책개혁이 필요하다는 것을 의미한다. 이와 같이 WTO 가입은 북한에게 있어서 국제적 수준에 맞는 규범을 준수하는 것을 의미한다. 북한이 WTO의 규범 준수를 약속하고 가입하고자 한다면 그 절차는 다음과 같이 요약될 수 있다. 북한이 WTO 가입을 위해서는 먼저 WTO 사무국에 가입신청서 및 양해각서(Memorandum on Foreign Trade Regime: MFTR)를 제출하면 협상이 시작된다. 이때 MFTR은 북한의 무역제도를 설명하는 일종의 무역정책 보고서의 형태를 띠게 된다. 이후 WTO 회원국으로 구성된 가입작업반(Working Party)은 기 제출된 가입신청서 및 MFTR을 기초로 다자 간 협상을 통해 북한의 가입 조건을 논의하게 된다.

북한의 경우 일반적인 WTO 회원국에 상응하는 투명한 경제 및 무역 정책 보고서를 준비하는 데 있어서 많은 시간이 소요될 수 있다. 이러한 일련의 협상 과정이 마무리되면 협상 결과를 바탕으로 양허계획안을 WTO 사무국에 제출하며 작업반 보고서 및 양허안을 각료회의에 제출한 후 회원국의 2/3 이상이 찬성하면 북한의 가입의정서 서명 및 의회의 가입의정서 비준이 진행되며, 이후 수락서를 WTO 사무국에 제출한다. 수락서 및 가입의정서(Protocol on the Accession of the Democratic People's Republic of Korea)를 포함한 관련 서류가 접

〈표 6-1〉 구 공산권 국가들의 WTO 가입 소요기간

| 구분 | 중국 | 러시아 | 베트남 | 라오스 |
|---|---|---|---|---|
| 가입 신청 | 1986. 7. 10 | 1993. 6. 4 | 1995. 4. 1 | 1997. 7. 16 |
| 작업반회의 | 18회(1996~2000) | 31회(1994~2008) | 14회(1998~2006) | 10회(2004~2012) |
| 다자협상 | 13년 | 14년 | 6년 | 11년 |
| 양자협상 | 5년(37개국) | 19년(58개국) | 5년(26개국) | 7년(9개국) |
| 가입 승인 | 2001. 12. 11 | 2012. 8. 22 | 2007. 1. 11 | 2013. 2. 2 |

자료: KIEP(2018a).

수되면 북한은 30일 경과 후 공식적인 WTO 회원국이 된다.

WTO 가입은 가입작업반과의 다자 및 양자 협상을 통해 진행되기 때문에 정형화된 가입 형식이 없다. 이는 가입신청국이 처한 경제 상황이 반영되기 때문이며 따라서 각 국가마다 양허안에 차이를 보일 수밖에 없다. 이러한 특징으로 인해 가입 신청에서 정식 회원국이 되는 기간이 10년 이상의 긴 시간이 소요되는 것이 일반적이다.

〈표 6-1〉을 보면 WTO 가입에 적극적이었던 것으로 평가받는 중국의 경우 가입 신청부터 승인까지 15년이 소요되었으며 다자협상만 13년의 오랜 협상이 있었다. 러시아의 경우도 총 19년이 소요되는 등 합의 사항에 많은 애로점이 있다는 사실을 알 수 있다.

북한은 WTO 가입 과정에서 대내적인 개방과 개혁이 요구되는 다자·양자 협상을 하는 데 있어서 상당한 부담으로 작용할 것이다. GATT의 원회원국의 경우 WTO 체제 출범 이후 심사 없이 자격 획득이 가능했지만 WTO 출범 이후의 가입신청국은 일정 심사 과정을 거쳐야 하기 때문에 가입 장벽이 높아졌다 할 수 있다. 북한의 경우 가입 절차와 가입의정서 및 양허 수준을 논의하는 양자 및 다자 협상에 대해 이해도를 높일 필요가 있다. 이상의 서술한 가입 절차는 〈그림 6-1〉로 요약할 수 있다.

〈그림 6-1〉 WTO 가입 절차와 주요 단계

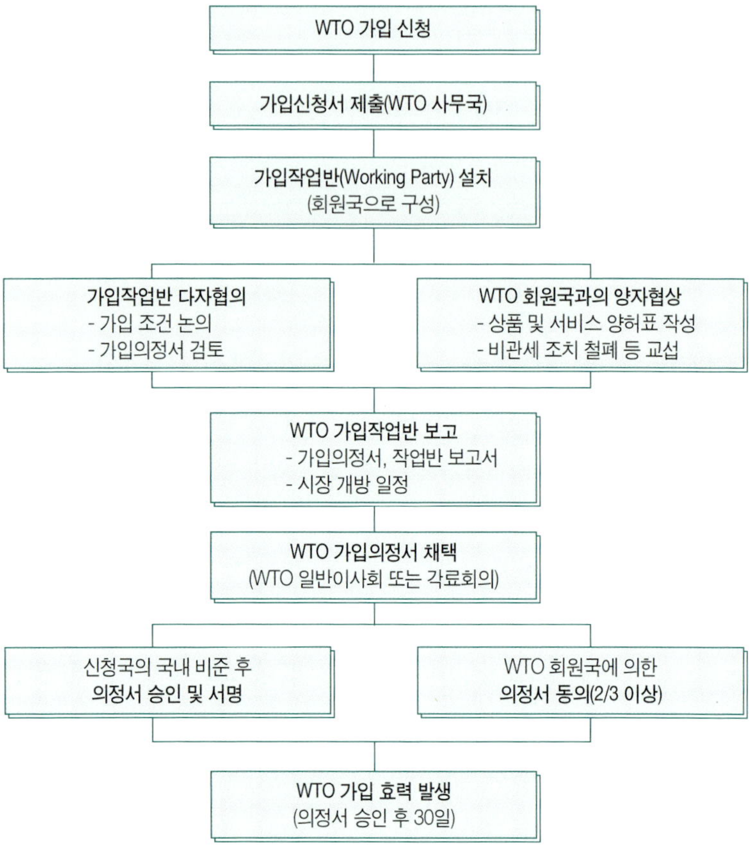


자료: 외교통상부(http://www.mofa.go.kr).

WTO는 가입 과정에서 회원국의 개도국과 최빈개도국에 대해 체제전환을 위한 유예기간을 예외적으로 허용하고 있다. 북한이 개도국 또는 최빈개도국 지위를 인정받게 되면 WTO 회원국에 부과되는 의무 규정에 대해 일정기간 유예기간이 허용될 수 있다. 또한 선진국이 개도국에게 제공하는 일반특혜관세제도(General System of Preferences: GSP)의 대상이 될 수도 있다.[5] 이외에도 북한의 경우 경제 체제 분류에 따라 최혜국 대우 원칙 예외의 혜택도 부여될 수 있다. 예를 들어, 북한이 비시장경제 체제 국가로 분류된다면 회원국들은 북한에 대해 최혜국 대우 지위를 유보할 수 있게 되는 것이다.

## 3. WTO 가입이 북한에 미치는 영향

북한은 WTO 가입을 통해 미국과 EU, 그리고 일본과 같은 세계 주요 교역국에게 무차별적인 최혜국 대우를 보장받게 된다. 국제 수준에 맞는 규제개혁, 시장 개방으로 인한 산업구조 개편 등으로 무역 증대와 투자 확대가 예상된다. 중국과 베트남, 라오스 등 체제전환 국가들은 WTO 가입 이후 국제시장으로 편입되면서 무역과 투자 증대를 경험하였다. 이는 각국의 경제성장의 동인이 되었다. 또한 무역 정책에 대한 회원국 상호 간의 투명성 원칙에 따라 국제 수준에 맞는 제도개혁도 수반될 것이다. WTO 가입이 북한에 미치는 영향을 해외 사례를 통해 살펴보면 다음과 같다.

### 3.1. 무역에 미치는 영향

최혜국 대우는 WTO 회원국 간 교역 시 비차별적(non-discrimination) 대우를 해야 한다는 원칙에 기반을 두고 있으며, 이 원칙을 따를 때 북한이 과거 공산권 국가 간에 적용하던 우대가격을 WTO 가입 후에도 특정 국가에게 유지

5 WTO는 개도국 지위 여부에 대한 기준을 제시하지 않고 있다. 따라서 WTO 가입 희망국은 자기 선택에 따라 개도국, 선진국 여부를 선언할 수 있다. 그러나 최빈개도국 지위는 UN의 사회·경제 관련 지수에 따라 WTO에서 지정하기 때문에 비교적 개도국 지위 여부보다 명확한 기준이 제시된다고 할 수 있다.

하고자 한다면 WTO 회원국 모두에게도 적용해야 한다.[6] 최혜국 대우 원칙은 자국의 상품과 서비스가 수입 상품 및 서비스와 동등하게 취급되어야 한다는 내국민 대우 원칙과 함께 무역장벽을 낮추는 조치라 할 수 있다.

회원국들은 최혜국 대우와 내국민 대우의 대원칙 하에서 WTO 통상 규범을 준수하기 때문에 상호 간에 시장 진출 기회가 생기게 되며 이는 무역 증대로 연결될 수 있다. 특히, 북한이 경제제재가 해제되고 세계경제 체제에 동참하게 될 경우 진전된 대미관계를 통해서도 무역 증가를 예상할 수 있다. 미국이 북한을 정상교역관계(Normal Trade Relation: NTR)로 대우하고 북한산 제품을 고세율의 Column 2 관세율 적용에서 개도국에게 적용되는 일반특혜관세(Generalized System of Preferences: GSP) 혜택을 부여한다면 대미 무역 증대를 기대해 볼 수 있다. 대EU 관계에서도 개도국에게 적용되는 일반특혜관세가 적용될 경우 이와 동일한 예상을 할 수 있다.[7]

이러한 예상은 연구 결과에서도 확인할 수 있다. T. L. Anh(2017)은 중력모형을 통해 베트남의 WTO 가입 전후를 기준으로 무역량 변화를 분석하였다. 분석 결과 베트남이 WTO에 가입한 후 총무역량이 크게 증가하였으며, 수출의 경우 2007년 이후 8년 동안 무려 215%가 증가한 것으로 나타났다. Wakasugi and Zhang(2016)은 전자기기(electrical machinery)와 통신장비(communication equipment) 부문에 한정하여 기업 수준 자료(Firm-level data)를 이용하여 WTO 가입이 기업 수출에 미친 영향을 분석하였으며, 분석 결과 WTO 가입은 기업의 생산성을 촉진시키고 증가된 생산성이 수출 증대로 이어진 것으로 나타났다. 특정 국가가 아닌 WTO 회원국 전체를 대상으로 분석한 연

6 WTO에서는 가입국의 지위, FTA 등 합리적 차별에 대해서는 예외를 인정하고 있다.
7 European Commission(2002)에 따르면 EU는 북한이 무역 및 투자 자유화를 위한 실질적인 조치가 취해진다면 일반특혜관세를 부여할 수 있다고 명시하고 있다. 따라서 북한의 WTO 가입 과정에서 양자협상을 통해 이러한 협상은 가능하다.

〈그림 6-2〉 WTO 가입국의 무역량 변화

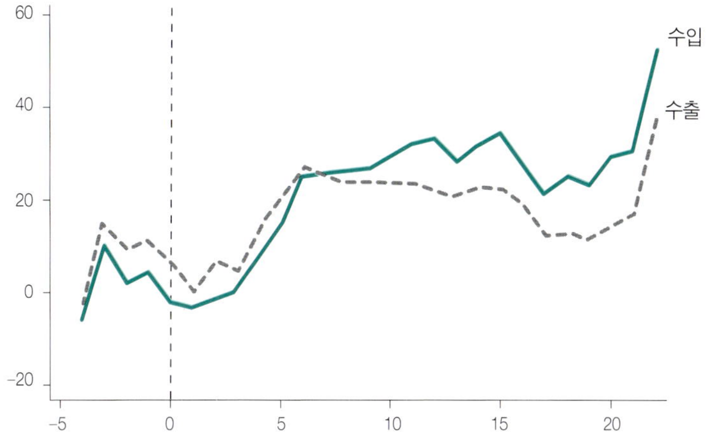


주: 1) 본 자료는 국가별 고정 효과 및 시간 효과를 제외한 후 오차항을 도출한 것임.
2) 0은 WTO 가입연도를 나타내며 국가 수는 157개국임.
자료: WTO 자료를 이용하여 저자가 추정함.

구에서도 동일한 결과가 도출되었다. Subramanian and Wei(2007)는 중력모형을 이용하여 WTO/GATT 가입이 전 세계 무역량을 120% 증가시켰다는 결론을 도출하였다. 이러한 연구 결과와 함께 주요 통계지표를 살펴보면 WTO 가입 이후 무역량 변화를 더욱 명확하게 알 수 있다. 〈그림 6-2〉는 WTO 가입국의 가입 전후 무역량의 변화를 보여 주고 있다. 0(t=0)은 WTO 가입연도를 나타내며 0을 기준으로 가입 전과 후의 무역량을 볼 수 있다. 〈그림 6-2〉를 통해서 WTO에 가입 이후 무역량이 급격히 증가하고 상당 기간 가입 전보다 높은 수준을 유지했던 것을 알 수 있다.

북한과 같은 사회주의 경제 체제에서 WTO에 가입하였던 대표적인 국가들인 중국, 캄보디아, 베트남의 경우도 WTO 가입 이후 증가한 무역량을 보여 주고 있다. 〈그림 6-3〉은 3개국의 총무역 규모를 보여 주고 있다. 0(t=0)은 WTO 가입 시점으로서 중국은 2001년, 캄보디아는 2004년, 베트남은 2007년을 나타

〈그림 6-3〉 WTO 가입 이후 총무역 규모 변화

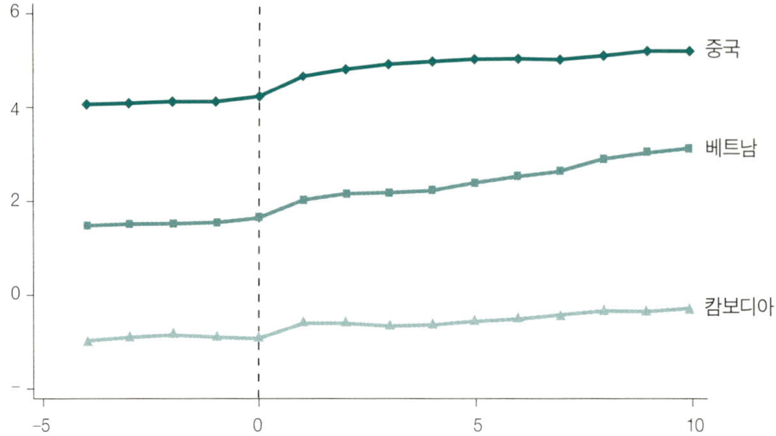


주: 총무역 규모는 로그를 취한 값임.
자료: WTO(www.wto.org).

낸다. 3개국 모두 WTO 가입 이후 그 전보다 증가한 것을 볼 수 있으며 가입 후 10기까지 나타낼 때 가입 전보다 높은 수준의 무역량을 꾸준히 나타내고 있다. 북한이 국제통상 규범을 준수하고 자국 정책의 투명성을 보장하여 WTO 회원국이 된다면 위의 사례에서와 같이 무역량 증가가 예상된다.

### 3.2. 투자에 미치는 영향

WTO 가입을 통해서 무역시장 확대뿐만 아니라 회원국 간의 투자 진입 장벽도 낮아질 수 있다. 북한과 같은 저개발국에서는 해외 투자유입은 경제 성장에 필수 요소이기 때문에 세계시장의 편입을 통한 투자 확대는 북한으로서 WTO 가입의 가장 큰 편익이라 할 수 있다. 저개발국의 경제성장에 있어서 중장기적으로 원조보다는 해외 투자 유치가 바람직하기 때문에 WTO 가

〈그림 6-4〉 WTO 가입국의 FDI 변화

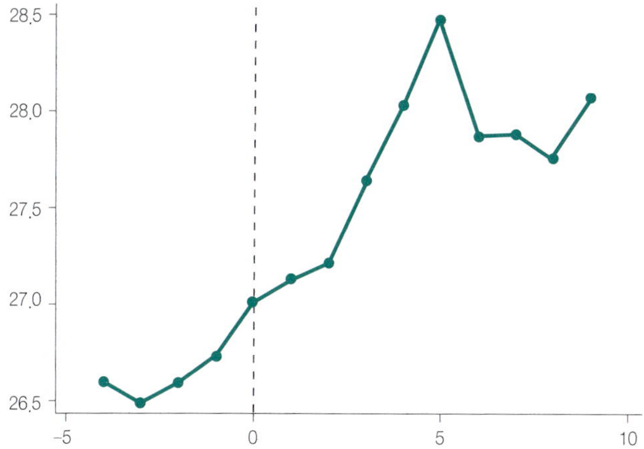


주: 1) 본 자료는 국가별 고정 효과 및 시간 효과를 제외한 후 오차항을 도출한 것임.
2) 0은 WTO 가입연도를 나타내며 국가 수는 141개국임.
자료: WTO 자료를 이용하여 저자가 추정함.

입 효과 중 투자 측면을 주목할 필요가 있다.[8)]

Hong(2008)은 중국의 사례를 중심으로 WTO 가입 후 11년간의 지역별 해외 투자 유치 변화를 분석하였다. 분석 결과 WTO 가입 이후 해외 투자 유입액이 크게 증가하였으며 해외 기업들의 투자 유치를 선정하는 데 WTO 가입이 중요한 요소인 것으로 나타났다. Norbäck et al.(2007)은 WTO 가입이 FDI에 미치는 영향을 분석하였는데, WTO 가입이 해외 자회사의 수출을 증가시켰다는 결론을 도출하였다. 실제 자료에서도 이러한 사실을 확인할 수 있다.

〈그림 6-4〉는 WTO 가입 이후 회원국들의 FDI 변화를 나타내고 있다. 0(t=0)은 WTO 가입 시점을 의미한다. 가입 이후 FDI 규모는 급격히 증가하였으며 가입 이후 증가와 감소가 반복되지만 FDI 규모의 수준이 가입 전보다

8 FDI는 기술이전, 고용창출이 동반되기 때문에 원조보다 장기적 경제성장을 위한 필수 요소를 확보하는 데 긴요하다.

〈그림 6-5〉 WTO 가입 이후 FDI 변화

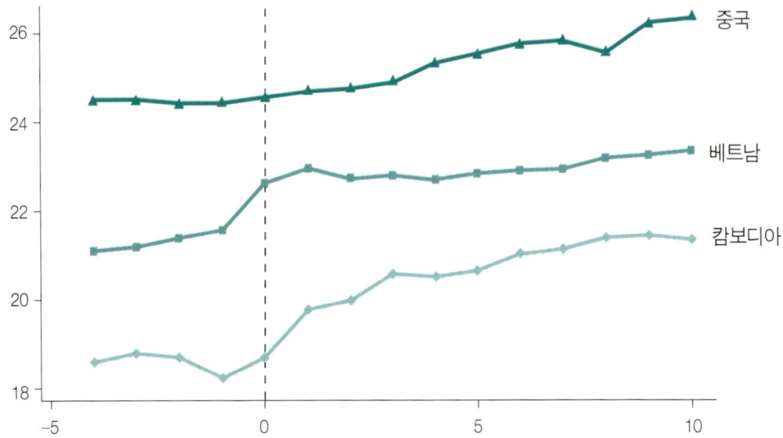


주: FDI는 로그를 취한 값임.
자료: WTO(www.wto.org).

훨씬 높게 유지되었다.

아시아의 대표적인 체제전환국인 중국과 캄보디아, 그리고 베트남의 경우를 살펴보아도 동일한 경향을 나타내고 있다. 〈그림 6-5〉는 중국, 캄보디아, 베트남의 WTO 가입 이후 FDI 규모를 보여 주고 있는데 모두 가입 시점 이후 FDI 규모가 증가하는 것을 알 수 있다. 더욱 면밀한 분석이 요구되지만 관련 연구와 실제 자료를 기초로 할 때 WTO 가입은 투자 확대에 직접적 관련성을 갖고 있다는 사실을 예상해 볼 수 있다.

### 3.3. 북한의 체제개혁

WTO는 무역에 대한 정부의 간섭 및 제약을 축소함으로써 각국의 후생을 증진시키고자 하는 자유무역 체계라 할 수 있다(J. Y. Qin, 2007). WTO의 권한은 재화와 서비스를 넘어서 투자, 지적재산권까지 그 범위가 넓어졌으며 회원국들에게 약속과 의무를 요구하고 있다. 시장접근성을 높이기 위한 약속은 회원국마다 다르며 정기적인 재협상이 요구된다.

그러나 WTO가 요구하는 의무는 쉽게 변할 수 없으며 국가 간 통상제도뿐만 아니라 회원국 내의 정책과 제도까지도 규제 대상에 포함하고 있다. 따라서 북한이 WTO에 가입하게 되면 국제 수준에 맞는 제도를 정비하고 WTO 협정에 상응하는 법제를 구축해야 한다. 이를 통해 북한은 높은 수준의 대내적 개혁과 대외적 개방 수준이 요구된다. 북한이 WTO 가입을 통해 제도개혁이 이루어지면 경제 부문에 있어서 효율성 상승 효과를 예상할 수 있다(KIEP, 2018b).

WTO가 요구하는 그 이상의 조건(WTO-Plus)으로 시장 개방을 단행했던 중국의 경우도 법과 제도에서 상당한 변화를 경험하였다. 예를 들어, 담배, 제약, 공공기업소 등을 제외한 대부분의 재화와 서비스의 가격을 시장에서 결정하도록 제도를 마련하였다. 수출입에 해외 기업의 참여를 인정하였으며, 무역 전반을 직접적으로 통제하는 기존의 정부 역할을 축소하는 것으로 해외무역법을 정비하였다(KIEP, 2018b).

북한은 무역에서 국가독점의 원칙을 고수하였지만 현재는 다수 무역회사가 무역을 담당하는 보다 시장경제적인 방향으로 개선되고 있는 것으로 보인다.[9] 그러나 반대로 '수입병 근절'(2015. 1)을 내세우며 국산품 사용을 강권하는 정책도 추진하고 있어서 국제 통상 환경에 통용되는 정책과 제도 정비가 필요하다. WTO 가입은 다자 및 양자 협상을 모두 수행해야 하기 때문에 국제통상 규범에 대한 북한 내부의 고찰을 유도할 수 있으며 그에 적합한 제

9 1992년에 개정된 조선민주주의인민공화국 「사회주의헌법」 제36조에는 무역에 대한 국가독점의 원칙이 명시되어 있었으나 2012년 개정된 헌법에는 다수 무역회사가 무역을 담당하는 것으로 국가의 권한이 다소 축소되었다.

도적 환경을 마련할 수 있을 것이다.

## 4. 북한의 WTO 가입을 위한 선결 과제와 정책적 시사점

지금까지 북한에게 있어서 WTO 가입의 의미와 절차, 그리고 가입이 북한에 미칠 영향 등을 살펴보았다. 그러나 WTO 가입을 위해서는 먼저 북한이 정상국가로서 국제사회에서 인정받고 대외관계 개선이 이루어져야 할 것이다. 구체적으로는 북한의 세계경제 편입은 대북 경제제재 및 테러지정국 해제가 선행되어야 한다는 것이다.

경제제재 하에서는 북한의 WTO 가입뿐만 아니라 남북한 간 적극적 경협도 불가능하다. 한반도 비핵화의 실체적인 완성이 이루어진 후 미국과 UN 안보리 제재가 해제되면 정상국가로서 국제시장에 편입되어 성장과 발전을 도모할 수 있는 다양한 수단을 강구할 수 있게 된다. 2차 북미정상회담에서도 경제제재 해제에 대한 어떤 결론도 도출되지 않았기 때문에 현재까지는 북한의 세계경제 편입과 교역 및 경제성장 방향에 대해 성급한 예측은 할 수 없다. 그러나 WTO 회원국이 되는 것은 양자 및 다자 협상을 포함하여 10년 이상의 시간이 소요되며 북한의 전략 수립을 위해 다양한 논의가 필요하다. 따라서 현 시점에서는 북한의 대외관계 개선과 경제제재 해제, 그리고 국제통상 규범을 이행할 수 있는 대내적인 제도개혁에 주목할 필요가 있다.

경제제재가 해제되고 국제사회에서 정상국가로서 WTO 가입을 준비한다고 해도 앞서 언급했듯이 많은 준비와 연구가 요구된다. 따라서 오랜 시간 동안 국제사회에서 고립되었던 북한의 특수성을 고려할 때 가입을 위한 사전 준비작업이 필요하다. 이를 구체적으로 살펴보면 다음과 같다.

첫 번째로 남북한 경제협력을 보다 활성화하여 일관성 있는 국제통상 규범을 학습할 필요가 있다. WTO의 목적은 각 회원국 정부의 교역장벽의 완화와 이를 규정한 통일된 규범을 제정 및 이행함으로써 자유로운 국제교역 활동을 보장하는 것이다(이효영, 2003). 회원국은 WTO의 국제무역 규범을 준수해야 하고 각국이 제출한 양허안을 이행해야 한다. 또한 이행 과정에서 발생하는 모든 문제들은 회원국의 일방적 조치가 아닌 WTO의 사법적 장치에 의해서만 해결해야 한다. 이러한 국가 간 일관성 있는 약속들은 북한이 이전에 경험해 보지 못한 것들이다. WTO 가입에 장시간 소요되는 것을 감안하면 남북한 교류협력을 보다 증대하고 경제협력의 수준을 한 단계 높여 이를 통해 북한 당국이 국제교역에 대한 실무 능력을 배양하고 일관성 있는 정책 수립에 대해 학습하는 것이 필요하다.

실제로 북한은 한국 및 중국과의 경제협력사업을 추진하는 과정에서 2002년 「금강산관광지구법」의 제정, 2013년 「나선경제무역지대법」의 전면 개정, 2015년 「외국인투자기업노동법」 개정 등 대외 무역 법제화를 통해 전과는 다른 제도를 마련하였다. 즉, 경제협력이라는 대외적 요인이 법·제도 변화를 이끌었던 만큼 한국과의 경제협력을 보다 심화하여 점진적 변화를 이끌어 낼 필요가 있다는 것이다(KIEP, 2018a).

중국의 사례에서도 국제통상 규범 및 시장 개방의 이해도와 제반 사전 준비작업의 중요성을 알 수 있다. 중국의 경우 가입을 신청한 것이 1985년이며 1993년에야 비로소 본격적 협상단계에 들어갔다. 2001년 12월 정식 회원국이 되기까지 총 16년의 긴 시간이 소요된 것은 WTO 가입을 위한 양자 및 다자 협상 외에도 규범 준수와 상품 및 서비스 시장의 양허계획에 대한 전반적인 당국의 이해 문제와 내부 논쟁에 기인한 것으로 알려져 있다(이효영, 2003).

남북한 간 교역은 무관세로 이루어지며 북한 투자 기업에 대한 한국 정부의 정책적 지원 등 일반적인 국제교역과는 다른 고유한 특징을 보유하고 있다.[10] 또한 WTO 협정상 규정 위반 소지가 있지만 북한의 정치적 특수성과 교역 규모를 고려하여 국제사회에서도 용인되고 있다. 이러한 특수한 관계를 발판으로 국제통상 규범에 대한 북한 당국의 이해를 높이고 학습할 수 있는 기회를 마련해야 한다.

두 번째는 WTO 체제 하에서 남북한 경제협력을 최혜국 대우 예외로 인정받을 수 있는 전략을 마련해야 한다. 이를 위해서는 지금부터 국제사회에서 남북한 경제협력이 갖는 특수성을 인식시킬 필요가 있으며 WTO의 다양한 예외 조항을 검토할 필요가 있다. 남북한 경제협력이 WTO 체제에서 예외로 인정받을 수 있는 방법은 WTO 의무면제 조항(waiver),[11] WTO 가입 조항,[12] 권능 조항(Enabling Clause)[13] 등을 활용하는 방안이 있다. WTO 의무면제 조항은 어떤 특수한 사유로 협정상 의무를 이행할 수 없는 경우에 제도적으로 의무를 면제받는 법적 장치이다(안덕근 · 박정준, 2014).

가입 조항을 통해서는 WTO 가입 시 기존에 존재하는 사례를 통해 남북관계의 특수성을 인정받을 수 있고, 권능 조항을 통해서는 선진국이 개도국의 경제성장을 위한 경우 의무를 면제받을 수 있게 된다. 그러므로 가입 조항은 남한의 가입의정서 개정과 함께 북한의 WTO 가입 시 남한과의 특수한 관계를 명시해야 하는 어려움이 있으며, 권능 조항은 선진국인 남한이 개발도상국인 북한의 경제개발을 지원하기 위해 남북한 교역이 이루어져야 한다는 조건을 입증해야만 하는 애로점이 있다.

현실적으로는 의무면제 조항을 통해 남북관계를 민족 내부 거래로 인정받을 수 있는 방법이 가장 가능성이 높다. 한편, 동서독 간 내독 거래는 WTO

10 무관세 거래는 최혜국 대우 의무에 위반 소지가 있으며 남북경협 기업에 제공되는 정부의 특혜조치는 보조금협정상 규정 위반 소지가 있다(국립외교원, 2018).

11 WTO 설립협정 제11조 제3항, GATT 제25조 제5항.

12 WTO 설립협정 제12조.

13 GATT의 「1979년 11월 28일자 개발도상국들의 참여, 호혜 및 차별적, 우호적 취급에 관한 결정」(Differential and More Favourable Treatment, Reciprocity and Fuller Participation of Developing Countries; 이하 Enabling Clause) 제1항.

의무면제 조항을 통해 면제된 것은 아니지만 GATT/WTO가 정치적 특수성을 인정한 사례로써 남북관계에도 시사하는 바가 크다.

그러나 의무면제 조항을 포함하여 WTO의 다양한 법적 장치를 활용하기 위해서는 남북관계의 특수성을 국제사회로부터 미리 인정받아야 하는데, 이는 오랜 시간이 소요되며 남북한 간의 인내력이 요구된다.

세 번째는 점진적으로 북한의 투명성과 예측 가능성이 있는 방향으로 정책 결정 과정이 개편되어야 할 필요가 있다는 것이다. WTO는 통상 정책의 투명성(transparency)과 예측 가능성(predictability)을 중시한다. 정책의 투명성이 확보됨으로써 회원국들은 교역상대국의 무역장벽 여부를 판별할 수 있고 양허안을 기준으로 시장 개방 정도를 명확하게 예상할 수 있다. 이를 위해 WTO는 국가 특성에 따라 2년에서 6년 단위로 무역 정책을 검토받도록 규정하고 있다.

한편, 회원국의 약속이라 할 수 있는 양허 스케줄은 WTO 협정문의 일부를 구성하는 법률적 효력을 갖게 됨으로써 예측 가능성을 더욱 높일 수 있다. 북한의 경우 자국의 정책과 조치에 있어서 외부의 관리·감독을 통해 통제받은 경험이 없으며 이에 대한 거부감을 가질 수 있다. 따라서 북한 당국은 통상 규범에 대한 인식 개선이 필요하며 국제적인 수준에 부합하는 무역제도 등을 검토할 필요가 있다.

네 번째로 가격 및 금융 제도에 대한 검토가 필요하다. WTO는 전 세계의 자유무역 확대를 목표로 하기 때문에 북한이 WTO 체제에 대비하기 위해서는 가격구조를 점검할 필요가 있다. 계획경제 국가의 가격은 시장에서 결정되는 것이 아니기 때문에 원자재, 에너지 부문의 가격과 공산품 및 소비재 가격이 정책에 따라 결정될 가능성이 있다. 이러한 가격구조를 검토할 필요가 있으며 통관 절차, 서비스 교역, 지재권 등과 관련된 법과 제도와 환율 및 금융제도 등을 국제 수준에 맞도록 제정 및 개정할 필요가 있다.

지금까지 북한이 WTO 가입을 위해 준비해야 할 사항들에 대해 살펴보았다. 물론 WTO 가입 시에 개도국 지위 여부, 발효 시기 문제 등 가입 과정 가운데 고민해야 할 이슈들이 있지만 본 절에서는 가입을 위해 준비해야 할 사항들에 대해서만 한정하여 논의하였다. 북한이 실제 이러한 준비를 하는 것은 북한 내부의 의지와 국제정치적 상황 변화에 달려 있다. 국제사회 편입은 점진적으로 준비해야 하는 것이므로 면밀하고 세부적인 논의를 하는 것과 함께 이와 같이 넓은 의미에서의 쟁점 사항들을 살펴보는 것도 의미가 있을 것이다.

## 5. 결론

본고에서는 북한의 WTO 가입의 의미와 가입 절차를 살펴보았고, 가입 이후 북한 경제 내에 미칠 영향을 해외 사례를 통해 검토하였다. 현재 북한은 경제제재로 인해 국제사회로부터 제약을 받고 있다. 북한이 한반도의 평화적 해법에 동의하고 정상국가로서 인정받게 된다면 세계경제 체제에 안정적 편입을 추구해야 하며 최종적 방법이 WTO 가입이라 할 수 있다. 여기서 고려해야 할 사항은 WTO 가입을 통해 북한의 체제전환이 이루어지는 것이 아니라 체제전환의 최종적 단계가 WTO 가입으로 귀결된다는 것이다. 따라서 WTO 가입을 위해서 많은 준비와 노력이 필요하다.

중국, 베트남 등 과거 북한의 동맹국들도 가입 신청에서 완료까지 10년 이상의 시간이 소요되었다. 이는 그만큼 체제전환 과정에서의 대내외적인 어려움이 있다는 것을 반증하는 것이다. 북한도 과거 동맹국들의 사례를 고려하면 동일한 어려움에 직면할 것으로 예상된다. 본 연구는 이와 관련하여 논의될 수 있는 쟁점 사항들을 살펴보았고 다음과 같이 요약할 수 있다.

북한의 자유무역 체제로의 안정적 편입은 WTO 가입으로 완성될 것이기 때문에 장기적 관점에서 추진되어야 할 필요가 있다. WTO 가입을 통해 북한은 무역과 투자가 증대되어 경제성장의 동력이 될 것이지만 기업을 준비하는 과정에서 국제 수준에 맞는 법과 제도 등을 마련하기 위한 개혁 논의에 직면할 것이다. 북한의 체제개혁은 많은 비용을 초래하기 때문에 사전 준비작업이 수행되어야 한다. 이를 위해서 북한은 남북한 경제협력을 통해 국제통상 규범을 학습하고 더 나아가 지역무역협정 등을 통한 통상 경험을 축적할 필요가 있다. 아울러 WTO 가입 시 남북한 경제협력을 최혜국 대우 예외 사항으로 인정받기 위해서 지금부터 국제사회에 남북한 경제협력의 특수성을 인식시킬 필요가 있다.

또한 점진적으로 북한의 투명성과 예측 가능성이 있는 방향으로 정책 결정 과정이 개편되어야 할 필요가 있으며 계획경제 체제에서 수행되어 온 가격 및 금융 제도에 대한 개혁 논의가 시작되어야 한다. 이러한 논의들은 북한이 국제사회에 편입하는 데 따르는 비용을 최소화하기 위한 고려 사항들이라 할 수 있다.

본고는 WTO에 가입하는 데 따르는 문제점, 쟁점 사항 등을 논의하고 새로운 이슈 발굴을 위한 정보를 제공하는 데 주안점을 두었다. 따라서 정량적 분석을 기초로 한 엄밀한 분석이 결여되어 있으며 정보 부족으로 인하여 북한의 무역 및 산업 제도와 관련하여 구체적인 고찰이 부족하였다는 한계점이 있다. 따라서 향후 WTO 통상 규범을 기반으로 한 법적 쟁점과 함께 북한 관련 통계 자료를 기초로 한 정량적 분석을 포함한 기술적인 후속 연구가 필요하다. 아울러 북한의 산업 정책 및 무역제도의 면밀한 분석과 함께 북한의 WTO 가입을 통한 세계경제 체제로의 구체적인 편입 전략도 함께 모색해야 할 것이다.

## 참고 문헌


국립외교원, 『남북경협의 제도적 안정화를 위한 통상외교 전략』, 주요국제문제분석 2018-18, 2018.

대외경제정책연구원(KIEP), 『북한의 무역과 산업정책의 연관성 분석』, 연구보고서 17-06, 2017.

______, 『북한의 무역제도 연구: 남북한 CEPA 체결에 대한 시사점』, KIEP 정책연구 브리핑, 2018a.

______, 『체제전환국의 WTO 가입경험과 북한경제』, 연구자료 18-02, 2018b.

산업연구원(KIET), "베트남 사례를 통해 본 북한의 대외무역 정상화 방안," ISSUE PAPER 2007-222, 2007.

안덕근·박정준, "WTO체제에서의 남북한 교역과 개성공단 관련 통상쟁점 연구," 『국제·지역연구』 제23권 제4호, 2014 겨울, pp. 139~170.

외교통상부, http://www.mofa.go.kr.

이광은, "WTO 시대 국제통상 운영의 기본원리," 『국제지역연구』 제9권 제1호, 2005, pp. 171~200.

이효영, "중국의 WTO 가입과 경제개혁: 중국의 향후 경제제도 개혁에 대한 WTO 가입의 함의," 『경영경제』 제36권 제1호, 2003, pp. 231~248.

한국저작권위원회, "조선민주주의 사회주의헌법(2016. 6. 29, 최고인민회의 제13기 제4차 회의 수정)," www.copyright.or.kr(검색일: 2019. 4. 1).

Anh, T. L., "Effects of WTO Accession on Vietnam's Trade: The Gravity Model Approach," University of Oslo, 2017.

European Commission, "The EC – Democratic People's Republic of Korea: Country Strategy Paper, 2001-2004," European Commission, 2002.

Hong, J., "WTO Accession and Foreign Direct Investment in China," *Journal of Chinese Economic and Foreign Trade Studies*, Vol. 1, No. 2, 2008, pp. 136~147.

Norbäck, P., D. Urban, and S. Westerberg, "Gravity Estimation for Multinational Enterprises: An Application to the GATT/WTO Puzzle," Working Paper, 2007.

Qin, J. Y., "The Impact of WTO Accession on China's Legal System: Trade, Investment and Beyond," Wayne State University Law School Legal Research Paper Series,

No. 7-15, 2007, pp. 1~30.

Rose, A. K., "Do We Really Know that the WTO Increases Trade?," *American Economic Review*, 2004.

Subramanian, A. and S. Wei, "The WTO Promotes Trade, Strongly but Unevenly," *Journal of International Economics*, 72, 2007, pp. 151~175.

Wakasugi, R. and H. Zhang, "Impacts of the WTO Accession on Chinese Exports," *Journal of Chinese Economic and Business Studies*, Vol. 14, No. 4, 2016, pp. 347~364.

World Trade Organization, www.wto.org(검색일: 2019. 4. 1).

# 제2부

## 노동, 농업 및 도시개발 전략

제7장 북한의 인력 배치와 노동시장

제8장 경제위기 이후 북한의 농업 개혁

제9장 서울-평양 간 도시개발 협력 방안

Chapter 7

# 북한의 인력 배치와 노동시장

금재호(한국기술교육대학교 테크노인력개발전문대학원)

1. 서론
2. 북한의 인력 배치: 제도와 현실
3. 북한 경제의 변혁과 노동시장의 변화
4. 결론

## 1. 서론

남북한 간 그리고 미국과 북한의 정상회담에도 불구하고 아직도 북한의 핵 문제로 인해 남북한 경제협력이 활성화되고 있지 못하고 있다. 그렇지만 남북한 사이의 긴장 완화, 그리고 경제적 교류와 통합은 거스를 수 없는 시대적 흐름으로 여겨진다. 이미 시장이 없이는 북한의 민간 부문 경제는 버틸 수 없는 상황에 이르렀고, 북한에서 시장경제의 중요성은 더욱 확대될 것이다.

점진적 또는 급진적 변화의 여부를 떠나 북한의 경제 체제 전환과 남북한 간 경제교류의 활성화는 사회의 모든 분야에 걸쳐 심대한 영향을 끼칠 것이며, 일자리 문제도 예외는 아니다. 북한 경제의 변화로 일자리와 관련된 근로자의 자율성이 높아지고 노동력의 이동은 더욱 활발하여 질 것이다. 그 과정에서 빈부 격차가 확대되고 실업이 증가하며 자영업이 증가하게 된다. 상황에 따라서는 북한 주민들의 남한 이주가 대량으로 발생할 수도 있다. 북한의 체제 변화로 인한 북한 주민의 남한 이주는 엄청난 비용과 사회적 갈등을 수반하기 때문에 이를 최대한 억제하는 것이 바람직하다. 따라서 북한 사회의 불안을 진정시키고 주민들이 안정적으로 생활할 수 있는 노동시장의 기반조성이 필요하다.

북한은 명목상 사전 계획에 의거하여 국가가 인력을 양성하고 배치하는 사회주의 제도를 채택하고 있다. 그렇지만 '사실상 실업'[1]이 다수 존재하고 시장경제의 확장에 따라 자생적으로 비공식적 인력시장이 나타나고 있는 것으로 알려지고 있다. 인력의 배치 및 운용과 관련된 비공식적 인력시장은 많은 경우 부패구조와 연결되어 있고 정보의 비대칭성으로 인한 인력 배치의 비효율성[2]을 해소하지 못하며 중간착취[3]와 같은 문제점들을 지닌다.

1 여기에서 '사실상 실업'은 직장에 적을 두고 있지만 일거리가 없어 쉬는 근로자를 의미한다.
2 비공식적 인력시장이 주로 인적 네트워크를 통해 움직임에 따라 인적 네트워크에 참여하지 못한 근로자가 소

북한의 개방개혁은 필연적으로 인력 배치 및 운용 방식의 대전환을 가져올 것이다. 국가가 일자리를 책임지고 공식적으로 실업이 없는 북한 사회에서 경제 변혁에 따라 일자리와 관련된 북한 주민들의 욕구가 분출할 것이기 때문이다.

본고에서는 인력 배치 및 운용과 관련된 북한의 법·제도 및 실상을 살펴보고, 북한 경제의 변혁 및 남북한 경제교류 활성화에 따른 북한 노동시장의 변화를 평가한다. 또한 고용불안을 최소화하기 위해 한국 정부가 관심을 두어야 할 노동시장의 정책 방향을 포괄적으로 제시하고자 한다.

북한의 노동시장이 어떻게 진화할 것인가에 대해서는 아무도 자신을 가지고 말할 수 없다. 이 글도 마찬가지이다. 단지 북한 경제의 변혁에 따라 노동시장에 어떤 문제들이 발생하고, 이의 해소를 위해 우리가 관심을 기울여야 할 이슈들이 무엇인가에 대한 제언을 던진다는 의미로 이 글을 이해해 주기 바란다.

## 2. 북한의 인력 배치: 제도와 현실

### 2.1. 북한의 인력 배치와 관련된 법과 제도

#### 2.1.1. 국가에 의한 인력 배치

사회주의 국가인 북한은 법률적으로 직업선택의 자유를 인정하고 있지만 실제로는 국가의 필요에 의한 노동력 배치를 실시하고 있다. 북한의 사회

외되는 데서 발생하는 비효율성이다.

3 인력소개업자가 우월한 지위를 이용하여 근로자에게 저임금을 지불하거나 또는 과다한 소개료를 징수하는 등의 행위에서 발생하며, 거짓광고, 인신매매도 이에 포함된다.

주의 헌법 제70조 제2문에서 "모든 공민은 희망과 재능에 따라 직업을 선택하며" 라고 적시하고 있으며, 사회주의 노동법 제5조 제3문에서도 "모든 근로자들은 희망과 재능에 따라 직업을 선택한다"고 하여 직업선택의 자유를 보장하고 있다. 그렇지만 사회주의 노동법 제30조는 "국가기관, 기업소, 사회협동단체는 근로자들이 창조적 지혜와 능력을 최대한으로 낼 수 있도록 성별, 연령, 체질, 희망, 기술 기능 수준에 맞게 로력을 적재적소에 배치하여야 한다"고 하여 국가의 필요에 의한 노동력 배치를 적시하고 있다.

국가는 근로자를 기관, 기업소, 단체 등에 파견할 권한을 가지고 있으며, 근로자 또한 국가의 지시에 따라 노동력을 제공할 의무가 있다. 만약 국가의 지시에 따르지 않았을 경우 처벌을 받을 수 있으며, 이러한 처벌 규정은 2009년의 헌법 개정 이후 강화되었다. 구체적으로 북한의 형법 제188조에서는 "노동행정 부문 일꾼이 로력 파견장이 있음에도 불구하고 정당한 리유 없이 입직을 거부하였거나 배치하지 않았거나 … 로력을 랑비하였거나 사회적 물의를 일으킨 경우에는 2년 이하의 로동단련형에 처한다"고 하고 있다.

(북한이탈주민) "고등중학교를 졸업하거나 제대하면 노동부에서 관리합니다. 명단이 노동부에 들어오면 원칙적으로 노동부에서 배치를 다 합니다. 각 구역, 지방, 군, 시, 도 이 기관들에 노동부가 다 있습니다. 그 사람이 집이 어딘가? 환경 조건이 어떤가? 모든 걸 보고 배치해 줍니다. 그렇지만 대학을 졸업했다던가 하면 노동부가 관할 못하고 당위원회 간부부에서 배치를 합니다. 사회주의 체제 하의 법령으로는 직장 배치에 있어 개인의 의견을 반영하도록 되어 있습니다. 하지만 실제로는 그런 거 전혀 없습니다."

인력의 배치 과정을 세부적으로 설명하면 다음과 같다(〈표 7-1〉 참조). 먼

**〈표 7-1〉 북한의 인력 배치 방법**

<table>
<tr><th>배치 방식</th><th>대상 인력</th><th>비고</th></tr>
<tr><td>중앙 단위에서 배치</td><td>• 제2경제 일꾼<br>• 특급 연합기업소, 1급 및 2급 기업소<br>• 3급 기업소의 일부(독립채산제 미적용)</td><td rowspan="3">주요 간부들은 중앙당 간부과에서 관리</td></tr>
<tr><td>시도 단위 이하에서 배치</td><td>• 독립채산제 적용 3급 기업소<br>• 여타 기업소, 기관, 농장</td></tr>
<tr><td>무리 배치</td><td>• 건설사업 등 대규모 인원이 필요한 경우</td></tr>
</table>

자료: 저자 작성.

저 군수산업인 제2경제 부문과 더불어 제1경제 부문에서도 노동자 1만 명 이상인 특급 연합기업소, 6,000명 수준인 1급 기업소, 4,000명 수준인 2급 기업소까지는 중앙당의 지도를 받는 내각의 국가계획위원회 및 노동성에서 직접 인력을 배치한다. 종전에는 노동자 1,000~2,000명 수준인 3급 기업소까지 중앙의 직접 관할 하에 있으나, 1990년대 이후 경제난으로 3급은 업종과 상황에 따라 중앙의 직접 관할을 받는 곳과 독립채산제로 운영하는 곳으로 구분되었다. 중앙의 직접 관리를 받지 않는 공장과 기업소들은 각 시도 노동부서의 책임 하에 지역별로 단위 공장, 기업소, 기관, 농장 등을 대상으로 노동력의 배치와 이동이 이루어진다.

또한 건설사업, 광산 등 대규모의 인력이 필요하지만 열악한 근로 조건으로 인해 인력이 부족할 경우 집단적인 '무리 배치'가 발생한다. 제대군인과 청년들이 무리 배치의 주된 대상으로 중앙정부 차원에 결정되는 것이 대부분이다.

(북한이탈주민) "평양시는 대동강 과수농장, 평양방직공장 같은 데 여성들이 안 가겠다고 하니까 집단적으로 배치합니다. 그리고 평양방직공장에 근무하는 여성과 결혼하면 지방에서도 평양으로 이주할 수

있도록 혜택을 줍니다. 또 량강도 대홍단군에 제대군인 1만 명을 배치하라 해서 배치를 했는데, 이들에게 신심을 주기 위해서 평양시에 있는 처녀들, 지방 각 도시에 있는 처녀들과 짝 지어주기를 했고, 일부 사람들은 대학도 보내서 간부로 양성하기도 하였습니다."

이처럼 북한에서 근로자의 구직, 채용, 이직, 재취업은 구인기업과 구직 근로자 사이의 계약관계를 통해서가 아니라 국가의 인력계획에 따른 강제적인 인력 배치에 따라 결정된다. 따라서 북한에는 한국과 같이 사용주와 근로자 사이의 근로계약이 없으며 고용 서비스와 같은 일자리 중개 기능은 공식적으로 존재하지 않는다.

### 2.1.2. 노동의 계획화

북한은 노동력 대신 '노력자원'이라는 용어를 사용하고 있으며, 노력자원에는 근로 능력을 가진 16~60세 남성 및 16~55세 여성과 더불어 이 연령을 초과하였어도 현재 일하고 있는 주민들이 포함된다. 노력자원은 북한 전역뿐만 아니라 도, 시, 군(구역)별로 체계적으로 관리되고 있다. 그리고 노력자원의 정확한 관리는 인민경제를 계획적으로 발전시키는 데 있어 매우 중요한 것으로 북한 당국은 여기고 있다.

북한의 노동력 활용과 관련된 원칙의 하나는 인민경제의 발전을 위해 전 국가적 노동력 자원을 최대한 동원하는 것이다. 이에 따라 인력을 적재적소에 배치하는 것도 더불어 일하지 않은 주민의 수를 최소화하려는 노력을 하고 있다. 이러한 노동력의 최대한 활용은 '노동의 계획화'로 나타난다.

노력자원의 최대한 동원과 합리적 활용을 위한 노동계획화는 노동계획의 세부화, 노동정량 제고, 일원화된 계획, 그리고 노동력 보충조절 계획으로 구성되어 있으며 이러한 정책 아래에서 인력 운용 및 배치가 이루어진다.

노동계획의 세부화는 전체 인력을 생산노동력과 비생산노동력으로 구분한다. 생산노동력은 기본생산 노동력과 보조생산 노동력, 직접 부문 노동력과 간접 부문 노동력 등으로 분류하고, 성, 체질, 연령, 기술 및 기능에 따라 인력을 배치하는 것이다. 또한 근로자 각각에 대해 연간 생산목표량과 함께 분기, 월, 일별 목표의 계획을 세운다.

노동정량 제고는 근로자의 생산성을 높이려는 노력으로 제품별, 작업과정별 생산성 제고 계획과 더불어 기술·기능 수준의 향상을 위한 세부적 계획을 수립한다. 기술·기능 향상 계획도 기능공 및 고급기능공 양성계획, 일반 근로자의 기술·기능 수준 제고 계획 등으로 세분화된다. 또한 이의 실행을 위해 계획기관과 계획 세포들 간 역할을 분담하고 인민경제의 각 분야별로 노동력 실태를 면밀하게 조사, 관리한다.

계획의 일원화는 노동의 계획화 사업을 직접 수행하는 계획 단위인 연합기업소와 이를 지도하는 국가계획위원회 등 국가계획기관들의 역할을 높이는 것이다. 노동행정기관과 관련 부서들은 계획의 모든 작성 과정에 개입하며, 국가계획기관의 주관주의와 계획 세포의 본위주의를 없애는 방향에서 계획이 이루어져야 한다는 것을 의미한다.

그리고 노동력 보충조절 계획은 학교 졸업생과 기타 양성기관 졸업생, 제대군인 등을 대상으로 하는 인력공급계획이다. 인력공급은 '노력균형표'를 통해 이루어지는데 이는 전 인민경제적 노력균형표와 개별 지역의 노력균형표로 나누어진다. 전자는 인민경제 전체의 관점에서 경리형태별·인민경제 부문별·지역별로 노동력의 수요와 공급을 일치시키기 위한 것이며, 후자는 각각의 지역 내에서 노동력의 수요와 공급을 일치시키기 위한 것이다 (리창근, 1992).

이처럼 북한에서는 국가계획위원회의 계획에 따라 노동력의 배치와 이동이 이루어지는데 이러한 특성은 소련과 동유럽의 노동시장과 구별되는 북

〈그림 7-1〉 북한의 인력계획과 인력 배치의 흐름

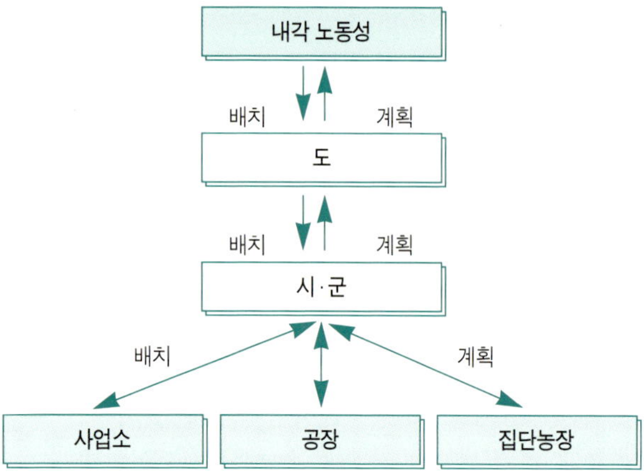


자료: 저자 작성.

한의 특수한 노동제도 중 하나이다. 즉, 소련과 동유럽에서 노동자들이 노동시장에서의 노동수급 상황과 그에 따른 임금격차 및 노동 조건 등 시장적 선호들에 따라 직장을 선택했던 것과 대비되는 북한적 특성이다(박형중, 1994). 다시 말해, 소련과 동유럽 노동자들은 북한 노동자들에 비해 임금 등 노동시장의 물질적 자극에 반응할 수 있었다. 그러나 북한의 노동자들은 국가가 배치 및 지정하는 직장에 수동적으로 적응하고 만족해야 한다(금재호·박영자·박명준, 2013).

> (북한이탈주민 인터뷰) "북한은 노동배치제입니다. 중앙에서 노동성, 도에는 노동국, 그리고 시·군에 노동부가 있습니다. 그런 식으로 정부에서 일률적으로 배치합니다. '인민경제 2013년 계획'을 세우면 인민경제계획에 노력계획이 있어요. 국가계획위원회에서 인민경제계획을 세울 때 노력계획을 동시에 수립하여 노동성에 지시를 줍니

다. 노동성은 도에 내려 보내고, 또 도는 시·군에 내려 보내는 피라미드식으로 합니다"(<그림 7-1> 참조).

### 2.1.3. 지역자립 체제와 노동력 배치

북한은 생산 부문과 직접 부문에 노동력을 우선적으로 배치하는 정책을 사용하고 있다. 또한 지역별 균형성을 제기하면서 도 단위에서 자체적으로 노동력 수급 문제를 해결하는 정책을 실시한다(리창근, 1992). 도 단위를 기본으로 노동력을 배치하는 정책은 한국전쟁 이후 전쟁에 대비하는 지역자립 체제 구축이라는 전시준비 정책의 연장선에서 시작되었다. 이어 1970~1980년대에 들어 지역자립 체제를 제도화하였다. 이 시기 북한의 1차 개방 정책의 실패와 더불어 효율성 제고를 위한 분권화의 필요성이 증대하였고 독립채산제와 연합기업소 및 시·군 단위 지방예산제가 실시되었다. 그리고 1990년대에는 사회주의권 붕괴와 함께 생존을 위한 지역자립 체제의 심화가 이루어졌다.

이처럼 지역 단위로 노동력의 수급이 해결됨에 따라 중앙에서 관리하는 기관, 기업소 등을 제외한 일반 근로자의 배치는 무리 배치의 경우를 제외하고 대부분 출생하여 교육을 받은 지역의 공장, 사업소, 농장에 배치된다.

지역자립 체제의 특징으로 우선 시·군(구역) 단위 이상의 지역에서 자급자족이 가능한 형태로 행정구역을 편성한다는 점을 들 수 있다. 다시 말하면, 시·군 단위에 농업 및 공업 지대 둘 모두를 포함시킨다(김병로, 1999, pp. 103~116). 구체적으로 도시 행정구역에 농업지대인 군 또는 리를 포함시키고, 농촌 행정구역에 공업지대인 노동자구를 신설 또는 편입함으로 행정구역상으로 지역별 자급자족 체제를 갖춘다. 지역 내 기업과 협동농장이 사회주의적 생산과 분배의 틀을 유지하는 것도 하나의 특징이다.

그렇지만 1990년대 중반 이후 고난의 행군에 따라 배급제가 붕괴된 이후 지역별로 농민시장에 암시장이 형성되고 시장경제가 작동하기 시작하였다. 북한의 지역자립 정책의 문제점과 한계로 첫째, 의도와 달리 지역 간 격차를 심화시켰다. 둘째, 유사한 중소 규모 공장을 전국적으로 건설함으로써 규모의 경제를 상실하여 생산의 비효율성이 증대하였다. 셋째, 식량수급에 어려움이 생기면서 지역 스스로 식량 문제를 해결하기 위해 농업에 노동력을 많이 투입하여 농업 인력의 비대화를 초래하였다. 넷째, 지역 간 이동 및 거래 억제로 인해 지역 간 운송체계와 사회간접자본이 취약해지는 등 산업구조의 왜곡이 발생하였다. 다섯째, 북한 주민들의 지역 간 상호 교류가 통제되어 사회적 폐쇄성이 더욱 심화되었다(금재호·박영자·박명준, 2013).

#### 2.1.4. 노동력 이동 및 재배치

공식적으로 이직이 허용되어 있으며, 이는 "청장년들은 노동력 전선의 주공을 담당한 가장 힘 있는 역량입니다. 청장년들을 어떻게 배치하는가 하는 데 따라 인민경제 부문별 노동력의 균형과 질적 구성이 달라질 수 있으며 전반적 경제건설에 영향을 미칠 수 있습니다"(리창근, 1992)라고 했던 김정일의 지시에서도 찾을 수 있다.

또한 기술이 발전하고 최신 기술에 기초한 생산시설들이 증가함에 따라 중노동이 경노동으로 바뀌어져 종전 많은 청장년 남성 노동력을 요구하던 공장, 기업소들이 지금은 적은 수의 여성 노동력으로도 생산을 담당해 나갈 수 있고(리창근, 1992), 이에 따라 공장, 기업소들에 여성 인력을 신규 배치하고 기존의 청장년 남성 노동력은 군수산업 등에 재배치하는 과정들이 있었다.

인력의 적재적소 배치를 위해 '공정별 노동력 대장'을 작성하고, 이를 근거로 인력 재배치가 이루어지기도 한다. '공정별 노동력 대장'은 생산 공정과 직종이 근로자들의 성별, 체질, 능력, 기술 기능 수준이 제대로 반영되었는지를 적시하는 문건이다.

〈그림 7-2〉 직장 이직의 과정

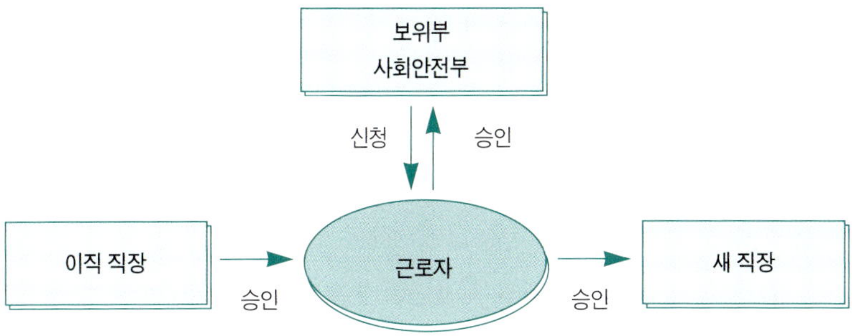


자료: 저자 작성.

그렇지만 북한에서 배치 받은 직장을 떠나 다른 직장이나 직업으로 이동하는 것은 쉬운 일이 아니다. 특히, 특급, 1급 등의 연합기업소 소속 근로자의 경우 중앙당과 중앙 노동성에서 직접 지도하고 있기 때문에 직장 이동이 매우 어렵다. 군수경제인 제2경제에 소속된 노동자도 제2경제 내부에서는 이동이 가능하지만 제1경제로의 이동은 사실상 불가능한 것으로 알려지고 있다.[4)]

불가피한 경우에는 노동수첩을 통해 이전 직장에서의 문제점을 파악한 뒤 이직을 허용 받는다. 이 과정에서 연줄과 뇌물이 중요한 역할을 한다. 직장 이동을 위해서는 기존 직장, 새 직장, 그리고 보위부, 사회안전부 등 보안부서의 승인이 필요하다(〈그림 7-2〉 참조). 기존 직장, 새 직장, 보위부, 사회안전부의 수표를 받는 과정에서 연줄과 뇌물이 동원되며 이러한 현상은 고난의 행군 이후 더욱 확산된 것으로 여겨진다.

또한 이직을 위해서는 대개 야간대학과 통신대학 형태를 지니는 공장대학에 진학할 필요가 있다. 그러나 편안한 일자리를 가지고 있어야 공장대학

4 특히 핵, 미사일 관련 사업소나 공장에 근무하는 근로자의 경우 직장 이동이 사실상 불가능하다.

에 진학할 수 있는데, 특히 업무의 내용이 중요하다. 이에 좋은 일자리를 갖기 위해 부모의 능력을 포함한 각종 인적 네트워크가 중요하고, 그 인적 네트워크를 타고 각종 뇌물과 선물이 오고 간다.

## 2.2. 북한 인력 배치의 현실

### 2.2.1. 시장의 대두와 일자리 시스템의 변화

1990년대의 고난의 행군 이후 북한에서 공식적 노동 일상은 크게 와해되었다. 북한의 공식적 직업 및 노동 세계는 붕괴되고 있으며 먹고 사는 문제를 자력으로 해결해야 하는 상황과 함께 시장의 발전은 북한 사회에 새로운 형태의 불안정한 노동들을 양산하고 있다. 자생적 시장화와 함께 비공식적 경제의 비중이 확대됨에 따라 이는 노동 분야에도 영향을 미쳐 8.3노력이 증가하고 이중직업과 부업이 일상화되었다. 인력 배치 및 이동에 있어서도 사적 관계의 중요성 제고, 비공식적 직장 이동의 증가, 민간고용 브로커의 대두와 같은 현상들이 나타났다.

> (북한이탈주민 인터뷰) "김정일 시대에 경제난으로 인해 공장, 기업소가 서게 되면서 모든 게 다 헝클어졌어요. 북한의 노동 시스템이 붕괴되었어요. 굴뚝에 연기 나는 공장이 없어지다 보니 근로자들은 공장을 지키는 사람이 되어 버린 거죠. 적은 공장에 있지만 불과 몇 명만이 공장을 지키고 나머지는 다 시장에 있어요. 20년 전부터는 모든 것에 뇌물이 작용하기 시작했고 국가 노동성의 시스템은 형식만 남아 있어요."

현재의 북한 근로자들에게 공식적 직업 구분은 큰 의미가 없어 보인다.

북한이탈주민과의 인터뷰에 따르면 군수산업, 기간산업, 외화벌이, 당 및 국가 관리기관을 제외한 직장에서 근로자의 출근율은 평균 20~30% 수준으로 매우 낮으며 나머지 인력은 공식 직업이 아닌 다른 일을 해서 생계를 해결하고 있다.[5)] 출근율이 높은 단위는 소위 '먹을 알'이 있는 단위(뇌물 등 직위를 활용하여 비공식적 보수를 챙겨서 먹고 살 수 있는 직업과 직종 등)인 국가관리기관, 당 전문기관, 군대이고, 산업 분야로는 군수산업, 기간산업, 외화벌이 산업, 국경지역의 중국 합작(대방)산업, 그리고 농장 등에 불과하다. 이중 농장의 경우, 도시와의 근접 정도와 노동에 따른 분배 상황, 지역 및 경작 작물, 비법경지의 비율 등에 따라 출근율의 편차가 크다.

종합적으로 2003년 이후 북한의 노동세계는 공식적 직업노동이 와해되고 대신 자영업 및 일용노동 등이 발전하면서 상업, 건설, 서비스업 부문을 중심으로 일당제 노동을 비롯한 다양한 고용계약과 함께 품삯 및 소작농 등이 발전하고 있다.

### 2.2.2. 사적 관계를 통한 인력 배치의 증가 – 취업난과 위장취업

경제난 이전에서 인력 배치에서 성분과 가족관계가 중요하였고, 일부는 배치 단계에서부터 인적 네트워크와 돈을 이용하여 좋은 곳으로 배치되었다. 그러나 경제난 이후 이러한 현상이 더욱 심화되었다. 또한 공장, 사업소의 가동률이 낮아지면서 인력에 대한 수요가 줄어들었고, 이는 고등중학교 졸업생이나 제대군인들의 취업난 또는 형식적 취업으로 이어지고 있다. 그리고 근로 조건이 열악한 직장으로의 배치를 회피하기 위한 위장취업도 다수 있는 것으로 여겨진다.

5 이 숫자는 북한이탈주민 개인의 의견으로 정확한 실태를 반영하는 것은 아니다.

(북한이탈주민) "지방 도, 시, 군의 공장들은 가동률이 낮기 때문에 노동력이 넘쳐나고 일감이 없는 상황이 발생합니다. 이런 경우에는 고등중학교 졸업생이나 제대군인에게 '너희를 받아 주겠다는 공장, 기업소가 있으면 채용증명서를 발급해 오라'라고 합니다. 해당 공장, 기업소에서 채용증명서를 떼어 오면 그것을 근거로 노동부에서 파견장을 발급합니다.

고등중학교를 졸업하거나 제대한 군인을 받겠다는 공장, 기업소가 없으면 돌격대, 방직공장, 광산 등 힘든 직장에 배치합니다. 특히, 고등중학교 졸업생은 학교에서 6개월 정도 껴안고 있는데 그 기간이 지나면 어디든지 취업을 하여야 합니다. 힘든 일자리에 가기 싫은 사람들은 인적 네트워크나 뇌물로 공장, 사업소의 채용증명서를 떼어 형식적으로 일자리를 배치 받습니다. 이렇게 배치를 받은 사람들은 일거리가 없으니까 적만 걸어놓고 다른 일을 하거나 희망하는 일자리로 이동할 때까지 기다립니다."

### 2.2.3. 비공식적 인력 이동의 증가

민간경제인 제1경제 부문의 붕괴에 따라 배급제가 작동하지 못하고, 이에 생존을 위한 이중직업, 부업이 증가하고 8.3노력이 광범위하게 확산됨에 따라 인적 네트워크와 뇌물을 매개체로 하는 비공식적 노동 이동이 크게 확대되었다.

공식적인 고용관계나 직업훈련 등이 정상에 가깝게 작동되는 군수산업 관련 제2경제 분야나 특수기관 및 공장, 기업소, 또는 중앙에서 직접 관리하는 특급 연합기업소, 1급과 2급까지인 각 지역의 기업소와 공장 등에서는 여전히 중앙의 조선노동당 관련 부서와 국가계획위원회를 통한 공식적인 인력 배치와 노동 이동이 이루어지고 있다. 그러나 북한 경제의 시장화 이후 도매

시장 역할을 하는 평성, 평양, 신의주, 청진, 함흥, 혜산 등 거점 지역을 중심으로 자생적인 경제적 연관관계와 노동 이동 현상이 나타나고 있다. 북한의 비공식적 노동 이동의 근저에는 부패구조가 있다.

대표적인 이중직업이 8.3노력이다. 8.3노력(또는 생필노동자)은 공장, 기업소에 적을 두고 있지만 출근하지 않고 자영업 등 다른 일을 통해 돈을 벌어 생계를 유지한다. 대신 수입의 일부를 공장, 기업소에 납부함으로써 출근의무를 면제받는 북한의 독특한 근로 형태로 근로자와 사용자 간 하나의 사적 근로계약으로 간주할 수 있다.

> (북한이탈주민) "공장, 사업소는 직장에 적만 두고 자기 일을 하는 8.3근로자에게 '무슨 일이 발생하면 본인이 책임진다'는 각서를 미리 받아 놓습니다. 국가가 식량을 공급하지 못하니까 공장, 기업소들에서는 자체적으로 식량 문제를 해결하여야 합니다. 이 때문에 8.3노력을 허용하고 이들로부터 받는 물건이나 돈으로 식량 문제를 해결합니다. 더 나아가 생산에 필요한 원자재 및 여타 필요한 것들도 이들을 통해 해결합니다."

> (북한이탈주민) "나는 8.3노력을 계속했어요. 정무원 소속 공무원이지만 장사를 계속했어요. 그렇지만 토요일의 생활총화는 꼬박꼬박 참가했습니다. 토요일 회의에 한 번이라도 빠지면 사상투쟁회의를 해야 합니다. 토요일을 제외한 나머지 시간에는 자전거 하고 오토바이를 파는 자영업을 했어요. 대신 직장에 한 달에 5만 원도 내고, 10만 원도 내고 했지요."

### 2.2.4. 자생적 민간고용 중개인 대두

북한 경제의 시장화에 따라 '일자리와 관련된 거래인들', '외화벌이자들하고 노동자들하고 연결해 주는 노동시장 중개인'이 자생적으로 발생하였다. 외화벌이하고 노동자를 연결해 주고 양쪽에서 소개비를 받거나, 외화벌이 기업소에서만 소개비를 받거나 하는 형태의 중개인 또는 거간꾼은 현재의 북한 사회에서 일반화된 노동시장의 거래 주체로 여겨진다. 이러한 거간꾼의 대두는 자영업의 활성화와 밀접한 관련이 있다.

> (북한이탈주민) "함흥의 자영업은 빙두[6]가 제일 많고, 신발 만드는 것, 아니면 카피 이런 것이 많습니다. 카피는 신발 위에 천으로 만든 건데, 주문이 많이 들어와 공장에서 개수를 다 채우지 못하면 8.3형태로 개인에게 임가공을 맡겨요. 또 자영업으로 수리가 많아요. 전기수리, 냉동기 수리라고 집에 간판을 붙입니다.
>
> 피복은 개인 사업이 많아요. 자재과장 집이 피복을 전문적으로 하는 집인데, 자재과장 부인이 어떻게 하는가 하면 '청진 달리기'라고 해서 천을 필로 가지고 오는 사람들에게서 통째로 구입합니다. 옷감으로 재단을 하는 사람들이 있어요. 그리고 옷을 만드는 재봉사들이 있습니다. 그렇게 해서 상품이 나오면 시장에 가서 유통하는 사람들이 또 있습니다. 자재과장 집을 보면 천을 조달하는 사람만 세 명입니다. 재단사들은 정확히 몇 명인지 모르겠는데 옷을 만드는 재봉사들은 약 50명 정도 됩니다. 이 50명이 한 장소에 모여서 옷을 만드는 것이 아니라 각자 자기네 집에서 일을 합니다. 재봉일과 재단을 하는 사람들은 자재과장 부인으로부터 월급을 받습니다. 직장은 아니지만 직장

6 빙두는 히로뽕의 북한식 은어이다.

형태로 돌아갑니다. 약 60명 정도가 고용되어 있어요."

자영업 등 비공식 경제의 발전에 따라 고용주와 근로자를 이어주는 일자리 거간꾼 또는 중개인들이 북한 노동시장의 변화를 주도하고 있다. 북한이탈주민의 진술에 의하면 일자리 중개인이 2003년 이후 북한의 시장 및 화폐경제발전과 함께 상당히 증가하고 구조화된 것으로 보인다. 그러나 일자리 중개인을 통한 취업과 이동은 아직 자본주의의 민간고용 서비스 기관과 같은 수준은 아니며 대부분 개인적이고 음성적으로 이루어진다. 또한 상업이나 부동산·건설업이 발달한 국경지역의 경우에는 상당히 발전하였지만 내륙의 평안도나 평양지역에서는 공개적 활동이 어렵다.

중개인은 연줄이 좋은 개인만이 아니라 기업소에 소속된 간부층, 장사꾼, 국가기관 하층 간부 등 인간관계가 넓고 수단이 좋은 사람들로 대부분 부업의 형태로 활동하고 있다. 아르바이트, 이중직업 등 주변부 노동시장의 팽창과 함께 함경북도와 신의주 등 국경지역에서는 직업 브로커의 활동이 일상화되어 있는 것으로 알려져 있다.

중개인을 통해서건 공식적 루트를 통해서건 노동자를 고용할 때 근로자의 능력과 경력 등이 작용하지만 무엇보다도 연줄이 가장 중요한 역할을 한다. 점차 취업에 있어 근로자의 능력이 보다 중요하게 작용하고 갈수록 능력위주로 채용되는 경향이 강화되고 있지만 아직은 북한 사회에서 취업과 직장 이동에 있어 가장 중요한 것은 인맥과 연줄이다. 나아가 2006년 3월 김정일이 지시한 노동자 개인고용 금지법이 현장에서부터 무력해지면서, 점차 월급 또는 주급제가 보편화되고 건설의 경우 팀 합숙 등을 하며 노동시장에서 활동하는 상황이 증대하는 경향을 나타낸다.

## 3. 북한 경제의 변혁과 노동시장의 변화

### 3.1. 실업의 증가

북한 경제의 시장화로 인해 많은 변화가 발생할 것으로 예상되는데, 가장 첫 번째의 변화는 실업의 공식화와 고용불안으로 인한 실업률의 증가로 여겨진다. 북한은 사회주의 국가의 특성상 공식적으로 실업이 존재하지 않는다. 하지만 실제 숨어 있는 실업이 다수 존재할 뿐만 아니라 많은 근로자들이 불완전 취업 상태이다.

동구권 국가들의 경우 시장경제로의 전환 초기 산업 및 기업의 낮은 경쟁력으로 말미암아 실업이 큰 폭으로 증가한 경험을 가지고 있다. 폴란드의 경우 1990년 6.5%이었던 실업률은 1994년 14.4%까지 상승하였으며, 체코도 같은 기간 0.8%에서 4.4%로 높아졌다(통계청, 2019a).

〈그림 7-3〉에 의하면 1992년에 시장경제로 전환한 중국은 체제전환으로 인한 경기불황을 겪지 않은 국가이다. 체제전환 시점인 1992년 14.2%의 경제성장률을 기록하였고 이후 1996년까지 매년 두 자릿수의 경제성장률을 기록하였다. 하지만 실업률은 1992년의 2.3%에서, 1995년 2.9%로 계속 상승하였다. 이처럼 고도의 경제성장에도 불구하고 실업률이 높아지는 것은 산업 및 직업의 구조조정이 활발하게 진행되고 있다는 것과 인구의 도시집중을 의미한다.

북한도 경제의 개혁과 개방으로 인해 한계기업을 중심으로 구조조정이 발생함에 따라 고용이 불안해지고 공식적 실업이 증가할 전망이다. 실업의 증가속도는 개혁과 개방의 속도 및 방식에 따라 차이가 있고, 특히 국가소유기업의 민영화 속도가 실업의 증가에 상당한 영향을 미칠 것이다. 만약 급격한 개혁과 개방이 이루어진다면 실업은 빠른 속도로 높아지겠지만, 시장경

〈그림 7-3〉 중국의 경제성장률과 실업률의 추이

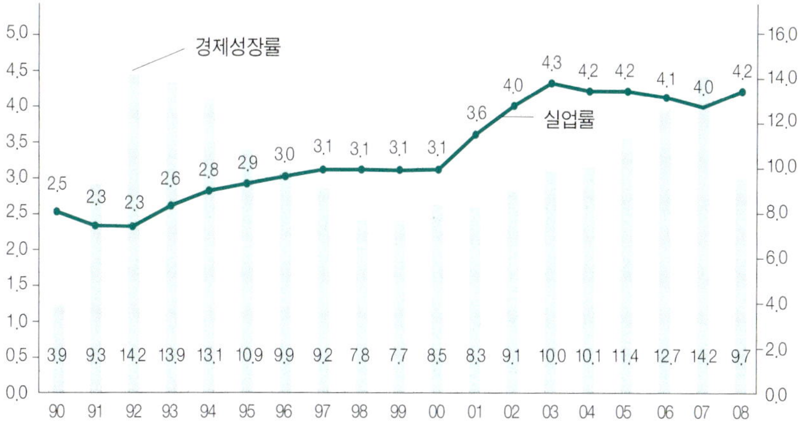


자료: 통계청(2019a).

제로의 이행이 점진적으로 진행된다면 실업의 증가도 완만하게 진행된다.

또한 동구권 국가, 특히 폴란드처럼 "실업의 증가가 청년층과 저학력자에 집중될 것인가?"의 질문과 관련되어 학력별로는 저학력자의 실업률 증가가 두드러지겠지만 청년층 실업에 대해서는 두 가지의 시나리오가 가능하다. 만약 군 병력이 대규모로 감축된다면 청년실업의 문제가 심각하여 질 것이고, 반대로 현재의 병력 규모를 계속 유지한다면 청년실업 증가에 대한 압력은 크지 않을 것으로 여겨진다.

실업의 원인도 폴란드처럼 비자발적 해고가 다수를 차지할 전망이나 1년 이상 장기실업자의 비중은 그렇게 높지 않을 것이다. 북한의 경우 고용보험(또는 실업보험)제도가 없고, 각종 사회안전망이 정상적으로 작동되고 있지 않은 상황이다. 시장경제로의 원활한 이행을 뒷받침하기 위해 실업급여를 도입하더라도 실업급여에 대한 재정적 부담을 줄이기 위해 실업급여의 수급기간을 유럽 국가들과 같이 1년 이상으로 정할 가능성은 매우 낮다. 이 경우 1

년 이상의 장기실업 비중은 그렇게 높아지지 않을 것으로 여겨진다. 특히, 경제성장에 따라 새로운 일자리 기회가 증가하고, 소득 수준이 높아진다면 북한 주민들은 자발적으로 장기간의 실업을 회피하려는 경향을 보일 것이다.

### 3.2. 자영업 종사자의 증가

북한에는 이미 상당한 규모의 자영업 종사자들이 있는 것으로 파악되고 있다. 하지만 경제 체제의 변혁에 따라 자영업 종사자의 규모가 급격히 증가하게 된다. 특히, 경제 변혁에 따른 서비스산업의 활성화는 자영업으로의 이동을 더욱 촉진할 것이다. 동구권의 경우에도 체제전환의 초기 대부분의 국가에서 자영업 비중의 증가가 관찰되었다. 동구권의 자영업 증가는 실업으로 인한 생활난에 대처, 국영기업의 민영화에 따른 사업기회의 증가, 서비스산업의 발전으로 인한 사업기회의 확대 등에 기인하였다.

이외 조세 시스템의 미비도 자영업 진출을 촉진한 하나의 이유로 여겨진다. 자영업자의 상당수는 사업자 등록을 하지 않은 비공식(informal) 취업자로 이들의 소득과 매출을 정확하게 파악하기 어렵기 때문에 세금납부에서 임금근로자보다 상대적으로 유리하다. 임금근로자보다 조세부담이 적음에 따라 자영업의 가처분소득이 높고, 이에 자영업 진출이 늘어나는 현상을 많은 국가에서 발견할 수 있다.

### 3.3. 비공식 경제활동의 증가

북한의 계획경제가 제 기능을 다하고 있지 못함에 따라 북한에서는 지금도 많은 근로자들이 비공식적 경제활동을 통해 생계를 유지하고 있다. 북한경제의 변혁에 따라 이러한 비공식적 경제활동[7]이 더욱 확대될 가능성이 제

〈표 7-2〉 가정경제활동에 참가하는 16세 이상의 북한 인구: 2008년

(단위: 천 명, %)

| | 16세 이상 인구 | | 남성 | | 여성 | |
|---|---|---|---|---|---|---|
| | 종사자 수 | 비중 | 종사자 수 | 비중 | 종사자 수 | 비중 |
| 텃밭 가꾸기 | 9,763 | 56.2 | 3,946 | 49.3 | 5,817 | 62.1 |
| 물고기 잡이/가축 기르기 | 8,068 | 46.5 | 3,103 | 38.8 | 4,965 | 53.0 |
| 땔감 구하기 | 6,533 | 37.6 | 3,544 | 44.3 | 2,989 | 31.9 |
| 물 긷기 | 3,875 | 22.3 | 1,221 | 15.3 | 2,654 | 28.3 |
| 기타 | 2,774 | 16.0 | 1,098 | 13.7 | 1,676 | 17.9 |
| 참가하는 인구 | 12,064 | 69.5 | 5,768 | 72.1 | 6,296 | 67.2 |
| 해당 전체 인구 | 17,367 | 100.0 | 8,002 | 100.0 | 9,365 | 100.0 |

자료: 통계청(2019b).

기된다.

대부분의 사회주의 국가에서 체제전환의 초기에 비공식적 경제활동이 매우 활발하게 이루어졌다. 폴란드의 경우(Grabowski and Jedrzejowicz, 1995) 생산가능 인구의 30% 가까이가 주당 8.5시간 정도를 은밀하게 일하고 있었으며, 여기에서 얻는 소득이 개인 총소득의 1/7 정도를 점유하고 있었다. 직업안정기관에 등록된 공식적 실업자의 절반 가까이가 불법적으로 일하고 있었으며, 이들이 불법적인 일자리에서 얻는 시간당 소득은 유사한 공식적 일자리의 시간당 소득의 2배 이상인 것으로 조사되었다.

폴란드에서 비공식적 일자리를 선택하는 이유로, 첫째가 가구소득을 보전하기 위함이고, 둘째는 합법적 일자리에 취업이 어렵기 때문이며, 셋째가 높은 소득세에 기인한다. 특히, 높은 사회보험료가 중요한 원인의 하나로 이들 비공식 취업자의 상당수는 실업자로 등록되어 있는 실정이었다.

7 ILO에서는 비공식적 경제활동을 행정 당국에 등록되어 있지 않거나 세금을 내지 않는 경제활동으로 정의하고 있다. 여기에서는 보다 광범위하게 불법적 또는 은밀하게 행해지는 경제활동까지를 포함하는 의미로 사용한다. 북한의 경우 모든 경제활동을 정부가 결정·조정하기 때문에 원칙적으로는 비공식적 경제활동이 있을 수 없다.

이러한 폴란드의 경험이 북한에서도 유사하게 나타날 가능성이 높다. 2008년의 인구센서스에서 〈표 7-2〉와 같이 16세 이상의 북한 주민 중 69.5%가 '텃밭 가꾸기', '물고기 잡이/가축 기르기' 등의 가정 내 경제활동에 참여하고 있다. 이들은 가구 내 소비뿐만 아니라 장터에서 이를 팔아 소득을 얻기 위해 가정 내 경제활동을 영위하는 사례가 흔하다.

또한 8.3노동의 대부분은 아직도 비공식적 노동으로 간주되고 있다. 이는 조세수입의 누락, 부정부패의 확산 및 지속, 경제 정책 효과의 저하 등 다양한 부작용을 초래할 우려가 높다. 조세 시스템의 정비, 사회안전망의 사각지대 해소, 최저생계 보호 등의 노력을 통해 비공식적 경제활동의 양성화를 유도할 필요가 있다.

### 3.4. 소득분포의 악화와 빈곤의 증대

Milanovic(1998)에 의하면 계획경제에서 시장경제로 이행한 국가들 중 슬로바키아를 제외하고 모든 국가들에게서 소득 분배가 악화되었다. 소득 분배의 악화는 자연스럽게 상대적 빈곤의 증대로 이어진다. 실제 1987~1988년과 1993~1995년의 두 기간 사이에 모든 이행(transition) 국가에서 빈곤의 증가가 있었던 것으로 파악된다.

빈부격차의 확대는 중국의 사례에서도 찾아볼 수 있다. 중국의 국가통계국에 의하면 2005년 도시지역의 일인당 연간 순소득은 농촌지역보다 7,268위안이 더 많았다. 하지만 6년이 경과한 2011년에는 그 격차가 14,833위안으로 확대되어 도농 간의 소득불균형이 더욱 심화되었다.

북한도 실업의 증가, 새로운 산업 및 직업의 대두, 자영업의 증가 등 노동시장의 변화로 인해 소득분포의 악화 및 상대적 빈곤의 증대가 발생할 위험이 높다. 개혁 및 개방의 초기에는 가계소득의 상승으로 인해 생계난이 개선되겠지만 소득불평등의 확대에 따라 상대적 빈곤은 지금보다 더 심각하여지거나 고착화될 개연성이 높다.

### 3.5. 인구 이동의 활성화와 도시화의 진전

경제 시스템의 변혁은 인구에 대한 통제를 약화시키고 이에 새로운 일자리 및 경제적 기회가 있는 곳으로 인구 이동이 활발하게 이루어질 것이다. 중국의 경우 도시인구의 비중은 2000년의 36.2%에서 2010년 49.9%로 급증하였다. 같은 기간 중국의 농촌인구는 137백만 명이나 감소한 반면 도시인구는 211백만 명이 증가하였다.

북한도 도시지역이나 해안가를 중심으로 경제가 급격히 성장하게 됨에 따라 농어촌지역의 소득이 상대적으로 낮아지고 이에 지역 간 인구 이동이 발생할 것이다. 〈그림 7-4〉와 같이 2020년 북한의 도시화율은 61.9%로 2000년

〈그림 7-4〉 남북한의 도시화율의 추이와 전망

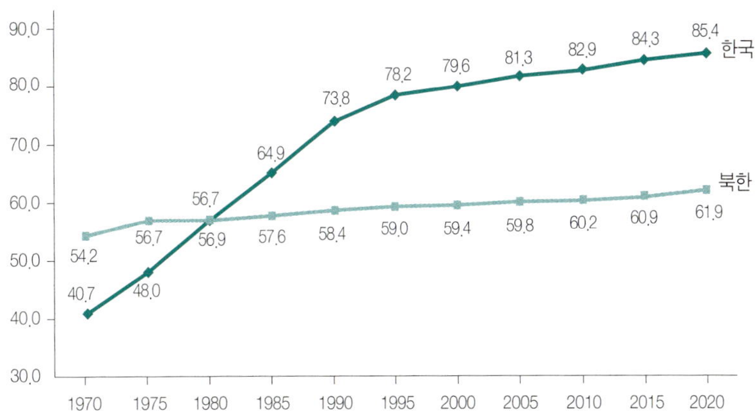


주: 북한은 2010년부터, 남한은 2015년부터 전망치이다.
자료: 통계청(2019b).

의 59.4%와 비교하여 별다른 차이를 보이지 않을 것으로 전망되고 있다. 하지만 이러한 전망은 북한의 경제 및 정치 시스템이 현재의 상태를 유지한다는 가정에 근거한 것이다. 만약 북한 경제 및 정치 시스템이 빠른 속도로 변혁된다면 도시화율도 상황에 따라 급격하게 높아질 가능성이 있다.

인구 이동의 활성화와 도시집중화는 도시지역에 슬럼(slum)을 만들고, 일자리 부족으로 인한 빈곤 및 빈부격차 확대를 초래하며, 이외에도 주거, 교통, 통신, 상하수도, 위생, 범죄 등 다양한 측면에서 문제를 발생한다.

### 3.6. 노사관계의 변화

북한 경제의 변혁은 필연적으로 개별적 노사관계를 변화시킬 뿐만 아니라 집단적 노사관계를 생성한다. 변화의 초기에는 새로운 일자리 창출과 임금 상승, 그리고 정부의 강력한 통제로 인해 노사관계의 불안이 크지 않을 것이다. 그러나 점차 북한 경제가 성장, 발전하고 소득이 상승함에 따라 1970, 1980년대의 한국이나 현재의 중국에서 발견할 수 있는 것처럼 근로자의 권리의식이 높아질 것이다. 이에 따라 소득불평등의 해소, 임금 상승, 근로 조건의 개선 등을 목적으로 하는 노동조합 운동이 활성화될 전망이다. 이에 1980년대 후반 한국에서 발생하였던 파업, 태업 등 노사분규가 나타날 가능성도 배제할 수 없다.

### 3.7. 교육훈련 수요의 증대

북한 경제의 시장화는 필연적으로 교육 및 훈련에 대한 수요를 증가시킬 것이다. 경제의 변혁에 따라 산업 및 직업구조가 변화하고, 이에 새로운 직업 및 직무 수행을 위한 인재가 요구되나 현재 북한 노동력의 역량이나 교육훈

〈그림 7-5〉 남북한의 인구 1만 명당 대학생 수(명)

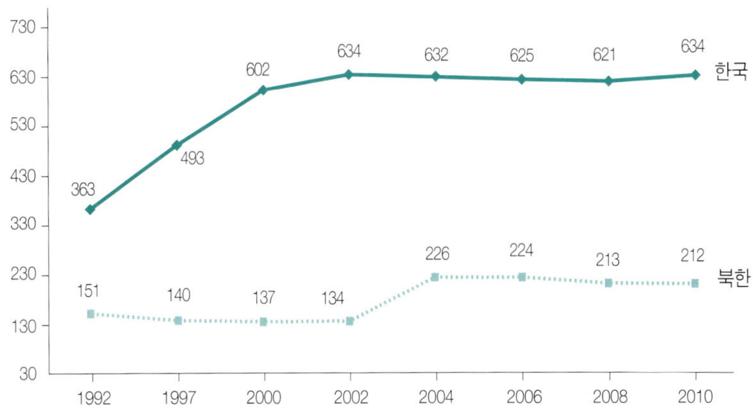


자료: 통계청(2012), 『2011 북한의 주요통계지표』.

련제도는 이에 대한 대비가 불충분한 상황이다.

북한과 한국의 교육 시스템은 서로 비슷하지만 전문대 이상의 고등교육 참여율은 한국에 비해 크게 낮다. 인구 1만 명당 대학생 수에 있어 〈그림 7-5〉처럼 2010년 한국이 634.3명인 데 비해 북한은 212명으로 남한의 1/3 수준에 불과하다. 북한 대학의 상당수는 사업장 내에 설치된 공장대학이고, 교육 수준도 한국에 비해 크게 처지는 것으로 평가된다. 이처럼 낮은 고등교육 이수율과 낮은 교육 수준으로서는 북한 경제의 변혁에 필요한 인재를 제대로 공급하기 어렵다.

이에 남북한 협력을 통한 교육훈련 시설의 확충, 기자재 도입, 교육훈련 프로그램 개발 등이 필요하다. 또한 각종 기술용어의 통일, 자격증 제도의 통합, 교육훈련제도의 통합과 같은 노력과 준비가 요구된다.

### 3.8. 여타 예상되는 변화

북한 경제의 변혁으로 인해 고용 형태의 다양화가 발생하게 될 것이다. 현재 북한에는 정규직이나 비정규직, 상용직, 임시직, 일용직의 개념이 모호하다. 일자리는 정부가 배치하며, 모든 일자리는 전일제 정규직인 것이 원칙이다. 이러한 상황에서 경제의 변혁, 그리고 서비스산업의 발전 등과 같은 산업 및 직업구조의 변화에 따라 한국과 같이 다양한 고용 형태가 발생하게 된다.

고용 형태의 다양화와 더불어 근무 형태도 보다 다양해질 것이다. 이에 따라 근로자의 고용보호 및 고용안정을 위한 법·제도의 정비가 필요할 것이며, 노동시장 유연화와 고용안정을 동시에 달성할 수 있는 정책적 준비가 있어야 한다.

또한 임금제도의 변화도 필연적으로 수반될 것이다. 평등주의가 강한 사회주의 임금 시스템에서 자본주의 임금 시스템으로 전환할 것이며, 이에 성과급 및 직무급의 비중이 확대된다. 이에 대비하기 위해 근로자의 생산성과 기여를 정확하게 파악하고, 생산성에 기반을 둔 임금 시스템을 구축하려는 준비가 중요하다.

그리고 기업 및 산업의 경쟁력 제고를 위한 효율화 노력으로 인해 잉여인력이 문제가 되고 이를 해소하기 위한 방편의 하나로 조기퇴직이 늘어날 가능성이 높다. 이는 정부의 연금지급 부담의 증가로 연결된다. 근로 능력이 없는 조기퇴직자의 경우에는 생계지원 대책의 마련이 필요하다. 또한 근로 능력이 있는 조기퇴직자의 경우에는 사회적 일자리 제공이 중요할 것이다. 중·고령자의 점진적 은퇴를 위한 지원책의 마련도 준비해야 할 것이다.

## 4. 결론

위에서 논의한 바와 같이 북한 경제의 변혁, 더 나아가 북한 체제의 변화는 노동시장에 커다란 충격을 초래할 것으로 보인다. 이러한 변화에 얼마나 효율적으로 대처하는가는 남북한 경제협력, 그리고 경제통합에 따른 비용을 최소화하고, 북한 주민들의 소득향상과 생계불안 해소에 중요하다.

노동시장의 측면에서 여러 정책 과제가 있지만 그중에서도 중요한 것 세 가지를 들면 다음과 같다. 첫 번째는 북한 근로자의 생산성 제고이다. 이를 위해서는 북한의 교육훈련 시스템을 재정비하고, 교육훈련의 실효성을 높이려는 노력이 필요하다. 지금부터라도 교육훈련 분야의 상호 교류를 활성화하고, 선진국 수준의 교육훈련 프로그램이 실행될 수 있도록 다양한 지원책을 마련하여야 할 것이다.

두 번째는 초기 단계인 북한 노동시장이 제대로 성장하고 그 기능을 수행할 수 있도록 고용 서비스 시스템을 구축할 필요가 있다(금재호, 2015). 사적 관계 또는 민간 브로커에 의존하는 노동시장에서의 일자리 매칭에서 벗어나 정부가 체계적인 고용 서비스를 제공하여야 한다. 이를 위해서는 공공고용 서비스 시스템의 구축, 특히 노동시장과 관련된 정보를 수집, 정리하여 근로자와 기업에게 제공하는 노동시장 정보 시스템의 구축이 필수적이다. 또한 노동시장의 움직임과 관련된 각종 통계의 수집과 분석도 요구된다.

세 번째는 실업자를 위한 사회안전망의 구축이다. 이는 북한형 고용보험 제도의 도입으로 대변된다. 북한은 현재 사회보험이라는 큰 틀 내에 연금제도, 산재보험, 의료보장, 고용지원제도 등 대부분의 사회보장제도를 통합적으로 운용하고 있다.

근로자를 지원하기 위한 제도로 노동능력상실연금, 실업보조금, 일시적 보조금이 있고, 여성의 임신, 출산을 지원하기 위한 해산(임신)보조금, 산후보조금, 해산보충보조금 등이 있다. 여기서 실업보조금은 노동 능력을 상실하여 실직 상태에 있는 근로자를 지원하는 것으로 한국의 실업급여와는 구별된다. 일시적 보조금도 일시적으로 근로 능력을 상실한 근로자를 지원하는 제도이다. 하지만 사회주의 체제의 성격상 실업이 공식적으로 존재하지 않기 때문에 한국과 같은 고용보험제도는 존재하지 않는다.

북한 경제의 변혁으로 인해 실업이 공식적으로 인정되고, 직장 이동이 활성화됨에 따라 한국과 같은 고용보험제도를 북한의 실정에 맞게 도입하려는 노력이 필요하다(금재호, 2017). 이는 실업자의 생계안정과 더불어 근로자의 직업능력 향상, 인력 수급의 효율화 등을 위해서도 중요하다.

## 참고 문헌


금재호, 『북한의 인력 배치와 고용서비스 전달체계』, 한국직업능력개발원, 2015.

______, 『남북한 경제통합을 위한 노동시장의 과제』, 미발표 원고, 2017.

금재호·박영자·박명준, 『통일 이후 고용노동문제에 대응하기 위한 고용노동서비스 전달체계 개편 방안 연구』, 서울: 고용노동부, 2013.

김병로, 『북한의 지역자립체제』, 서울: 통일연구원, 1999.

리창근, 『우리 당에 의한 로동행정 리론의 심화발전』, 평양: 사회과학출판사, 1992.

박형중, 『북한적 현상의 연구: 북한 사회주의 건설의 정치경제학』, 서울: 연구사, 1994.

통계청, 『2011 북한의 주요통계지표』, 2012.

______, 『KOSIS 국제통계』, 2019a.

______, 『KOSIS 북한통계』, 2019b.

Grabowski, M. and P. Jedrzejowicz, "Informal Economy in the Polish Trasformation," Gdansk Institute for Market Economics, Economic Transformation Paper No. 58, 1995.

Milanovic, B., *Income, Inequality, and Poverty during the Transition from Planned to Market Economy*, World Bank, 1998.

Chapter 8

# 경제위기 이후 북한의 농업 개혁

김영훈(한국농촌경제연구원)

1. 서론

2. 김정일 시대의 농업 개혁

3. 김정은 시대의 개혁과 개방

4. 결론

## 1. 서론

1980년대 말 사회주의 경제권이 해체되면서 북한 경제는 심각한 침체에 접어들었다. 농업 생산도 하락하고 식량 공급도 점차 줄어들었다. 김일성이 사망한 직후인 1990년대 중반에는 자연재해까지 겹쳐 북한의 곡물 생산이 최저를 기록하였다. 그 이후 북한의 식량 부족은 만성적인 현상이 되었으며 국제사회의 지원을 지속적으로 받아야 하는 상황에 처하게 되었다.

김정일 집권 후 농업 회생과 발전은 북한 경제의 중요한 과제가 되었다. 과거와 차별화된 새로운 농정 시책이 발표되었고 이를 추동하기 위한 농업 부문의 개혁도 여러 차례 시도하였다. 그럼에도 불구하고 농업 생산에서 그 성과가 나타나지 않았다. 농업 생산성은 크게 향상되지 않았으며 식량 부족은 김정일 사후 김정은 시대까지 지속되고 있다. 이는 농업 생산 부문에 있어 개혁이 부진했음을 암시한다. 생산동기 유발을 위한 인센티브 강화를 요체로 하는 농업 개혁이 성과를 거두었다면, 북한의 농업 생산이 이렇게 오랜 기간 정체되지 않았을 것이기 때문이다.

본고에서는 농업에 영향을 끼칠 것으로 판단된 북한의 주요 개혁조치를 정리하여 분석하고자 했다. 이 분석은 다음 세 단계로 수행하였다. 첫째, 각 개혁조치가 담고 있는 주요 내용을 문건과 법령 등을 참고해 정리하였다. 둘째, 북한의 경제와 농업 상황을 고려해 개혁조치의 기대 효과를 논리적으로 추론하고자 했다. 셋째, 가능한 범위 내에서 각 개혁조치의 효과를 분석하였다. 이는 농업 생산과 후속되는 정책의 변화를 통해 기대가 현실화되고 있는지를 분석함으로써 이루어졌다.

## 2. 김정일 시대의 농업 개혁

### 2.1. 김일성의 유산과 새로운 농업 기조

1994년 김일성 사망 후 김정일 국방위원장이 물려받은 유산은 장기간의 경제 침체와 심각한 식량난이었다. 사회주의 혁명 초기부터 경제 정책의 큰 목표였던 충분한 식량 공급을 달성하지 못했을 뿐만 아니라, 김일성 집권 말기에는 장기 경제 침체와 함께 농업 생산은 오히려 감소하였다. 1995년에는 대홍수 피해가 발생하면서 식량 생산량이 345만 톤으로 격감하게 되었다. 이 시기는 장기 경제 침체의 영향이 누적된 시기로서 농업 생산은 1980년대 수준으로 돌아갈 수 없을 만큼 저하되었다.

김일성 사후 북한의 농업 정책은 오랜 기간 누적되어 온 농업 생산의 침체와 당면한 식량난을 극복하는 데 초점을 맞추게 되었다. 1990년대 중반부터 북한은 식량 증산, 축산의 회복과 발전, 농업 생산 기반의 복구와 정비 등 각 분야에서 종전과 차별되는 농정을 추진하기 시작하였다. 이 농정은 과거와 달리 비교적 현실적 목표를 설정하였으며 실천적인 시책도 내포하고 있었다.

새로운 농정이 원활하게 추진되기 위해서는 농업 내외부의 환경이 함께 조성되어야 했다. 그중 가장 중요한 것은 제도 개선과 자본 조달이다. 전자는 북한 스스로 추진해야 하는 개혁적 조치를 의미하며 후자는 외부 자본을 유치하기 위한 개방적 조치를 의미한다. 북한은 이를 관철하기 위해 다양한 노력을 기울였다. 시간이 지난 후 북한 농업을 돌이켜 평가한다면 당시 북한이 구상한 농정 추진 전략은 〈그림 8-1〉에 요약된 바와 같이 이해할 수 있다.

〈그림 8-1〉 김정일 시대 북한의 주요 농정 목표와 전략

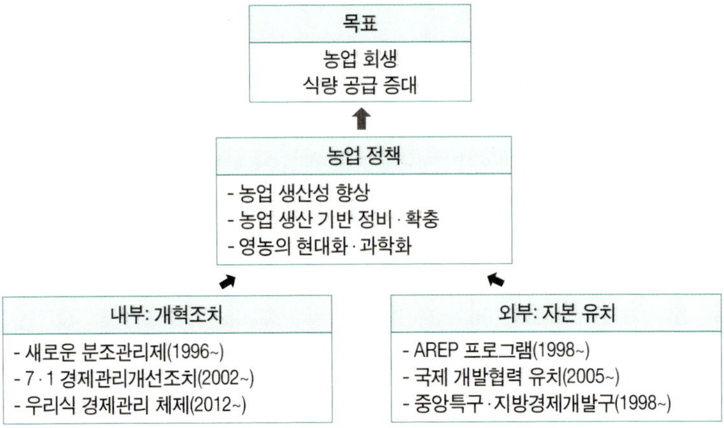


자료: 김영훈(2012), p. 26.

## 2.2. 1990년대 농업 개혁조치

### 2.2.1. '새로운 분조관리제'의 분배 개선

식량 부족이 위기 상황까지 치달았던 1996년, 북한은 협동농장에 '새로운 분조관리제'를 도입하였다. 새로운 분조관리제가 기존의 제도와 다른 점은 다음 세 가지로 요약할 수 있다. 첫째, 작업분조의 규모를 축소해 분조 내부의 결속력을 높였다. 이전의 작업분조는 구성원이 10~25명이었으나 새로운 분조는 5~10명으로 축소하였다. 둘째, 작업분조의 생산 목표치를 낮추어 분조 구성원들이 추가 분배를 받을 수 있는 기회를 높였다. 셋째, 목표치를 넘는 초과생산분에 대한 처분 권한을 작업분조에게 주었는데, 이 부분이 가장 개혁적이라 할 수 있다(〈표 8-1〉 참조).

농민시장이 존재하는 상황에서, 초과생산분을 정부가 수매하지 않고 농민에게 현물로 주어 자유롭게 처분할 수 있게 하면 농민의 소득은 크게 상승

〈표 8-1〉 분조관리제의 변화와 비교(1966/1996)

| 구분 | 분조관리제(1966~1995) | 새로운 분조관리제(1996) |
|---|---|---|
| 구성 | · 10~25명<br>· 농장원들의 능력, 요구, 연령을 고려해 인원을 배치 | · 5~10명<br>· 주로 가족, 친척으로 구성 |
| 생산 목표 | · 해당 연도 국가 전체의 생산 목표에 따라 분조에 제시된 계획치 | · 직전 3년간의 평균 수확고와 그 이전 10년간의 평균 수확고의 평균치로 설정 |
| 농산물 처분 | · 초과생산분 국가 수매 | · 초과생산분 자유 처분 |

자료: 김영훈 · 지인배(2006).

〈표 8-2〉 북한의 쌀과 옥수수 가격 비교(1998~2000)

(단위: 원/kg)

| | 협동농장 결산분배가격 | 국정 판매 가격 | 농민시장 소매가격 | | |
|---|---|---|---|---|---|
| | | | 1998 | 1999 | 2000 |
| 쌀 | 0.50 | 0.08 | 77 | 64 | 47 |
| 옥수수 | 0.45 | 0.03 | 40 | 33 | 27 |

자료: 통일부(2000), 보도참고자료; 김영훈 · 지인배(2006)에서 재인용.

할 수 있다. 그것은 〈표 8-2〉를 통해 설명할 수 있다. 1990년대 후반, 쌀 국정가격은 0.08원/kg으로 매우 낮았다. 반면에 농민시장의 쌀 가격은 47원/kg으로 농민시장 가격이 정부 수매가격에 비해 587배 높은 수준을 유지하고 있었다. 옥수수도 가격차가 컸다. 당시 정부 국정가격은 0.03원/kg에 불과했지만 농민시장 가격은 27원/kg으로 900배 높은 수준을 보이고 있었다(〈표 8-2〉 참조). 농민시장 가격과 정부 수매가격과의 차이가 매우 컸으므로 협동농장원이 초과생산물을 현물로 분배받는다면 이전보다 더 높은 소득을 취득할 수 있는 조건이 형성되었다고 볼 수 있다.

### 2.2.2. 새로운 분조관리제의 평가

그렇다면 이 새로운 분배제도가 정착되어 농업 생산이 늘어났으며 농민들의 소득은 향상되었는가? 기대와 달리 1990년대 후반 북한 농업에서는 새로운 분배제도의 동기유발 효과는 나타나지 않았다. 1997년 이래 북한에서 새로운 분조관리제가 전국적으로 실시되었다는 보고도 없었다. 또 농업 생산도 새로운 분조관리제 도입 이후 3~4년간 회복되지 않은 것으로 나타나고 있다(〈그림 8-2〉 참조).

새로운 분조관리제가 정착되기 위해서는 새 제도 도입 초기 단계에서 생산성이 향상되고 농민들의 소득이 실질적으로 증대되는 사례가 많이 나타나야 한다. 요컨대 협동농장의 작업분조가 당초 계획된 목표량을 초과하여 생산하고, 작업분조원들이 초과생산분에 해당되는 양만큼 추가적으로 분배를 받고, 분조원들이 추가 분배분을 인근의 농민시장에서 팔아, 분조원 모두 더 높은 소득을 얻을 수 있고, 작업분조가 독자적으로 투자를 확대하여 차기의 농업 생산이 증대된다면, 새로운 분조관리제 분배제도의 동기유발 효과가 구현되었다고 판단할 수 있다.

그러나 이렇게 기대한 시나리오는 현실화되지 않았다. 〈그림 8-2〉에서

〈그림 8-2〉 비료투입량과 곡물 생산량 추세(1990~2000)

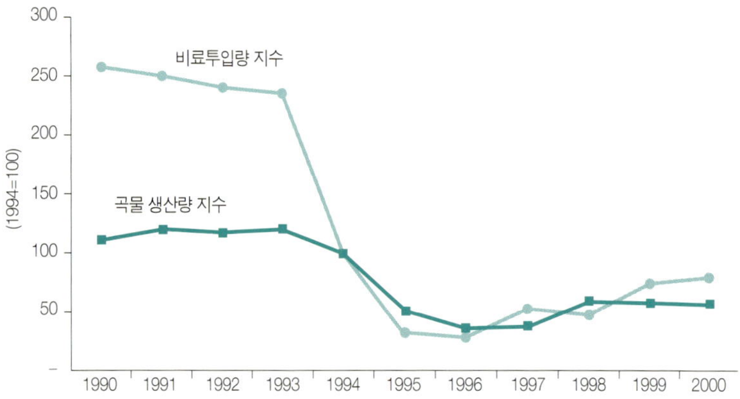


자료: FAO Statistics.

보는 바와 같이, 새로운 분조관리제 도입 이후의 농업 생산 증대는 뚜렷하게 보이지 않았다. 오히려 북한의 농업 생산은 농자재(화학비료)의 투입에 더 영향을 받은 것으로 나타나고 있다. 이는 북한 농업에서 새로운 분조관리제의 도입 효과가 거의 크지 않았음을 의미한다. 중국의 농업 개혁 초기(1978~2004)에 농업 생산이 급격하게 상승했던 경험과 대조되는 현상이다.

### 2.2.3. 2000년대 경제개혁조치: 7·1 경제관리개선조치

#### 1) 가격·임금·환율의 현실화와 분권화

북한은 2002년 7월 주요 재화와 용역의 가격을 현실화하는 '경제관리개선조치'를 시행하였다. 당시 이 조치의 개혁성에 대해 논란이 제기되었다. 북한은 이 조치를 사회주의 경제 체제를 강화하기 위한 방안이라고 설명했으나, 그 후속 조치인 '신의주특별행정구' 설치와 신탁은행의 설립[1] 등 일련의 경제조치를 종합적으로 고려할 때, '7·1조치'는 새롭게 제기된 경제개선조치로 해석하는 것이 타당하다.

'7·1조치'에서 가장 명백하고 획기적인 것은 가격, 임금, 환율을 현실화·단일화했다는 점이다. 이전에는 정부가 쌀을 1kg당 0.08원에 판매했으나, 이후 판매가는 농민시장 가격과 근접한 43~45원으로 정해졌다. 옥수수 판매가격도 0.07원에서 33원으로 크게 인상하였다. 그 밖에 지하철과 버스 요금, 생활용품 가격도 인상하였다. 주택사용료 역시 지금까지 한 채에 월 5~10원을 냈으나 이후부터는 1m$^2$당 월 2원으로 크게 인상하였다.

이와 함께 임금도 대폭 인상하였다. 군인과 공무원의 월급이 14~17배 인상되었고 노동자들의 월급은 10~20배 인상되는 등 직종에 따라 차별적으로 인상되었다. 평균 110원이던 생산직 노동자의 월급은 2,000원 수준으로 인상

1 2002년 9월 북한의 김용술 무역성 부상은 동경에서 개최된 북한 경제 세미나에서 지난 7월 신탁은행이라는 새로운 형태의 은행이 북한에 설립되었다고 언급한 바 있다(김영훈·지인배, 2006, p. 51).

〈표 8-3〉 '7·1조치'의 가격 및 임금 인상 주요 내용

| 구분 | 품목/계층 | 기준 | 가격·임금 | | |
|---|---|---|---|---|---|
| | | | 조정 전(A) | 조정 후(B) | 인상률(B/A) |
| 가격 | 쌀 | 1kg | 0.08원 | 44원 | 550배 |
| | 옥수수 | 1kg | 0.07 | 33 | 471 |
| | 경유 | 1kl | 1 | 38 | 38 |
| | 전력 | 1kWh | 0.035 | 2.1 | 60 |
| | 전차요금 | 1회 | 0.1 | 1 | 10 |
| | 지하철요금 | 1구간 | 0.1 | 2 | 20 |
| | 침대차요금 | 평성-남양 | 50 | 3,000 | 60 |
| | 유원지 입장료 | 송도해수욕장 | 3 | 50 | 17 |
| | 집세 | 평양 기준 | 수입의 0.03% | 1m$^2$당 월 2원 | (15~20) |
| 임금 | 생산직 | 원/월 | 110 | 2,000 | 18 |
| | 광부 | 원/월 | · | 6,000 | · |

자료: 김영훈·지인배(2006), p. 51에서 재인용.

되었고 중노동을 하는 광산 노동자의 월급은 6,000원까지 인상되었다. 전반적인 물가 상승과 함께 1,000원권의 새로운 지폐도 발행되었다. 환율은 이전 1달러당 2.15원에서 150원으로 나진·선봉지역과 비슷한 수준으로 조정되었다. 이와 함께 '외화와 바꾼 돈표'는 폐지되었다.

'7·1조치'로 거의 모든 상품의 국정가격이 시장가격 수준으로 인상되었다. 이는 배급제 축소와 직접적인 관계가 있다. '7·1조치' 발표 당시 일각에서는 생필품의 배급제가 폐지되었다는 주장도 있었으나, '7·1조치' 후에도 식량 배급표가 여전히 발급된 것으로 보아 기본적인 생필품에 대한 배급제가 폐지되지는 않은 것으로 판단된다.[2)]

2 다만 배급제를 완화하려는 시도가 이루어진 것으로 보인다. 배급제 폐지를 검토하기 위해 2002년 초 함경북도 청진을 시범지역으로 선정해 식량을 제외한 생활필수품의 배급을 폐지하는 실험을 했다고 알려져 있다(세계일보, 2002. 7. 20일자).

가격과 임금의 현실화가 '7·1조치'의 가장 두드러진 개혁조치이지만 그 외에 여러 가지 변화를 가져온 것으로 분석되었다. 국가는 전략적 지표만 관리하고 기업들이 스스로 계획해 중앙의 승인을 받는 '기업에 의한 계획'을 강화하고 경영에서도 분권화를 확대한 것으로 추정된다. 이 조치에는 성과에 따른 보수의 차등 지급 허용도 포함되었다. 이전에는 대부분의 재화가 국영 유통망을 통해서만 유통되었으나, '7·1조치' 이후 상설시장을 설치해 시장 유통을 허용하기 시작하였다. 시장 유통의 확산은 가격구조를 국정가격과 시장가격으로 이원화하여 기업들로 하여금 가격차에 따른 지대획득[3]에 몰두하게 하는 부작용을 낳기도 하였다.

### 2) 7 · 1 경제관리개선조치의 평가

'7·1조치'의 핵심은 가격개혁과 분권화 확대이다. 이 두 핵심 경제조치가 북한의 농업 부문에 작용할 기대 효과는 농업 생산 증대이다. 즉, 그 기대는 가격 인상 효과가 분권화 시스템(보수 차등지불을 통한 동기유발 체계)을 통해 농장의 작업분조와 농민에게 영향을 미치고, 농업 생산은 증대될 것이라는 기대이다.

'7·1조치'에 의한 농업 생산 증대 효과의 실현 가능성을 판단하기 위해서는 두 방향의 분석이 필요하다. 첫째, 농장이 수취하는 수매가격의 상대적 인상폭을 분석해야 한다. 농산물의 정부 수매가격 인상률이 임금 인상률이나 다른 재화(특히, 농업 생산 자재)의 가격 인상률보다 높다면 농업 생산이 증대될 가능성이 높기 때문이다.

둘째, 성과에 따른 차등 분배가 이루어져 동기유발 효과가 실현될 수 있는가를 분석해야 한다. 개별 농장원의 성과에 따라 차등 분배가 실현된다면

3 이영훈(2009. 12)은 이를 국가의 자격 통제 하에서 제도에 의해 형성되는 '제도성 지대'라고 표현하고 있다.

〈표 8-4〉 '7·1조치'의 가격 인상률 비교

| 구분 | 단위 | 조정 전(A) | 조정 후(B) | 인상률(B/A) |
|---|---|---|---|---|
| 쌀 수매가격 | 원/kg | 0.8 | 40 | 50배 |
| 임금(생산직) | 원/월 | 110 | 2,000 | 18배 |
| 생필품 및 각종 요금 | | · | · | 10~40배 |
| 원자재 가격 | | | | |
| - 경유 | 원/kl | 1 | 38 | 38배 |
| - 전력 | 원/kWh | 0.035 | 2.1 | 60배 |

자료: 쌀 수매가격은 조선신보(2002. 7. 19일자); 김영훈·지인배(2006, p. 54)에서 재인용.

농업 생산이 증대될 가능성이 높을 것이기 때문이다.

쌀을 사례로 볼 때 '7·1조치'에 따른 정부 수매가격 인상률은 임금과 생필품 가격 인상률보다는 높았다. 그러나 농장이 구매하는 원자재(전력, 에너지) 가격 상승률[4]과 비교한다면 비슷한 수준인 것으로 나타났다(〈표 8-4〉 참조). 생산물 가격 인상률이 생산 요소 가격 인상률을 상회하지 않는다면 생산 요소 투입은 증가하지 않을 것이며, 기술혁신과 같은 다른 요인의 변화가 없는 한 생산은 증대되기 어렵다. 요컨대 농업 생산에 있어 가격인상 효과는 중립적이었다.

다만 농장 구성원이 분배받는 곡물의 상대 가치는 높아지므로 자가소요량을 상회하는 분배를 받는 경우에는 그에 해당되는 부분적인 동기유발 효과를 기대할 수 있다. 이는 전적으로 농업 생산 부문에서 인센티브를 부여하는 제도 개선이 성공적으로 실현되었는가 여부와 관계가 있다. 새로운 분조관리제(1996)의 사례에서와 같이, 성과에 따른 차등 분배를 포함하는 동기유발제도가 성공적으로 정착되지 않은 조건에서는 부분적 동기유발 효과도 기

4 농업 부문의 대표적 원자재는 비료, 종자, 농약, 농기구, 비닐 등이지만 이들 품목의 수급이나 가격 자료가 없기 때문에 전력과 에너지 가격을 원자재의 대표 가격으로 사용하였다(김영훈·지인배, 2006, p. 54).

대하기 어려웠다.

2002년 경제관리개선조치를 취한 북한의 의도를 해석하는 데에는 견해 차가 있었지만 그 결과에 대한 전망에는 큰 차이가 없었다. 즉, 가격인상과 동기유발 강화로 단기적으로는 생산성 향상이 가능하겠지만 외부로부터 자본이 충분하게 공급되지 않는다면 중장기 전망은 밝지 않다는 것이었다. 또한 개선조치 그 자체에도 몇 가지 문제가 내포되어 있다고 지적되었는데, 그 내용은 다음과 같이 요약할 수 있다.

첫째, 가격과 임금을 함께 인상해 근로자의 구매력을 유지했다고 하나 가장 중요한 식량가격은 500배 내외 인상한 반면 임금은 10~20배 인상에 그쳐 구매력은 여전히 낮았다. 가격과 임금의 불균형 인상은 국가가 주민의 기본 생활을 책임진다는 정책 기조를 제도적으로 포기했다는 의미로 해석될 수도 있다.

둘째, 환율 현실화의 실효성이 높지 않다는 지적이 있었다. 북한은 1999년부터 '외화와 바꾼 돈표'의 사용을 사실상 중지하고 외국인은 외국인 상점이나 호텔 등에서 직접 외화를 사용해 왔다. 따라서 환율 현실화 조치는 이 현상을 공식적으로 추인한 것에 불과하다. 또한 모든 물자의 공급이 부족한 상황이 단기간에 해소되지 않아 북한 원화 가치는 크게 하락할 것으로 예상되었다. 이러한 상황에서는 주민이 보유하고 있는 외화가 시장으로 나올 수 있는 가능성은 매우 낮을 수밖에 없다.[5]

셋째, 공급 부문(생산 및 유통)의 개선 전망이 뚜렷하지 않았기 때문에 이 조치의 효과가 의문시되었다. 예를 들어, 쌀값이 1kg당 44원 수준에서 안정되기 위해서는 쌀의 공급이 충분해야 한다. 쌀의 공급이 소요량에 비해 크게 부

5 2002년 7월 공식 환율을 대폭 인상해 현실화했음에도 불구하고 11월 중순부터 북한은 달러화 유통을 금지시키는 물리적 조치를 취하였다. 이는 북한이 표방하는 목적과 관계없이 이 조치의 실질적 목적이 퇴장되어 있는 달러화를 끄집어내는 데 있다는 사실을 암시하고 있다(김영훈·지인배, 2006, p. 59).

족한 수준에 머물 경우 새로운 암시장 가격이 형성되기 때문이다. 이 경우 북한의 경제관리개선조치는 암시장의 확산을 막지 못하게 되며 인플레이션만을 초래할 가능성이 높았다.

넷째, '7·1조치'는 사회주의 원칙을 고수하면서 정치적 실리를 얻기 위한 조치라는 견해도 있었다. 이 견해에 의하면 경제관리개선조치가 부분적으로는 비대한 비공식 부문을 공식 부문으로 흡수하는 한편, 부분적으로는 정부가 담당해 온 물자의 조달·공급 역할을 기업소와 농장에 이양하는 이중의 효과를 고려한 조치였다는 것이다.

## 3. 김정은 시대의 개혁과 개방

### 3.1. 농업 생산 부문의 개혁

김정은 정권 출범 후 2012년에 북한 경제와 농업 부문에서 주목할 만한 개혁조치가 있었다. 이는 우리에게 '6·28 방침'으로 알려졌는데 그 핵심적 내용은 〈참고 1〉과 같이 요약할 수 있다.

**〈참고 1〉 2012년 북한 농업 생산 부문 개혁조치의 주요 내용**

1. 협동농장과 공장의 생산에 필요한 초기 비용을 국가가 보장함.
2. 국가와 협동농장(공장)이 일정률로 생산물을 분배함.
3. 가격은 시장가격으로 함.
4. 개인 소유 몫은 자유로 처분할 수 있음.
5. 협동농장 내 작업분조의 규모를 4~6명으로 줄임.

이 조치의 내용은 일견 개혁으로 보이지만 다음과 같은 이유로 진정한 개혁으로 판단하기에 부족하다. 첫째, 농업 투입 자재의 정부 공급과 농산물의 정부 수매는 북한이 추구하고 있는 사회주의 농업 관리의 핵심 내용이다. 따라서 '생산에 필요한 초기 비용을 국가가 보장한다'는 것은 사회주의 정부가 수행해야 할 기능을 재확인한 것에 해당된다. 둘째, 그 선언의 실효성도 매우 낮았다. 인플레이션이 심화되던 당시 상황에서 농업 투입 자재를 실물이 아닌 화폐(시장가격)로 공급한다는 것은 국가 조달·공급의 책임을 회피하는 우회적인 수단이 될 수 있었기 때문이다. 셋째, 생산 후 분배된 개인 소유몫의 처분을 자유화한다는 내용 역시 이미 시장에서 거래 가능한 것을 추인한 조치에 불과하다.

이 조치 내용 중에서 개혁적이라고 해석할 수 있는 것은 작업분조의 규모 축소이다. 이는 농업 부문의 경영구조를 집단경영에서 개별 경영으로 변화시킨다는 측면에서 의미가 있다. 농장 작업분조 규모의 축소는 1996년 '새로운 분조관리제'와 2002년 '7·1 경제관리개선조치'에서도 포함된 바 있다. 그러나 북한의 모든 협동농장에서 작업분조가 실제로 축소되었으며 그 작업분조가 생산 및 경영 활동을 독립적으로 영위했는지에 대해서는 확인되지 않았다. 2012년의 개혁조치는 실질적으로 개혁적 내용을 담고 있지 않았으며 그 후 북한의 농업 생산성이나 생산량이 크게 증가하지도 않았다.

2014년에는 북한 농업 생산 부문에서 한 단계 더 나간 개혁조치를 취했던 것으로 알려졌다(김정은의 '5·30 노작'[6]). 이 개혁조치의 핵심 내용을 요약하면 〈참고 2〉와 같다(현대경제연구원, 2014. 9. 24).

〈참고 2〉에 나타난 조치의 핵심 내용은 충분히 개혁적이라 할 수 있다. 농업 노동력 일인당 3,300m$^2$의 농지를 할당해 경작하도록 한다는 점에서 특

6 조선신보(2015. 1. 8); 연합뉴스(2015. 1. 9); 김정은, "현실발전의 요구에 맞게 우리식 경제관리 방법을 확립할 데 대하여", 2014. 5. 30; 통일뉴스(2015. 1. 6) 재인용.

〈참고 2〉 2014년 북한 농업 생산 부문 개혁조치의 주요 내용

1. 북한 내 협동농장과 기업소에서 자율경영제를 도입하며 협동농장의 작업분조를 폐지하고 가족 단위의 영농을 도입함.
2. 농장 노동력 일인당 농지 1,000평(3,300$m^2$)을 할당하여 영농하게 하고 거기에서 발생하는 생산물은 국가와 개인이 각각 40%와 60%로 나눔.

히 개혁적이다. 이는 1978년부터 중국 농업 부문에서 급속히 추진된 '생산책임제' 개혁에 견주어도 부족함이 없다. 1978년 '포산도호'(包産到戶)로 시작된 중국의 생산책임제 개혁은 농가에게 책임농지를 배분하고 정부수매 목표치를 초과하는 생산물에 대해 농가에게 추가적인 인센티브를 주는 방식으로 출발하였다. 이 인센티브 분배 체제는 1982년에 '포간도호'(包幹到戶) 형태로 발전했는데, 이는 정부수매 목표치를 초과하는 생산분을 모두 농가에게 주어 농가의 자유로운 처분을 허용한 것이다. 중국의 '포간도호' 생산책임제는 농업 생산을 크게 증대시켰다. 생산책임제 도입 후 1980~1985년 기간에 중국의 농업 생산액이 48.2%나 상승했다는 사실은 그것을 잘 증명하고 있다(〈표 8-5〉 참조).

2014년 북한의 농업 개혁조치는 개별 농민에게 새롭게 인센티브를 부여했다는 점에서 중국의 '포간도호' 생산책임제와 유사하다. 이 개혁이 북한의 모든 협동농장에서 전면적으로 시행되었다면 북한의 농업 생산은 크게 증가

〈표 8-5〉 중국의 개혁기 농업 생산액 변화

(단위: %)

| 연도 | 경종작물 | 임업 | 축산업 | 부업 생산 | 계 |
|---|---|---|---|---|---|
| 1975~1980 | 13.0 | 36.1 | 31.9 | 26.2 | 16.9 |
| 1980~1985 | 36.2 | 54.9 | 65.5 | 170.8 | 48.2 |
| 1985~1990 | 17.3 | 1.8 | 38.5 | 71.5 | 26.1 |

자료: 이일영(1997).

했을 개연성이 높다. 그러나 2014년 이후 2018년까지 북한의 식량 생산은 오히려 감소하여 농업 생산 부문 개혁조치의 효과는 나타나지 않은 것으로 판명되고 있다.

### 3.2. 개방을 통한 농업 투자 유치 노력

북한은 김정은 정권 들어 경제 관리에 있어 개방을 좀 더 확대하는 조치들도 취하였다. 외국인의 투자를 촉진하기 위해 투자 법규를 보완했으며 경제특구 지정도 확대하였다. 기존의 중앙 경제특구를 개편했으며 지방 경제개발구를 새로 지정하여 외국인 투자를 끌어들이려는 노력을 더 기울였다.

북한은 2012년에 외국인 투자에 관한 법규 중 「외국투자기업등록법」과 「외국투자기업 및 외국인세금법」을 개정하였다.[7] 이중에서 주목할 만한 것은 두 가지인데, 하나는 외국 투자은행의 영업기간이 10년 이상인 경우 이익이 나는 첫 해에 기업소득세를 면제한다는 것이며, 다른 하나는 북한 은행들과 기업에 유리한 조건으로 대부해 취득한 이자 수입에 대해서는 영업세를 면제한다는 것이다.[8]

새로운 경제특구 지정을 통한 외국 자본 유치 노력은 2013년 5월 29일 발표한 「경제개발구법」에 잘 나타나 있다. 이 법에서는 경제특구를 중앙 경제개발구와 지방 경제개발구로 구분해 지정·관리하도록 하고, 지방 경제개발구 설치는 지방(도·직할시) 인민위원회가 중앙 특수경제지대 지도기관에 신청하는 형식을 취하고 있다. 북한은 이 법에 따라 2013년 11월 21일 각 도별로 1개씩 총 13개 지역에 경제개발구를 지정했으며, 2014년과 그 후에도 5개 지

7 연합뉴스, "北 외국투자기업등록법 · 세금법도 개정", 2012. 2. 10일자; 연합뉴스, "北 투자유치 위해 남북경협보험 모델 도입", 2012. 3. 11일자 등.
8 연합뉴스, "北 외국투자은행에 영업세 면제 … 법 개정", 2012. 2. 9일자.

〈표 8-6〉 중앙 대외 경제특구 · 개발구(1990년 이후)

| 지역 | | 주요 내용 |
|---|---|---|
| 대외 | 나진·선봉 | - 1991년 '자유경제무역지대'(FETZ) 설치<br>- 2011년 '나선경제무역지대' 지정<br>- 2008~현재 북한/러시아 '나진-하산 프로젝트' 추진 |
| | 신의주 | - 2002년 9월 '신의주 특별행정구' 지정<br>- 2012년 '황금평·위화도 경제지대' 지정<br>- 2014년 '신의주 국제경제지대' 지정 |
| | 기타 | - 2014년 '원산·금강산 국제관광지대' 지정<br>- 2014년 '강령국제녹색시범구'(황남), '은정첨단기술개발구'(평양), '진도수출가공구'(평남) 지정<br>- 2015년 '무봉국제관광특구'(량강) 지정 |
| 대남 | 개성 | - 2002년 '개성공업지구' 지정<br>- 2004~2015년 가동과 남북한 간 물자 반출입<br>- 2014년 일시 가동 중단, 2016년 폐쇄 |
| | 금강산 | - 2002년 '금강산 관광지구' 지정<br>- 2008년 폐쇄 |

자료: 통일부, 북한정보포털(nkinfo.unikorea.go.kr).

역을 추가로 지정하였다.

이와 같은 북한의 외국 자본 유치 노력에도 불구하고 외국인 투자는 순조롭게 이루어지지 않고 있다. 중앙 특구와 주요 도시에 대한 투자는 위탁가공교역을 위한 소규모 투자를 중심으로 이루어지고 있다. 북한이 기대했던 대규모 투자는 투자국들의 태평양 통로 확보를 위한 인프라 중심의 투자가 추진되었을 뿐, 국내 산업 활동을 활성화하려는 본래의 투자 유치 목적은 달성하지 못하고 있다. 지방 경제개발구의 경우 외국인 투자 실적이 거의 없는 것으로 나타나 중앙 경제특구보다 더 열악한 것으로 추정되고 있다. 이러한 상황에서 2016년부터는 국제사회의 대북제재가 강화되어 외국인 투자는 더 크게 위축되었다.

〈표 8-7〉 지방 대외 경제개발구

| 구분 | 2013년 지정 | 2014년 지정 | 2014년 이후 지정 |
|---|---|---|---|
| 경제개발구 | 함북 청진, 자강 만포,<br>양강 혜산, 평북 압록강 | | 함북 경원<br>평양 강남 |
| 공업개발구 | 자강 위원, 함남 흥남,<br>강원 현동 | 평남 청남 | |
| 농업개발구 | 함남 북청, 함북 어랑 | 평남 숙천 | |
| 관광개발구 | 황북 신평, 함북 온성섬 | 평북 청수 | |
| 수출가공구 | 황북 송림, 평남 와우도 | | |

자료: 통일부, 북한정보포털(nkinfo.un:korea.go.kr).

## 3.3. 김정은 시대 농업 개혁 및 개방 정책에 대한 평가

2010년대 들어 한때 북한의 농업 생산이 크게 향상될 수도 있다는 긍정적 전망을 가능하게 하는 요소가 있었다. 그것은 '우리식 새로운 경제관리개선'(2012)의 일환으로 채택되었던 개혁조치였다. 그것은 종전에 비해 농민들에게 더 큰 인센티브를 부여해 농업 생산을 획기적으로 증대시키기 위한 것이었다. 그러나 이 개혁조치는 농업 생산의 증대를 가져오지 못하였다. 2012년에서 2014년까지 2년간 식량작물의 생산은 3% 증가한 데 그쳤으며, 2015년부터는 오히려 생산이 전년에 비해 감소하는 결과를 보이고 있다(〈표 8-8〉 참조).[9]

2010년대 농업 개혁조치에도 불구하고 북한의 농업 생산이 뚜렷하게 증가하지 않은 첫째 이유는, 개혁조치의 작동에 '외적 제약'이 있었기 때문으로 분석된다. 이는 개혁을 뒷받침해야 할 자본이 원활하게 조달되지 않는 상황에서 생산성 향상에 한계가 있음을 의미한다. 둘째 이유로는, 북한의 식량

9 〈표 8-8〉에 나타난 수치와 직접적으로 비교할 수는 없지만, FAO/WFP(2019)에 의하면 2018/2019년 북한의 식량 생산 추정치는 417만 톤으로 더 하락한 것으로 발표되었다.

〈표 8-8〉 2012년 이후 북한 곡물 생산의 변화

(단위: 만 톤)

| | 2012 | 2013 | 2014 | 2015 | 2016 | 2017 |
|---|---|---|---|---|---|---|
| 생산량 | 5,025 | 5,113 | 5,126 | 5,329 | 4,985 | 4,763 |
| 소요량 | 5,558 | 5,588 | 5,617 | 5,646 | 5,673 | 5,701 |
| 부족량 | 533 | 475 | 491 | 317 | 688 | 938 |

주: 1) 생산량은 FAO Statistics에서 쌀, 옥수수, 맥류, 두류, 서류(FAO-2개 품목), 기타 잡곡(FAO-5개 품목)을 합산한 것임.
2) 소요량은 1인/1년 기준으로 175.4kg으로 제시함(FAO/WFP, 2019의 소요량 기준).
자료: FAO Statistics; FAO/WFP, DPRK FAO/WFP Joint Rapid Food Security Assessment, May 2019.

수급 사정이 지니고 있는 '내적 제약'도 있다. 이 제약은 만성적인 식량 부족 상황 하에서 전면적인 농업 개혁에 착수하기가 어렵다는 추론에 기초한다. 농업 개혁에 따라 생산자에게 더 많은 인센티브를 부여하고 그것이 동기유발 과정을 통해 생산 증대로 이어지려면 다음과 같은 선순환이 가능해야 한다. 즉, 인센티브 농업 개혁이 생산 현장에서 적용되어 농업 부문에서 생산이 증대되고, 이 생산 증가분 중 일부 혹은 전부가 지속적으로 농업 생산자에게 인센티브 몫으로 분배된다면, 생산 증대 현상이 항구적으로 정착될 수 있을 것이다.

그러나 만성적 식량 부족 사정에 따라 북한 농업은 그러한 선순환 상태 진입에 어려움을 겪고 있다. 식량의 최소 소요량조차 공급하지 못하는 상황에서 농민에 대한 인센티브 분배를 강화하면 정부의 수매물량은 일시적으로 감소할 수 있다. 정부 수매의 감소는 필연적으로 배급량 감축으로 귀결되며 배급에 의존해야 하는 주민들은 더 큰 어려움에 처할 것이다. 충분하고 지속적인 식량 공급의 증대로 뒷받침되지 못한다면 농업 개혁은 실패로 귀결될 개연성이 높다. 개혁의 착수와 정착, 농업 생산자에 대한 인센티브 부여 확대, 도시 주민에 대한 식료품 공급 확대를 동시에 충족하기 위해서는 정부가 조달해 공급해야 할 농산물을 당분간 국외로부터 도입해 충분히 확보할 수 있어야 한다.

같은 시기에 북한은 경제 개방 조치도 취하였다. 북한의 대외 개방 확대 조치는 대외 교역 확대와 외국의 대북 투자 증대를 기대하고 취해진 것이다. 이러한 개방 정책은 농업 부문에도 긍정적인 파급 효과를 가져다 줄 것으로 기대되었으나 새로 정비된 북한의 중앙 경제특구와 지방 경제개발구에 해외 산업자본의 적극적인 투자는 이루어지지 않았다. 폐쇄적인 북한 사회가 외국인에게 투자 환경을 여전히 제공하지 못했을 뿐만 아니라, 교통·통신·금융 등 물적 기반의 개선도 이루어지지 않았기 때문이다. 이에 더해 2016년 이후 북한의 교역과 외국인 투자 여건은 더욱 악화되었다.[10] 남북한 간에 이루어지던 개성공단 경제협력사업이 중단되었고, 국제사회의 대북 경제제재도 가중되어 북한의 경제 개방과 투자 유치 정책은 좌초할 위기에 처하였다.

## 4. 결론

북한은 일찍이 1966년부터 효율적인 농업 생산과 농산물 분배를 위해 협동농장 내에서 분조관리제를 시행해 왔다. 1990년대 식량난이 심각해지자 북한은 협동농장에 새로운 형태의 분배 체계로 '새로운 분조관리제'(1996)를 도입하였다. 그러나 이 제도가 북한 농장에서 보편적으로 실시되어 정착되었다는 보고는 없다. 이후 북한의 농업 생산이 증가하지 않고 정체 상태에 머문 것으로 보아 1990년대 중반 북한 농업에서의 분배 개혁 실험은 성공적인 결과를 낳지 못한 것으로 볼 수 있다.

2002년 7월에는 광범위한 경제 개혁인 '경제관리개선조치'(7·1조치)를 단

10 2016년 초 핵 실험과 장거리 미사일 발사 실험으로 인해 유엔과 국제사회는 북한에 대한 제재를 한층 강화했다(유엔 안보리 결의 2270호).

행하였다. '7·1조치'의 세부 내용 중 농업 부문과 직접 관련된 것은 식량의 국정 수매가격 대폭 인상(가격 개혁), 농장의 농산물 자체처분권 확대(분권화) 그리고 생산 요소 시장 개설 등이다. 이는 농업에서 생산 동기를 유발하고 확대 재생산을 가능하게 할 것으로 기대되었다. 그러나 그 증산 효과는 뚜렷하지 않았다. 쌀을 사례로 볼 때 '7·1조치'에 따른 쌀 가격 인상률과 농자재 가격 인상률에 사실상 차이가 없어 생산 증대에 대한 가격 인상 효과가 중립적이었기 때문이다.

김정은 정권 출범 후 북한 농업에서 가장 큰 변화로 주목할 만한 것은 2012년에 시작된 농업 개혁이다. 이 개혁조치는[11] '포전담당책임제'로 특징지을 수 있는데, 협동농장에서 작업분조뿐만 아니라 개별 농가에도 책임 농지를 분여하여 농업 생산을 책임지도록 하는 방식이다. 북한의 시사 매체들은 이 개혁조치에 따라 일부 협동농장에서의 생산이 크게 증대되었다고 보도한 바 있다. 그러나 이들 개혁조치의 내용과 생산 현장에서의 실현 여부를 구체적으로 확인할 수는 없었다. 다만, 2012년 이후 북한 전체의 식량 생산의 정체와 감소를 볼 때 개혁이 성공적으로 추진되어 정착되지 못한 것으로 추론할 수 있다.

한편, 북한은 국제사회로부터 경제개발에 소요되는 자본을 도입하기 위해 꾸준하게 노력을 해왔다. 대표적인 것은 경제특구 설치와 개발구 지정이다. 특구 개방의 기본 전략은 자본과 외화가 유입되는 창구로서 특구를 활용해 수출을 활성화하는 동안, 본토에서는 분권형 계획경제 체제를 효율적으로 운영해 경제개발을 촉진한다는 것이다. 그러나 북한 스스로는 인적·물적 능력 부족으로 개방의 속도를 늦춰 왔으며 국제사회도 대북 투자에 큰 관심을 기울이지 않았다. 그것은 열악한 투자 환경, 내수시장의 부재, 북한이 안

11 2012년의 '6·28 방침'과 2014년의 '5·30 조치'로 알려져 있다.

고 있는 경제 외적 위험으로 비롯된 것이다. 이러한 제약으로 인해 북한의 농업 개방에 대한 외국의 투자는 활성화될 수 없었다.

여러 차례의 개혁과 개방 노력에도 불구하고, 북한의 농업은 '자본 부족과 개혁 부진의 함정'에서 벗어나지 못하고 있다. 2016년 5월 7차 당 대회에서 발표된 새로운 '경제개발 전략'에서도 과거 농정과 뚜렷한 차별성을 발견하기 어렵다. 더욱이 국제사회의 대북제재에 따라 교역과 투자 감퇴가 현실화되고 있다. 그 여파로 최근 농업 생산은 감소하고 있으며 식량 수급 사정도 악화되고 있다.

북한은 현 시점에서 대안을 찾아 활로를 모색해야 한다. 그 일환으로 북한 경제특구 인근지역을 대상으로 농업 개발 프로그램을 집중적으로 추진할 필요가 있다. 그 주된 이유로 다음 세 가지를 들 수 있다. 첫째는 연관 효과의 창출이다. 특구에 유입된 자본이 지역 주민의 소비생활을 통해 본토로 유입될 수 있도록 배후지 산업을 개발해야 한다. 둘째는 특구의 농산물 수요 증대에 대비해야 한다. 특구에 외국인 투자가 유입되면 소득이 상승하고 농산물 수요가 증대된다. 이에 대비하여 특구 배후지역에 농산물 공급 기지를 준비할 필요가 있다. 셋째는 새로운 대외 농업 협력 모델의 개발이다. 특구 주변에서 농업협력사업을 추진함으로써 농산물시장과 농자재 공급처가 존재하는 상업적 협력 모델을 개발할 수 있다.

이러한 농업 개발이 추진되기 위해서는 남북한 간의 협력이 필수적이다. 이 협력은 세 방향으로 추진될 수 있다. 과거 여러 민간지원단체가 추진했던 인도적 차원의 농업협력사업, 공공 부문이 주도적으로 추진해야 할 기반조성 및 능력개발 협력사업, 민간기업 사이에 추진할 수 있는 상업적 교역과 투자협력사업 등이 그것이다. 이를 통해 북한은 직접적으로 경제적 이익을 취할 뿐만 아니라 농업발전을 추동할 수 있는 기반도 조성할 수 있을 것이다. 북한은 이러한 협력사업 추진에 적극성을 발휘해야 한다.

## 참고 문헌


권영경, "2012년 체제 구축전략과 북한경제의 변화," 『KDI 북한경제리뷰』 제12권 제3호, 한국개발연구원, 2010.

김연철, "김정은 체제의 개혁 개방 가능성," 『KDI 북한경제리뷰』 제14권 제6호, 한국개발연구원, 2012.

김영훈, "김정은 시대 북한의 농업과 식량사정" 『수은북한경제』, 2012 여름호, pp. 25~28.

김영훈·지인배, 『식량난 이후 북한의 농업과 농정변화 분석』, 한국농촌경제연구원, 2006.

FAO Statistics(www.fao.org).

이영훈, "7·1조치 이후 북한경제구조의 변화의 특징 및 시사점," 미발표 원고, 2009. 12.

이일영, 『중국의 농촌개혁과 경제발전』, 서울대학교출판부, 1997.

통일교육원, 『북한의 법제정비 동향과 특징』, 2007.

통일부, 북한정보포털(nkinfo.un:korea.go.kr).

한국농촌경제연구원, 『KREI북한농업동향』, 각호.

현대경제연구원, "북한 농업개혁이 북한 GDP에 미치는 영향," 『현안과 과제』 14-36호, 2014. 9. 24.

Chapter

# 9 서울–평양 간 도시개발 협력 방안

최천운(한국고등교육재단 국제교류부)
이홍수(전(前) SH서울주택도시공사 해외사업단)

1. 서론

2. 서울–평양 도시계획 고찰 및 비교

3. 서울–평양 간 도시개발 협력 방안

4. 결론

## 1. 서론

우리는 흔히 북한과의 협상을 이야기할 때, 하나의 단일민족이라는 이유로 한국이 모든 면에서 주변국을 포함한 다른 국가들보다 우선순위일 것이라고 당연하게 생각하는 경향이 있다. 그러나 이에 대해서는 여러 가지 측면에서 긍정적으로만 볼 수는 없다.

북한은 중국, 러시아를 비롯한 일부 동유럽 국가들과 대·내외적으로 교류를 하였거나 국제사회의 대북 경제제재에 막혀 비공개적으로 지속적인 교류를 하고 있다는 사실은 이미 여러 차례 언론에 공개된 바 있다. 이런 상황에서 기존 대북 경제제재가 완화되거나 풀린다면, 한국이 북한과의 경제협력에서 우선순위가 될 수 있다고 보기는 힘들 것이다.

입지적인 측면에서도 현 시점에서 볼 때, 남한과 북한의 국경이라 할 수 있는 비무장지대(DMZ)에는 대규모의 수류탄 등이 매장[1)]되어 있어 위험 요소들을 제거하기에는 오랜 시간과 노력이 필요하다. 반면에 지도상 북한의 위쪽에 위치한 중국 및 러시아의 국경 근처에는 경제협력을 위한 다양한 기반시설 및 경제특구(개발구 포함)가 이미 마련되어 있다. 북한의 동북쪽으로는 러시아(연해주)와의 사이에 나선경제특구가 위치하고 있다. 따라서 객관적으로 보기에도 세계 사회의 대북제재가 완화 또는 해제되어 북한의 경제개발이 본격화될 경우, 한국은 현재의 조건으로는 북한과의 경제협력에서 우선순위라고 볼 수 있는 근거들이 한민족(단일민족)이라는 것 이외에는 찾아보기 힘든 상황이다.

본고는 이러한 생각에서부터 출발한다. 좀 더 구체적으로 경제적인 관점

1 현재 한반도 전체에 지뢰 매설 추정 지역은 약 6억 6,118만$m^2$로 2016년 대한민국의 합동참모본부가 제공한 자료에 따르면, DMZ 전역에만 52만 발, 민간인 출입통제선의 북쪽은 74만 발, 남쪽은 1만 발로 남측에만 약 127만 발, 북측은 약 80만 발로 총 200만 발 정도가 매설된 것으로 추정되고 있다(아시아경제, 2018. 10. 2).

에서 볼 때, 첫째 북한이 추구하는 경제 개방의 방향을 정확히 이해하고 도시개발 협력 방안을 모색해야 한다. 이를 통해 북한의 수도인 평양의 지속적이고 성공적인 도시개발에 대한 수용 가능성을 높일 수 있다고 생각한다.

둘째, 북한과 한국의 공통점을 최대한 살릴 수 있는 방안을 모색해야 한다. 본 장에서는 서울과 평양의 도시계획 현황을 살펴봄으로써 두 도시 간 협력에 서로 공통적으로 적용할 수 있는 도시개발 정책 중심으로 살펴보았다.

셋째, 북한이 현재 필요로 하는 영역에서 한국의 빠르고 성공적인 도시개발의 노하우를 최대한 살려야 한다. 특히, 북한의 현실을 반영한 도시개발 기법과 부동산 개발 금융 기법 등을 소개함으로써 향후 북한의 도시에 적용 가능성을 높이고자 하였다.

본 장의 시간적 범위는 서울과 평양의 도시계획이 시작된 초기 1960년대부터 2018년까지이다. 공간적 범위는 서울과 평양을 중심으로 하되, 대북제재가 완화 또는 해제되었을 때, 평양 도시계획 및 도시개발의 벤치마킹이 될 수 있는 도시국가인 싱가포르의 사례를 예로 들어 설명하고자 한다.

한국의 서울과 북한의 평양이라는 도시를 중심으로 양국의 전반적인 도시 구조를 살펴봄으로써 지역적 범위를 보다 세분화하였고, 특히 국가 간 교류라는 관점이 아닌 특정 도시 간(City to City: C2C) 교류라는 관점에서 비교 분석하였다. 또한 도시 간 개발협력을 위해 싱가포르-말레이시아 사이의 도시개발 협력 사례를 통해 서울-평양 간 도시계획 및 도시개발 협력 방안을 모색하였다.

## 2. 서울-평양 도시계획 고찰 및 비교

### 2.1. 서울 도시계획

서울의 모습이 시대에 따라 많이 변화해 온 것처럼 서울에 적용된 도시계획의 원리도 많은 변화를 겪었다. 조선시대 한양의 도시건설에 적용된 도시계획에는 주례 고공기(周禮考工記)와 풍수지리설(風水地理說)이 큰 영향을 미쳤다. 이후 일제 강점기 때에 외국의 근대적인 도시계획 원리가 도입되었고, 광복 이후에는 많은 현대적인 도시계획 기법들이 적용되고 있다.

우리나라 최초의 근대적인 도시계획법은 일본의 지배하에 있던 1934년에 제정된 「조선시가지계획령」이었다. 이후 1952년에는 우리의 손에 의해 도시계획법이 최초로 제정되었으며, 그 후 많은 관련 법들이 제정되거나 개정되어 왔다.

#### 2.1.1. 한양 도시계획의 원리

1934년 한양은 조선의 수도로 변경되면서 한성부로 명칭이 바뀌고, 수도로서의 도시계획이 적용되기 시작하였다. 한양의 도시계획은 왕궁을 중심으로 종묘가 왼쪽에, 사직이 오른쪽에 있도록 배치되었고, 격자형 가로와 4대문(동대문, 서대문, 남대문, 북대문)을 계획적으로 건설하였다. 이러한 도시계획의 원형은 주례 고공기에서 찾을 수 있다. 고공기에 의하면 정방향의 도시에 격자형의 가로망을 가진 도시로서 좌묘우사(左廟右社), 전조후시적(前朝後市的) 도시 형태를 도시계획적 원형이라고 주장하였다. 동양적 도시계획의 원형이 가장 대표적으로 적용된 도시가 중국의 낙양과 장안이며, 우리나라의 경주와 한양, 일본의 나라와 경도의 도시계획에 영향을 준 것은 장안 방식의 도시계획이었다. 또 풍수지리설도 한양의 도시계획에 큰 영향을 미쳤다. 동양적 풍수지리설에 따라 배산임수와 주산, 안산, 조산, 좌청룡, 우백호라는 지형적 조건을 최대한 살리는 계획을 수립하였다.

### 2.1.2. 근대적 도시계획의 도입

서울에서 최초로 근대적 의미의 도시계획이 수립된 것은 1930년이었다. 그러나 이 계획은 실제로 시행되지 못했다. 1934년 조선시가지계획령이 제정됨으로써 경성부[2)]는 새로운 도시계획, 즉 경성시가지계획을 1936년에 수립하였으며 이 계획이 우리나라 근대 도시계획의 출발점이 되었다. 이 계획에서는 1959년을 목표로 하여 당시의 경성부 전역 35.1km$^2$와 주변지역을 포함한 총 108.8km$^2$를 계획 구역으로 하고, 계획 인구를 70만 명으로 설정하였다. 용도지역으로서 주거지역, 상업지역 그리고 유보지역인 미지정 지역을 지정하였으며, 도로계획도 오늘날과 같이 대로·중로·소로 등 도로 폭 위주로 계획하였다.

### 2.1.3. 전쟁 복구와 도시계획 수립

8.15 광복 이후 극도로 혼란했던 정치·경제·사회적 상황으로 말미암아 도시계획에 대한 사회적 분위기가 성숙되지 못한 채 또다시 비극적인 한국전쟁을 겪게 되었다.

그 당시 도시계획은 한국전쟁으로 인해 폐허화된 시가지의 복구를 위한 전재복구사업 차원을 크게 벗어나지 못하였다. 우리의 손에 의해 수립된 최초의 계획은 피난시절에 임시수도였던 부산에서 1951년에 수립된 전재 복구를 위한 서울 도시계획이었다. 이 계획은 1934년의 조선시가지계획령에 바탕을 둔 것이었다. 주된 내용은 한국전쟁으로 인해 파괴된 지구에 대한 토지구

2 일제 강점기의 서울의 명칭으로서, 1395~1910년까지 515년간 조선시대의 수도였던 한성부(漢城府)를 고친 이름.

〈그림 9-1〉 한양 도시계획의 개념도

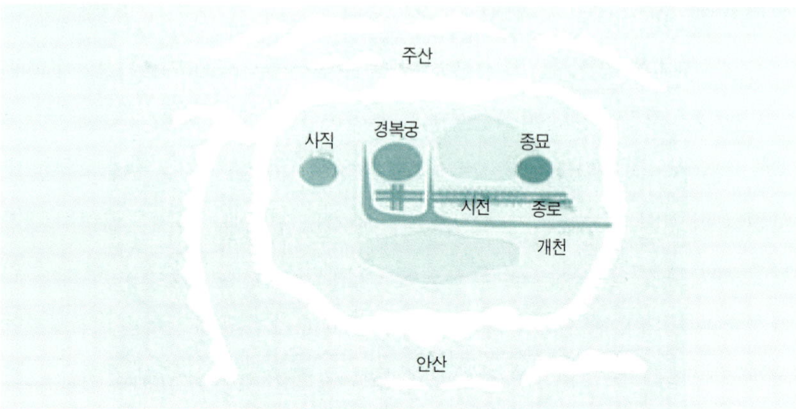


자료: 서울시 도시계획포털 사이트(http://urban.seoul.go.kr/4DUPIS/sub2/sub2_2.jsp).

획 정리사업과 도로확장계획, 용도지역계획 등이었으며, 1952년 3월 25일에 결정·고시되었다. 이때 계획된 서울 도시계획은 우리나라 전문가들의 손에 의해 이루어진 수도 도시계획의 시작이라는 점에서 의의가 있다.

### 2.1.4. 도시기본계획의 수립

1960년대부터는 국가 차원에서 경제개발계획이 수립·시행되고, 서울을 비롯한 대도시가 국가 성장의 중추 역할을 하였으며, 대도시로 인구가 급격히 집중되던 시기이다. 이 시기에 들어서 서울의 도시계획은 도시기본계획, 즉 법정 마스터 플랜의 수립이 시작된다.

1963년에는 서울 인구가 300만 명을 넘어서게 되었고, 도시계획 구역도 713.24$km^2$로 대폭 확대되었다. 이러한 서울의 성장을 현실적으로 수용하고 인구 500만 명이 거주하는 현대적 도시를 건설한다는 목표 아래 1966년 서울 도시기본계획이 수립·발표되었다. 이는 1985년을 목표연도로 하는 종합적 장기계획으로 이전의 지역지구제와 가로망 중심의 물적 계획에 비해 형식면에서 사회·경제 부문을 포함한 종합계획의 성격을 지녔으며, 시민들에게 처음으로 공개되는 계획이었다.

1966년 기본계획은 5년이 채 못 되어 수정이 불가피하게 되었다. 1985년 목표 인구 500만 명이 1970년 7월에 이미 넘어서게 되고, 아울러 수도권 인구 집중 억제책의 강화로 인한 제반 여건의 변화를 부분적으로 보완하는 수정 계획이 1972년에 수립되었다.

1972년에는 비록 도시기본계획으로 불리지는 못했지만 물리적 계획과 사회·경제적인 계획까지 포함하는 시정종합계획이 수립·공포(公布)되었다. 이 계획에서는 1972년의 도시기본계획 수정안이 많이 반영되었고, 목표연도인 1981년의 계획 인구를 750만 명으로 설정하였다.

1988년에는 서울 올림픽의 개최 등 도시 여건의 변화를 수용하고 도시기본계획의 법정화 절차를 밟기 위한 계획 수립에 착수하였다. 이후 1994년에 2011년 목표 서울시 도시기본계획 수정·보완을 시작하여 1995년에 초안이 완성되었으나, 민선자치 시대를 맞이하여 소프트웨어적인 측면을 보완하라는 요구에 의해 사회복지와 공원녹지 등 사회 분야를 대폭 보완하여 건설교통부 승인을 거쳐 두 번째 법정 계획인 2011년 목표 서울 도시기본계획을 1997년에 공고하게 되었다.

한편, 제4차 국토종합계획과 제2차 수도권 정비기본계획 및 개발제한 구역 우선해제 등 상위 계획 및 주요 정책의 변경 사항 반영과 2011년 서울 도시기본계획의 타당성 검토와 수정·보완을 위해 2004년 6월 「2020년 서울 도시기본계획」을 관계 중앙행정기관의 협의를 거쳐 중앙도시계획위원회에서 확정되어 운영되었다. 또한 21세기 새천년 서울의 위상과 미래상을 재정립하고 신 국토계획, 수도권 계획 등 상위 계획과 저탄소 녹색성장, 인구 변화 추세 등을 반영한 2020년 도시기본계획의 재정비계획을 추진한 바 있다.

## 2.2. 평양 도시계획

### 2.2.1. 북한 도시계획의 정의

북한의 도시계획이란 "도시 영역 안에 건설될 건물과 시설물, 거리와 공장, 녹지 등을 상호 연관 속에서 계획하고 배치하는 안이다. 도시건설계획이라고도 하는데, 이는 기술문건을 준비하는 사업이라고 규정된다"(『북한 백과사전』, 1989).

도시계획의 과제는 사상교양 장소를 조성하는 일, 위생문화적 도시를 건설하는 일, 아름다운 도시를 건설하는 일이다. 형식주의를 버리고 경제적으로 건설하며, "총계획→세부계획→순환 및 연차 건설계획→구획설계"라는 단계적 계획수립을 장려하기도 한다(리화선, 1989).

김일성은 현장교시(敎示)를 통하여 "도시 규모를 크게 하고 인구를 집중시키는 것은 18, 19세기의 낡은 수법"이라고 선언한 바 있다. 현장 방문을 통하여 다양한 교시를 전달하는데, 간선도로변의 고층 아파트, 대규모 국제도시화, 사회주의 우월성을 위한 상징도시 건설, 민족의 고유한 전통과 김일성 혁명업적 고양을 위한 도시건설 등이 주요 대상이다. 평양의 김일성광장과 주변의 인민대학습당, 서울의 서울광장과 주변의 초고층 건물들을 보면, 북한과 남한이라는 사회주의 체제와 자본주의 시장의 중심에는 극명하게 다른 형태와 기능을 지닌 도시가 자리 잡고 있다.

60년 전만 해도 비슷하였던 평양과 서울은 이제 가장 이질적인 도시로 비교된다. 경쟁입찰 지대(bid-rent curve)와 밀도 경사(density gradient)의 영향으로 도심부에는 고가의 초고층 건축물이 입지하고, 교외지역으로 가면 저밀도 주택과 공장들이 입지하는 서울의 도시 형태와 달리, 평양의 도시 중심 부분에는 주택들이 고밀도로 자리하고 있다. 지가 격차에 의한 토지 이용의 분화(differentiation)가 나타난다고 보기 어렵다.

반면, 서울 강남의 공공시설은 지방 도시로 빠져나가고, 영등포의 공장들은 외곽으로, 또 해외로 이전하게 됨에 따라 기업이나 주택, 업무 기능 등이 더 고도화되고, 도심적 기능으로 대체되고 있다. 평양 도심부의 기반시설 여건이 가장 좋은 입지에는 도서관과 박물관, 미술관이 위치하고 있다. 바로 대동강을 바라보는 김일성광장 주변의 삼면을 구성하는 건축물의 용도이다. 서울 중구의 상주인구가 감소하는 것과는 달리, 평양의 중구역에는 엄청난 규모의 주택들이 자리잡고 있다.

### 2.2.2. 평양의 도시개발

평양은 한국전쟁 이후 도시가 다시 건설되면서 이상적인 사회주의 도시로 불린 바 있다. 3년간의 전쟁을 통하여 초토화된 평양은 사회주의 건축가와 도시계획가들에 의해 설계된 도시라고 할 수 있다.

북한은 정권 수립기보다 1950년 한국전쟁 후 수도 평양의 도시건설에 집중하였다. 전후 복구사업을 통하여 국가를 정상화해 나가는 과정에서 수도계획에는 '상징성'이 매우 중요한 역할을 하기 때문이다. 어느 정도 복구가 진척되어 가면서 초기 전후 복구 과정에서 동유럽 사회주의 국가들의 지원으로 세워진 건축물들에 대하여 '민족성'이 들어 있지 않다는 이유로 비판하기 시작하였고, 그 이후로 건축 및 도시건설에 있어 '민족적 형식'을 강조하기 시작하였다(전상인, 2013). 수도계획과 도시계획에 있어서도 이데올로기, 즉 '사상성'을 중시하는 북한은 1970년대 이후 정치적 이데올로기가 '주체사상'으로 변화하면서 수도 평양의 도시계획에도 '주체건축론'을 강조하였다.

이후 평양 시내에 엄청난 규모의 기념비적 건축물들이 세워지기 시작하였는데, 이는 김정일의 후계자 구도와 밀접한 관련이 있다. 1980년대 후계자 김정일의 등장 시기에는 대규모의 기념이 건축사업으로 나타났다. 김일성 사망 이후에는 대규모 국가의례의 동원이 두드러졌던 것처럼, 김정은의 3대세습이 이어진 상황에서 북한은 유훈통치의 미명 하에 수도 평양의 치장에 더 열중할 것으로 예상된다.

평양은 해방 직후 북한의 수도로 지정되었으나, 한국전쟁으로 거의 초토화되었다. 폐허가 된 평양은 철저한 계획과 통제 하에 어느 도시보다 우선적으로 복구되기 시작하였다. 1952년 초, 북한 최초의 도시계획으로 알려진 평양시 복구건설총계획도가 작성되었다. 이후 북한 당국은 내각결정 제125호 '평양시 복구재건에 관하여'(1953)를 채택하고 평양시 총계획(1954), 평양시 종합개발계획(1960)을 잇달아 발표하면서 수도 평양 재건의 기본 원칙들을 제시하였다.

### 2.2.3. 특별 관리의 도시

평양은 북한 정권 수립 초기부터 수도로서의 중요성뿐 아니라 혁명 거점으로서의 중요성이 부각되어 북한 당국의 집중적인 관리를 받았다. 1946년 9월, 평양시를 조선민주주의인민공화국의 수도로 급속히 발전시키기 위하여 「평양시 특별시정에 관한 결정서」를 채택하여 평양시는 북조선임시인민위원회의 직속으로 편성되는 특별시가 되었다(리화선, 1989).

평양을 관리하려는 북한 당국의 의지는 특별하다. 「조선민주주의인민공화국 수도 평양시 관리법」에서는 평양은 '주체의 성지', '인민의 심장', '공화국의 수도'라고 선언하고 있으며, 이를 특별히 관리·계획·집행할 것으로 규정하고 있다. 특히, 투자를 확대하고, 인구밀도, 인구의 한도, 공업 인구 비율, 산업면적 비율 등을 별도로 정함으로써, 수도 평양이 항상 쾌적하고 편리하게 관리될 수 있도록 규정하고 있다. 마르크스와 엥겔스가 규정한 도시 규모를 억제하려고 하는 사회주의 계획 규범에 따라, 평양의 인구나 도시 영역이 과도하게 확장되지 않도록 중심지역, 보호지대, 위성도시, 농촌지역의 관리 규정도 두고 있다. 반면, 다른 도시들은 이와 같이 상세한 관리 규정을 찾아

보기 어렵다. 결국 북한 당국은 수도 평양에 대해 특별한 관리 대상으로 인식하고 다양한 노력을 하고 있다고 볼 수 있다.

### 2.2.4. 도심부 계획

북한 도시건설의 핵심은 무엇보다도 '사회주의 도시의 경치'가 잘 나타나도록 계획하는 것이다. 이는 도시 중심부를 가장 심혈을 기울여 건설해야 하는 이유이다. 도시 중심부는 공간 구조상 중심에 위치할 뿐 아니라, 체제 유지 및 강화를 위한 이념적 기능을 수행하기 때문이다. 또한 중심부의 위치와 주제가 한번 설정되면 사회 체제나 성격이 달라지지 않는 한 지속되는 것이기에, 중심부 선정은 매우 신중하게 계획되어야 한다고 인식하고 있다.

도시 중심부는 북한 체제의 사상적 상징성을 드러내는 공간임과 동시에 혁명적 수령관을 배양하는 장소이기도 하다. 자본주의 사회의 도심부에서는 상업, 업무, 서비스와 관련된 토지 이용이 집약적·압축적으로 이루어지는 것과는 달리, 북한 도시들의 도심부에는 김일성 동상 및 광장을 중심으로 주변부에 박물관, 도서관, 극장, 문화회관 등 인민들을 위한 공공문화시설들을 밀집시킨다. 이는 인민들의 사회·정치·문화생활이 집중되도록 하고, 인민들이 수령의 위대성과 업적을 체득하고 사상과 정서교양을 하도록 고안된다.

평양의 중심부는 행정과 교육의 공간으로 구성되었다. 김일성광장은 물론 평양의 주된 기념비적 건물들과 상징적 공간들이 이 영역에 계획되었다. 북한의 주체사상을 상징하는 주체탑은 김일성광장 맞은편에 건설되어 광장과 함께 평양의 상징 축을 형성한다. 김일성과 김정일은 평양 도심부 관리의 중심 축을 '김일성광장-인민대학습당-주체사상탑'으로 설정하여, 주변 건축물의 경관 관리, 도시공간 구조 형성에 중심이 되도록 하고 있다.

### 2.2.5. 주택 소구역 계획

사회주의 도시계획의 중요 구성 방법으로 주거와 생산시설을 인접하게 배치하여 커뮤니티를 구성하는 주택 소구역(micro-district)이 있다. 생산시설은 단순히 생산 활동을 담당할 뿐 아니라 주민들의 일자리를 제공해 주는 공간이다. 여기에는 교육시설, 보육시설 등 기타 부대시설을 함께 두어 자족적 도시 조직을 구성하고자 하였다.

주택 소구역은 하위 단위인 수 개의 주택군으로 구성되며, 주택군은 다시 수 개의 건물군 조합으로 구성되도록 하여, 페리(C. A. Perry)의 근린주구이론(Neighborhood unit)[3]과 유사한 조직 구성 논리를 가지고 있다(김현수, 1994).

## 2.3. 서울-평양 도시계획 비교 분석

### 2.3.1. 계획의 목표

서울시 도시 정책의 목표는 삶의 질·생태·쾌적·안전·복지·국제화·세계화 도시 등으로 제시된다. 평양시 도시 정책의 목표는 도시개발에 대한 문헌이나 법령의 목표에서 제시되듯이, 인민 생활의 편리, 위생적 도시, 문화도시, 국제관광도시, 사회주의 이념선전의 장 등으로 요약된다. 도시계획 목표에 있어서 서울과 평양은 크게 차이를 보이지 않지만 표현의 차이가 있다. 북한 문헌이나 법령에도 복지, 생태, 세계화에 대한 개념이 포함되어 있다.

### 2.3.2. 계획 기조(대도시권 정책)

서울은 과밀한 인구를 막고 집중의 분산을 위하여 수도권 정비계획에 의한 규제를 받고 있고, 이를 통하여 국토 균형발전을 추가해 왔다. 또한 수도

3 1924년 페리가 제안한 주거단지계획 개념으로서 어린이들이 위험한 도로를 건너지 않고 걸어서 통학할 수 있는 단지 규모로서 생활 편리성, 쾌적성, 주민들 간 사회적 교류 등을 도모할 수 있도록 조성된 물리적 환경.

권 내의 균형발전을 위하여 3대 권역(성장 관리, 과밀 억제, 자연환경보전권역)의 구분과 개발제한 구역을 통하여 도시 성장의 억제와 인접한 시가지와 연결되는 것을 방지해 왔다. 개발제한 구역 외부로 자족된 신도시 건설을 추진해 왔으며, 서울시 내부에서는 강남·강북 간 균형발전을 위한 여러 가지 시책을 추진 중이다.

북한은 평양의 규모를 일정하게 관리하기 위하여 평양을 3대 도시권으로 구분하였고, 주변에 위성도시를 건설하였다. 도시와 농촌 간 격차 해소를 위하여 도시적 기능을 가진 '구역'과 농촌적 기능을 가진 '군'으로 구성된 도농통합시의 도시이다. 역사적 도심과 대동강을 기준으로 하여 동평양, 서평양이 각기 다른 과정을 거쳐 개발되어 지역 간 격차가 발생하고 있다.

### 2.3.3. 계획 기법

서울 등 한국의 도시계획과 관리는 기본적으로 「국토의 계획 및 이용에 관한 법률」에 의하여 이루어진다. 이 법에 의하여 도시기본계획, 도시관리계획, 지구단위계획이 수립되고 이의 집행을 위한 계획 기법으로서, 용도지역제, 도시계획시설사업, 도시개발사업 등이 이루어진다. 특히, 민주화와 지방화의 진전에 따라 참여적 계획 과정이 확대되어 주민 참여가 중요한 계획 절차로 등장하고 있으며, 민간자본의 성숙에 따라 도시개발에 있어서도 민간자본의 참여가 확대되고 있다.

평양 등 북한 도시의 계획 현황을 파악할 수 있는 문헌이나 법령을 통해서 볼 때, 북한의 도시계획은 물적 계획을 중심으로 하는 청사진적 계획의 성격을 가지고 있다. 그리고 계획의 집행을 위한 규제적 계획 수법에 대한 제시는 찾아보기 어렵다. 이것은 모든 토지가 국·공유화되어 있고, 주택과 직장의 배정을 통제할 수 있는 북한 정권의 성격과도 밀접한 관련이 있을 것으로 생각된다. 평양시 도시개발에서 제시되는 특징적인 개발 기법으로 가로경관

상의 특징(웅장한 경관 효과, 입체적인 배치 효과), 비번복적이고 독특한 건축입면, 바로크 양식의 도시설계 기법 등을 들 수 있다(서울시정발전연구원, 2004).

### 2.3.4. 집행 수단

「국토의 계획 및 이용에 관한 법률」에 의하면, 한국의 도시계획 실천 수단은 규제(용도지역지구제)와 개발사업(도시개발사업, 도시계획시설사업)으로 볼 수 있고, 이러한 과정에서 개인의 재산권 침해가 발생(도시계획 결정, 토지 보상 등)하고, 이를 해소하는 것이 도시계획의 중요한 절차로 등장하고 있다. 도시계획의 집행 재원으로는 중앙정부, 지방정부, 민간자본 등으로 구분되며, 재원조달의 원칙은 시행자와 수익자에 의한 부담을 제시하고 있다.

반면에 청사진적인 성격을 가지는 북한의 도시계획 과정에서 실천 수단에 대한 근거를 찾아보기는 어렵다. 국가가 모든 생산 수단을 독점하고 있으므로, 도시개발의 재원은 원칙적으로 국가 부담이고, 집행은 기업소와 협동농장에서 담당한다.

### 2.3.5. 제도 및 기구

평양시에 최초로 근대 도시계획 제도가 확립된 것은 1952년 '평양시 복구건설 총계획도' 작성이라 할 수 있다. 1953년에는 건설전문 인력의 양성을 위한 건설대학이 설립되었고, 1960년에는 평양시 총계획이 작성되어 도시계획의 골격이 형성된 것으로 보고되고 있다. 북한 당국의 보고에 의한 이러한 계획 체계의 형성은 남한의 도시계획법 제정 시기(1962)와 비교해 볼 때 상당히 앞선 것으로 보인다. 다만 당시의 계획 내용을 확인하기 어려운 것도 사실이다.

북한의 도시계획 문헌 중에 가장 체계적으로 정리된 것이 『주택소구역계획』(리순권, 1963)이다. 남한의 도시계획 문헌의 출간이 1968년경에 이루어

〈표 9-1〉 서울과 평양의 도시 형태 비교

| 구분 | 서울 | 평양 |
|---|---|---|
| 도심부의 용도 | • 주거지→상업, 업무 용도<br>• 초고층 오피스빌딩의 집중과 외국계 기업의 진출 | • 상당 규모의 공공시설 집중과 고층 아파트가 혼재되어 입지 |
| 주거 양식 | • 단독주택→아파트<br>• 주택평면의 구성: 거실 중심 | • 1980년대 후반에 건설된 광복거리 평면에서도 거실 부재<br>• 주거단지 내 공동식장, 빨래공장, 배급소, 탁아소 등 시설물 배치 |

자료: 저자 정리.

진 것(윤정섭, 『도시계획』, 1968)과 비교해 보면 5년이나 앞서 있다.

북한은 러시아의 전폭적인 지원 하에 이루어진 전재 복구와 도시 개조의 영향에 따라 이 시기에 평양의 도시계획 제도와 기구의 설립은 서울보다 앞섰던 것으로 평가된다(서울시정발전연구원, 2004).

### 2.3.6. 도시 형태

서울의 도시 형태를 결정하는 가장 큰 요인은 고층의 오피스빌딩이라고 할 수 있다. 간선 가로변에는 지가경쟁에 의하여 금융, 업무 기능의 오피스가 입지하게 된다. 도시계획도 이러한 시장의 흐름을 반영하여 지가가 높은 곳에는 높은 밀도와 다양한 용도를 허용함으로써 결과적으로 도시의 경관과 형태는 상당 부분 지가분포에 의하여 결정된다. 〈표 9-1〉은 서울과 평양의 도시 형태를 비교한 것이다.

북한의 도시에는 토지시장이 존재하지 않으므로 지가경쟁이 없고, 토지이용의 결정이 사회주의 계획 규범에 따라 이루어진다. 평양의 경우, 1980년대 들어 건설되기 시작한 인민대학습당, 주체사상탑, 김일성광장 등으로 구성된 대규모의 바로크 양식으로 이루어진 도시의 면모를 보인다. 이것은 이용자의 편의보다는 웅장하고 화려한 시각적 효과에 대한 강조가 도시의 중심 축 설정(인민대학습당-김일성광장-주체사상탑), 경관 형성, 도시개발 원칙 등에서도 잘 나타난다(서울시정발전연구원, 2004).

먼저 도심부의 용도와 경관의 차이는 서울과 평양의 가장 큰 차이이고, 이는 자본주의 시장경제 체제와 사회주의 계획경제 체제 간의 차이에 의한 것으로 평가된다.

그리고 주거 양식에서 자본주의 체제는 가족이 생산과 소비의 기초 단위로서 주택평면의 구성도 거실을 중심으로 한다. 반면, 사회주의 체제는 공동생산과 공동 분배를 경제 생활의 기본으로 채택함에 따라 생산과 소비의 기초 단위가 가족이 아닌 사회주의 공동체이기 때문에 거실의 비중이 남한과 비교하여 상대적으로 낮은 것으로 판단된다.

## 3. 서울-평양 간 도시개발 협력 방안

### 3.1. C2C 개념

국가 또는 정부 간 협력이나 수출계약을 할 때 통상 G2G(Government to Government)라는 개념을 사용하고 있다. 여기서 서울과 평양 간 도시계획 및 도시개발 협력 방안은 양 도시 간 협력이라는 점에서 C2C(City to City), "도시 대 도시"로 정의하고자 한다. 이제는 더 이상 국가의 경쟁력만 놓고 보는 것이 아니라, 사람이 거주하면서 보다 직접적으로 영향력을 주고받는 공간인 도시 간의 경쟁력이 보다 현실적이라고 볼 수 있다. 본고에서도 한국과 북한의 도시 전반에 대한 내용이 아닌 서울과 평양이라는 특정한 두 도시의 상호 협력 방안에 대해 논의한다.

### 3.2. 인도적 교류협력 범위의 구체화 - 주거 인권

북한의 아파트 수준은 전반적으로 한국의 아파트에 비해 많이 떨어지는데, 무엇보다 북한 아파트가 가지는 대표적인 결함으로 부실공사로 인한 낮은 안전성을 들 수 있다. 불법구조 변경 등 부실시공으로 다양한 안전사고가 발생하고 있고, 앞으로도 재발 방지에 대한 확신이 없는 상황이기도 하다(최천운, 2018).

'안락한 주거'는 인권이다. '세계 주거의 날'은 1986년 "모든 사람에게 안락한 주거가 필요하다"는, 주거가 기본 인권임을 알리기 위해 유엔(The United Nations, 국제연합)이 제정한 날이다. 인간은 누구나 적정한 수준의 삶을 누릴 권리를 가진다. 인간다운 삶의 가장 기본적 조건은 적정한 주거 확보이다. 주거권은 이미 세계인권선언에서 선언된 바 있다. 구체적으로 이것은 주택 및 주거 생활 권리에 관한 논의로서 국제기구(UN 등)와 인권단체 및 학계에서 '적절한 주거 생활을 누릴 권리,' 즉 '주거권' 보장을 위한 노력이 오랜 세월 동안 지속되어 왔다. 한국에서도 적절한 주거 생활을 누릴 권리는 헌법 및 주택법 등에서 그 근거를 찾을 수 있다(하성규, 2010).

이를 위해 기존 관련 법률을 개정하는 방법이다. 현재 한국에는 각 시, 군, 구에서 약 40여 개의 남북교류협력조례가 제정·운영되고 있다. 공통적으로 남북교류협력사업의 범위는 일반사업과 인도주의적 사업으로 나뉜다. 일반사업의 범위에 경제·문화·관광·체육·농업·보건·학술 등에 관한 각종 사업으로 구체화한 반면, 인도주의적 사업의 범위에 대해서는 구체화되어 있지 않다. 인도주의적 사업의 범위를 구체화하여 주거 인권을 위한 주거 환경 보호 및 개선사업을 포함시킨다면 향후 지방자치단체의 교류협력사업에도 쉽게 포함될 수 있는 장치를 마련할 수 있다.

### 3.3. 도시계획 및 싱가포르 도시개발 협력

지난 반세기 동안 전 세계에서 가장 급속하게 경제와 도시화에 성공한 도시를 꼽으라면 서울과 싱가포르를 들 수 있다. 두 도시는 여러 가지 공통점이 있지만, 전쟁과 식민지로 황폐화된 도시를 정부가 주도하여 급격한 경제성장을 이루었다는 평가를 받고 있다. 또한 두 도시 모두 성공적인 도시화로 인해 가파른 인구 증가를 겪었으며, 이 부분 역시 각 도시 나름대로 해결을 하고 있다. 그리고 싱가포르와 평양의 경우, 지난 2018년 제1차 북미정상회담 장소로 선택될 정도로 북한과도 밀접하게 연관되어 있고, 북한이 벤치마킹할 수 있는 부분도 있다고 볼 수 있다. 물론 두 국가의 정치, 법제도 등의 행정과 경제, 사회, 문화의 상이한 부분이 있어 단순 비교를 통한 결론을 내리기는 쉽지 않지만, '서울–평양 간 도시계획 및 도시개발 협력 방안'을 살펴보기 위해 싱가포르의 사례도 동시에 살펴보는 것이 여러 면에서 의미가 있다고 판단된다.

싱가포르의 면적은 718km²로 지속적인 해수면 매립을 통해 서울의 605km²보다는 조금 크며, 평양의 1,747km²에는 절반에 못 미치는 도시국가이다. 싱가포르는 전체 인구의 30% 이상 다양한 국적의 도시민이 살고 있는 국제도시로서, 도시계획, 도시개발 및 도시 관련 행정 부분에 있어서도 실용적이고 효율적인 선진 시스템을 바탕으로 아시아지역뿐만 아니라 전 세계 국제도시들과 견주어도 살기 좋고, 사업하기 좋은 도시 중 하나로서 널리 알려진 곳이기도 하다. 싱가포르는 1960년대 영국과 말레이시아로부터 해방 후 지난 60여 년 동안 정부 주도로 지속적 도시 성장을 추진한 대표적 성공 사례라고 볼 수 있다. 시대적 흐름에 맞추어 도시 인구 및 산업 구조의 계획과 이행을 통해 도시 관리를 꾸준히 성공적으로 이행하고 있는 싱가포르의 도시 전략은 북한이 상당히 관심을 갖고 있는 도시 발전 모델이기도 하다. 서구의 자본주의를 그대로 받아들이지 않고, 아시아적 가치를 추구하는 권위주의 정치 체제를 유지하면서도 경제 체제는 보다 자본주의를 지향하고 있다. 이것은 북한의 입장에서도 선택할 수 있는 매력적인 카드가 될 수 있는데, 기존 정치 체제를 유지하면서 싱가포르식의 개방된 시장경제의 장점만을 받아들이는 모델이 될 수 있기 때문이다.

좀 더 구체적으로 싱가포르의 경제개발위원회와 도시재개발청의 사례를 소개하고자 한다.

### 3.3.1. 경제개발위원회

싱가포르가 지금까지 독특한 스타일로 성장을 거두게 된 요인은 중앙집권적 거버넌스와 지속적인 혁신으로 요약할 수 있다. 싱가포르는 중앙정부가 적극적으로 세계화를 추진해서 성공을 이룬 사례라고 할 수 있다. 싱가포르의 경제개발위원회는 투자와 관련된 제반 사항을 단일화하고, 필요 시 관련 부서 및 기관들과 협업을 수행하는 강력한 컨트롤 타워로 기능하고 있다. 조직 구조상으로는 통상산업부 산하 기관이지만, 실제로 장관급 인사가 회장으로 임명되어 총리에게 직접 보고하는 체계이기 때문에 독립된 행정기관으로서 상당한 자율성과 권한을 가지고 있다. 경제개발위원회는 정부가 임명하는 12명 이하의 위원으로 구성되는데, 여기에는 공공 부문과 민간 부문의 대표, 싱가포르에 진출한 외국 기업의 대표 등이 포함되어 있다.

싱가포르 정부는 정치적으로는 권위주의적이고 중앙집권적인 권력 체계를 갖추고 있지만, 경제적인 면에서는 매우 다른 면모를 보여 준다. 기업과 개인에 대한 경제적 자유를 보장하고 기업친화적인 환경을 조성하기 위해 노력한다. 글로벌 기업을 유치하기 위한 전략도 뛰어나다. 지역본부 인증제도를 통해 조세 감면, 행정 지원, 외국 생활 지원 등 각종 인센티브와 편의를 제공한다.

북한은 이미 싱가포르로부터 자본주의 경제에 대해 배우는 중이다. 싱가포르에 있는 '조선 익스체인지'(Chosun Exchange)라는 대북교류 목적의 민간단체가 노동당·내각 간부, 무역 관계자 등을 대상으로 시장경제에 대한 교육을 진행하고 있다. 제프리 시(Geoffrey See) 조선 익스체인지 회장은 "북한 정부 간부들이 주로 30대 젊은 세대라 그런지 매우 개방적"이라며, "싱가포르의 경제 정책에 대해 공부하면서 어떤 점이 북한에 적용될 수 있는지 적극적으로 의견을 개진했다"고 전했다.[4)]

### 3.3.2. 도시재개발청

싱가포르의 경제개발위원회 운영 노하우와 함께 도시계획, 도시개발 그리고 도시관리기관에 대해서도 주의 깊게 살펴볼 필요가 있는데, 이를 담당하는 기관이 도시재개발청(Urban Redevelopment Authority: URA)이다.

도시재개발청은 URA ACT(CHAPTER 340)와 국토개발부(Ministry of National Development) 산하의 법률위원회(Statutory Board)에 의해 1974년에 설립된 조직이다. 국내의 어떠한 도시 관련 기관과 정확히 일치 또는 유사하다고 정의 내리기는 쉽지 않지만, 실용과 효율을 중시하는 도시국가의 특성상 한국에 비해 행정적 위계가 다소 단순하다고 볼 수 있다. URA ACT의 내용을 통해 6가지 주요 책임 업무를 살펴보면 아래와 같다.

**1) 토지이용계획(Land Use Planning)**

싱가포르 55개의 도시계획 지역에 5년마다 수립되는 Master Plan(법정 계획)과 10년마다 수립되는 Concept Plan(비법정 계획)의 중·장기 전략적 토지이용계획을 수립하는 것이 URA의 가장 기본이 되는 업무이다. 공식적으로는 5년마다 마스터 플랜(Master Plan)을 수립하도록 되어 있지만, 내부적으로는 분

4 중앙선데이, "북한 '싱가포르는 우리 인민의 친근한 곳' 경제특구 개발 때 롤 모델", 2018. 5. 12일자.

기별 부동산 시장의 모니터링을 바탕으로 수시로 마스터 플랜을 검토하고 있으며, 필요 시 수정을 하고 있다.

**2) 개발 제어(Development Control)**

마스터 플랜에 명시된 지침 내용을 바탕으로 이를 준수하는 공공 및 민간 부분의 각종 부동산, 도시개발 프로젝트 계획에 대해 평가하고 승인하는 일을 한다. 이때 각 분야 전문가와 시민들로 구성된 위원회와의 협력을 통해 사업성뿐만 아니라 공공성을 고려한 양질의 서비스를 제공하는 업무를 한다.

**3) 도시 설계(Urban Design)**

도시계획을 담당하는 업무는 싱가포르에 가보지는 않았더라도 한 번쯤은 들어보았을 법한 오차드 쇼핑거리, 탄종파가의 국제 금융업무 지역, 싱가포르 리버의 수변 문화공간, 마리나 베이의 신도시와 같은 지역에 중기 혹은 단기 도시계획과 이를 바탕으로 한 토지이용계획을 수립한다. 많은 경우 도시계획의 개선과 성공적인 이행을 위해서 다른 정부기관과도 협력한다.

**4) 건물 보전(Building Conservation)**

1989년 보전 마스터 플랜을 발표한 뒤부터 역사적 건물 보전은 URA의 중요한 업무 중의 하나이고, 단순 건물의 보전이 아닌, 그 건물 안팎의 문화, 역사 그리고 살고 있는 사람들과의 소통을 통해서 중요한 건물의 보전을 위한 지침과 프로세스를 규정하고 있다. 현재 7,000개가 넘는 건물이 보전 건물로 지정된 상태이고, 신·구의 조화를 위해서 역시 위에 설명한 업무 담당 팀들과 협력하여 업무를 이행한다.

**5) 토지 매각(Land Sales)**

URA는 정부기관이지만, 민간 개발자의 요구를 충족시키기 위해 싱가포르 정부를 대신하여 공개 입찰을 통해서 마스터 플랜과 토지이용계획에 맞는 토지를 판매하고 있고 URA는 정부의 Land Sale's Agent(토지매각 에이전트)로서의 업무를 수행하고 있다. 이때 특히 국가가 보유한 국·공유지를 관리하는 싱가포르 법무부(Ministry of Law)의 법정 위원회 조직(Statutory Board)인 싱가포르 토지기관(Singapore Land Authority: SLA)과 밀접한 협업을 통하여 토지 매각을 준비한다.

**6) 주차장 운영 및 관리(Carpark Management)**

HDB(공공임대 아파트) 외부의 모든 공공 주차장을 관리하는 업무를 하고 있다. 따라서 하나의 교통카드로 교통혼합 부담금부터 시작해서 도시 모든 지역의 주차장 요금(일부 도로 주체 제외)을 자동으로 계산할 수 있는 시스템을 갖추고 있다. 또한 주요 지역의 주차장은 시대의 흐름에 맞는 도시개발 수요에 민첩하게 반응을 하기 위한 토지 비축이라는 이중적인 목적도 가지고 있고, 실제로 도심지역 대부분의 공공 주차장 부지의 경우, URA가 아닌 공공이나 민간으로부터 항상 다양한 개발 압력을 받고 있다. 또한 URA의 도심지역을 관할하는 도시계획 관련 부서는 제안된 개발계획의 타당성 평가를 마스터 플랜 안의 인구, 산업, 개발 규모와 단기 부동산 모니터링, 도시개발계획 등을 통해 다각도로 검토하며, 제안된 안이 URA와의 협의를 거쳐서 실제 개발된 사례도 있다(이홍수, 2017).

다음으로 도시 간 도시계획 및 도시개발 협력 방안을 살펴보고자 한다.

### 3.3.3. 도시 간 도시계획 및 도시개발 협력 방안

평양과 같은 수도인 도시에 경제 개방으로 인한 국내·외의 무분별한 투자와 난개발은 지속적인 도시성장을 저해하는 요소가 될 수 있으므로, 경제개발 전에 싱가포르와 같은 일관성 있고 투명성 있는 시스템을 확립할 필요가 있다.

서울 역시 광복과 한국전쟁 이후 '한강의 기적'이라는 타이틀에 걸맞게 금융위기 등을 잘 극복하였으며 해외에서는 다이나믹 서울(dynamic Seoul)이라고도 잘 알려져 명실공히 국제도시화에 성공을 한 이면에는 법, 제도, 관리 및 정책 이행 수행기관 등의 시스템을 잘 정립한 부분에 성과가 있다고 보여진다.

싱가포르와 서울은 각각 도시 마스터 플랜과 도시기본계획과 같은 중·장기 계획과 시민의 의견을 바탕으로 개발을 차근히 이행해 나가고 있다. 평양 역시 경제 개방 후의 도시구조, 산업구조, 인구구조 등의 변화를 고려하여 지금부터 도시 정책을 만들어 나가야 한다. 예를 들어, 경제 개방이나 통일 전과 후의 평양이라는 도시는 상이하게 변화될 것이라는 것은 누구나 쉽게 예측할 수 있다.

지금부터 국내외로부터 인구집중, 개발집중 그리고 이로 인한 교통혼잡 등의 다양한 시나리오를 바탕으로 한 정책과 계획을 단계별로 수립하지 않은 경우, 무분별한 개발과 투자로 혼란스러운 상황이 발생하고, 평양이 미래 성장 동력이 되기보다는 여러 개발도상국에서 볼 수 있는 혼란의 중심이 되며 지속적인 도시화라는 과제에서 멀어질 수도 있다. 이를 방지하기 위해 평양도 싱가포르나 서울처럼 토지 이용의 계획, 개발 제언, 도시설계, 건축 보전, 토지매각 등에 종합적인 컨트롤 타워 역할을 맡을 경제개발위원회 및 도시개발 및 관리 기관을 중앙정부 혹은 시 정부 차원에서 조직하고 운영할 필요가 있다. 위원회 조직과 도시개발 관리기구 등의 설립에는 서울의 유관 부처 및 정책기관 전문가(혹은 싱가포르와 같이 참여)가 남북한 경제협력이라는 큰 그림의 관점에서 평양의 도시계획 마스터 플랜과 이행 방안을 수립하는 방법도 검토될 수 있을 것이다.

### 3.4. 전문 기법을 활용한 다자 간 국유지 개발 협상

#### 3.4.1. 전형적 방법(BLT, BTO 등)

이미 알려진 바와 같이 북한의 도시개발에 대한 욕구는 매우 높아진 반면, 경제 수준은 한참 낮은 수준이다. 따라서 북한으로서는 부동산 개발 금융 기법에 대한 다양한 옵션들을 선택할 가능성이 높다. 이에 국유지 등을 활용한 전문 기법을 통해 개발협력 방향을 모색할 필요가 있다. 북한의 국유지 개발을 기준으로 할 때, 한국의 국유지 개발 사례는 중요한 본보기가 될 수도 있기 때문이다.

한국에서 위탁개발은 국유지 중 일반재산으로 한정되어 있어 노후 청사, 공공기관, 지자체 청사를 통합하는 개발에 제약이 있으며, 공공성과 수익성의 조화 문제로 개발 방향 설정의 한계를 안고 있다. 수익성이 담보되지 않는 물건은 사업 대상 발굴 시 우선 배제되며 기존 준공건물도 대부분 수도권 및 도심지에 소재하고 있고, 공공성 고려에 따른 개발 및 활용 범위의 한계도 존재한다. 또한 대규모 재산 중의 상당 부분이 도시계획 시설 등 법적 용도 제한으로 개발이 곤란하고, 일반적인 경제 논리로는 사회기반시설 확보가 어려우므로 지방자치단체가 미래 가용 용지의 확보 차원에서 도시계획 시설 지정을 남용하기도 한다.

민간이 국가 등의 필요시설을 건설(build)하여 국가로 소유권을 귀속(transfer)시키고 일정 기간 동안 사용수익권을 획득하여 시설 운영을 통해 투자비를 회수하는 개발 방식인 BTL(Build-Transfer-Lease) 및 BTO(Build-Transfer-Operate) 방식과 위탁개발은, 대상 시설 개발을 위하여 정부예산을 사용하지 않는 점에서만 동일할 뿐, 사업 목적, 사업 대상 시설, 사업 주체 등에 있어서 차이를 보인다. 북한 지역의 경우에도 국유지 관리 정책 방향을 설정함에 있어 한국 정부 차원이 아닌 민간 차원의 사업과 이를 뒷받침할 수 있는 북한의 우호국과의 다자 간 협력이 필요하다. 민간투자사업의 여러 방식들 중 토지가 국유화된 북한의 현실을 감안한 BLT 방식 등의 사업 등을 활용할 필요가 있다(최천운, 2013).

북한과 우호관계를 맺고 있는 중국의 최근 개혁·개방은 북한의 개방 정책에도 긍정적인 영향을 미칠 수 있다.

### 3.4.2. 혁신적 방법(Land Swop)

싱가포르와 말레이시아가 국유지 공동개발을 한 사례는 서울-평양 간 국·공유지 개발에 시사점을 줄 수 있다.

2010년 9월 21일 싱가포르의 이쉔룽 총리(Prime Minister Lee Hsien Loong)와 말레이시아의 나집 총리(Prime Minister Najib Razak)가 양 국가의 국유지 토지 교환(Land Swop)을 통한 상호 협력 개발사업을 전격적으로 발표하였다. 말레이시아 연방 소속이었던 싱가포르는 1963년 말레이시아 연방의 일원으로 영국으로부터 독립을 하고, 2년 뒤인 1965년에 말레이시아 연방까지 탈퇴하며 독립국가가 되었다. 말레이시아 연방 탈퇴 시 싱가포르에서 태국까지 연결되는 기찻길 및 기차역은 말레이시아 소유로 남겨진 채 진행이 되었는데, 이 부분의 소유권에 대해 양국에서 지속적으로 논의되던 중 2010년 상호 이익이 되는 부분을 찾아 극적으로 타결이 된 것이다. 상호 교환이 되는 토지의 대상은 싱가포르에 남겨져 있던 말레이시아 소유의 남북으로 이어지는 기찻길 및 역사를 이루는 6개의 토지와 싱가포르 소유인 마리나 베이(Marina Bay) 지역의 4개 토지 및 구도심의 오피-로쵸(Ophir-Rochor) 지역의 2개 토지의 교환이며, 말레이시아-싱가포르 양국이 M+S Pte Ltd라는 조인트 벤처회사를 국부펀드(말레이시아 카자나 60% 지분/싱가포르 테마섹 40% 지분)에 의해 설립하였고, 양국의 민간 디벨로퍼들과 함께 개발을 시작하게 되었다.

평양의 도시개발 역시 M+S의 개발에서와 같이 S+P(Seoul+Pyongyang) 조인트 벤처 등의 형식을 통해서 평양의 중요한 국·공유지 지역에 서울의 도시화 경험, 전략, 신용 등을 발판으로 하여 성공적인 국내 및 글로벌 투자를 이끌어 국제도시로서 성장할 필요가 있다.

## 4. 결론

서울과 평양의 도시계획을 시작으로 남북한 양국의 도시 간 협력을 위해 다양한 측면을 검토해 보았다.

서울과 평양의 도시계획은 몇 가지 중요한 차이를 보이고 있다. 첫째, 계획 목표에 있어서 서울시가 삶의 질과 복지, 세계화 등을 제시하고 있는 반면, 북한은 사회주의 이념 선전의 장으로 인식하고 있다.

둘째, 남북한 모두 8.15 광복 이후 극도로 혼란했던 정치·경제·사회적 상황으로 도시계획에 대한 사회적 분위기가 성숙되지 못한 채 한국전쟁을 겪게 되었다. 이후 한국의 경우에는 1960년대부터 국가 차원의 경제개발계획이 수립·시행되었고, 북한의 경우에는 1952년 초부터 북한 최초의 도시계획으로 알려진 평양시 복구건설 총계획도가 작성되었다. 현재에도 평양이라는 도시는 한국의 일반 도시와도 견줄 만한 수준을 자랑한다. 따라서 추후 북한의 경제 개방 시 이러한 경향이 반영되어 경제개발이 생각보다 빠르게 진행될 수 있는 여건은 조성되어 있다고 판단된다.

셋째, 도시 간 도시계획 및 도시개발 협력 방안 모색을 위해 싱가포르의 사례를 검토하였다. 도시국가인 싱가포르나 서울의 경우, 각각 도시 마스터플랜과 도시기본계획과 같은 중·장기 계획과 시민의 의견을 바탕으로 개발을 이행해 나가고 있고, 북한도 싱가포르식의 경제개발 방식을 지향하고 있다.

앞서 살펴본 방안들을 향후 서울–평양 간 도시개발 협력에 활용한다면 더 큰 시너지 효과를 기대할 수 있다.

첫째, C2C의 개념을 도입하여 남북한, 국가 대 국가가 아닌 '서울–평양' 간, '도시 대 도시' 간의 보다 긴밀하고 적극적인 교류협력의 개념으로 지향해 나가야 한다.

둘째, 인도적 교류협력사업의 범위에 주거 환경 개선사업을 추가하여 사업의 지속 가능을 높일 필요가 있다. 이를 위해 주거 환경 보호 및 지원에 관한 특별법을 제정하는 방법과 기존 남북 교류협력 관련 법률을 개정하여 인도적 지원사업의 범위를 구체화하여 주거 인권을 위한 주거 환경 보호 및 개선사업을 포함시킨다면, 향후 지방자치단체의 교류협력사업에도 쉽게 포함될 수 있는 장치를 마련할 수 있게 된다.

셋째, 한국 정부의 국유지 개발 노하우를 부동산 개발 금융 기법과 접목하여 남북한 도시개발 협력에 적용할 수 있다. 특히, 북한의 경우 국유지 관리 정책 방향을 설정함에 있어 한국 정부 차원이 아닌 민간 차원의 사업과 이를 뒷받침할 수 있는 북한 우호국과의 다자 간 협력이 필요하다. 특히, 민간투자사업의 여러 방식들 중 토지가 국유화된 북한의 현실을 감안할 BLT 방식의 사업 등을 활용할 필요가 있다.

넷째, 싱가포르와 말레이시아가 수행했던 토지 스와프 개념을 도입하여 서울–평양 두 도시 간 교류에서 외국의 주요 도시 간 다자협력 방안을 모색할 필요가 있다. 이렇게 함으로써 평양 도시개발사업에서의 토지비용을 줄여 지속성을 담보로, 남북한뿐만 아니라 글로벌 교류를 활성화시켜 국제도시로 성장할 수 있을 것이다.

이상의 결론을 종합하여 다음과 같은 정책 제언을 하고자 한다.

첫째, 서울–평양 간 도시개발 협력에 대한 구체적인 양해각서를 체결하고, 남북한 도시 지방자치단체장들 간의 교류협력을 활성화하는 방안을 검토해야 한다. 중기적 관점에서 남북한 간 도시개발 협력을 위해서는 지역적 범위를 세부 지역별로 나누었을 때, 협력 가능성을 높일 수 있으므로 도시개발을 위한 남북한 지역 간 협력에 대한 합의가 필요하다.

둘째, 앞서 제시한 '서울–평양 간 도시개발'을 위한 협력 방안들이 '남북한 교류협력'이라는 기본 정책 안에 각 분야를 동시에 단계적으로 추진해야 한다. 기존 정책들이 각 분야별로 서로 다른 주체들에 의해 추진됨으로써 남북한의 정치적 상황에 의해 일관되게 추진되지 못하였다는 한계를 가지고 있기 때문에 이전보다 효율적이고 꾸준한 정책적 효과를 얻기 위해 반드시 필요하다.

끝으로 남북한 간 '분단'이라는 특수한 상황에서 정치적 변수에 흔들리지 않고 지속 가능성을 담보할 수 있는 협력 방안을 모색해야 한다.

## 참고 문헌


김현수, "북한의 도시계획에 관한 연구," 서울대 박사학위논문, 1994.

리화선, 『조선건축사』, 과학백과사전종합출판사, 1989.

『북한문학사전』, 1995.

『북한 백과사전』, 과학백과사전종합출판사, 1989.

서울시 도시계획 포털사이트, http://urban.seoul.go.kr/4DUPIS/sub2/sub2_2.jsp(검색일: 2019. 1. 29).

서울시정발전연구원, "서울과 평양의 도시계획 이념 및 공간구조 비교," 연구보고서, 2004.

아시아경제, "[DMZ 지뢰 제거] 한반도 매설 지뢰, 종류와 양은 얼마?," 2018. 10. 2일자.

이홍수, "싱가포르의 국가 도시계획 · 개발기관, URA," 『건축과 도시공간』, Vol .27, 건축도시공간연구소, 2017.

전상인, "북한의 수도계획," 서울대 환경계획연구소 세미나, 2013.

중앙선데이, "북한 '싱가포르는 우리 인민의 친근한 곳' 경제특구 개발 때 롤 모델," 2018. 5. 12일자.

최천운, "통일 이전 북한지역 국유부동산 개발협력 정책방향 연구," 『통일정책연구』 제22권 제2호, 통일연구원, 2013, pp. 249~273.

______, "남북교류협력사업과 북한 주거환경개선의 연계방안 연구," 『부동산법학』 제22권 제2호, 한국부동산법학회, 2018, pp. 217~240.

하성규, "헌법과 국제인권규범을 통해 본 주거권과 '적절한 주거'(Adequate housing) 확보방안," 『한국사회정책』 제17권 1호, 2010.

# 제3부

# 에너지, 기후변화 및 산림 복구 전략

제10장 북한 에너지 사용 및 이산화탄소 배출 분석과 전망

제11장 신기후 체제 하 북한의 기후변화 대응 전략

제12장 북한 산림 황폐 영향과 복구 방안

# Chapter 10 북한 에너지 사용 및 이산화탄소 배출 분석과 전망

정태용(연세대학교 국제학대학원)
문종우(연세대학교 지속가능발전센터)

1. 서론
2. 북한의 경제발전과 에너지 사용 추이
3. 북한 에너지 공급 및 온실가스 배출 전망
4. 결론

## 1. 서론

한 나라의 경제가 발전하고 생산하는 데 에너지는 필수 생산 요소이다. 경제 주체들의 소비 활동에도 에너지가 공급되지 않는다면 소비는 거의 이루어질 수 없다. 결국 에너지는 한 나라 경제의 생산과 소비에 꼭 필요한 요소이다. 주요 에너지 시설인 전력망, 석유 시설, 가스 공급망 등은 막대한 투자가 필요한 사회간접자본 중 하나이다. 석탄, 석유, 천연가스와 같은 1차 에너지 자원을 확보하는 것은 한 나라의 경제를 유지하고 발전시키는 데 중요한 고려 사항이 될 수밖에 없다. 더욱이 이러한 1차 에너지 자원은 나라별로 다르게 분포하는데, 예를 들면 중동 국가들은 석유, 러시아는 천연가스가 매우 풍부하다. 이들 국가들은 에너지 자원을 배경으로 국제사회에서 많은 영향력을 행사하고 있다. 반면 우리나라와 같이 1차 에너지 자원이 거의 없는 나라는 에너지를 확보하는 것이 매우 중요한 국가적 과제로 '에너지 안보'(energy security) 차원에서 에너지의 안정적 공급을 위해 노력하고 있다.

21세기 들어서 에너지의 안정적 확보 문제와 더불어 기후변화 문제가 전 세계적인 문제로 부각되고 점점 심화되는 양상이다. 국제사회는 온실가스를 배출하는 석탄, 석유와 같은 화석연료의 사용을 억제하여 온실가스의 배출을 자발적으로 줄이는 데 국제적인 합의를 이루었다. 모든 국가들은 국가의 경제 활동을 위하여 안정적인 에너지를 확보함과 동시에 국제적인 온실가스 감축 노력에 동참하는 제약을 가지고 미래의 에너지를 선택해야 하는 상황에 있다.

북한의 경제발전도 에너지 사용과 밀접한 관계가 있다. 북한의 경제는 기본적으로 사회주의식 계획경제를 기반으로 하는 경제 체제이다. 북한의 경제발전을 위한 주요 에너지로 풍부한 석탄이 사용되고 있으며 전력 생산의 많은 부문은 수력이 담당하고 있다. 원유를 수입하여 석유 제품을 만드는 석유화학산업을 통하여 석유 제품을 만들거나 석유 제품을 직접 수입하여 수송 부문이나 산업 부문에서 필요한 에너지로 사용하여 왔다.

그러나 북한은 핵무기 및 미사일 개발과 관련하여 국제사회로부터 경제적 제재를 받고 있는 상황으로 현재 원유 및 석유 제품의 수입이 엄격한 제약을 받고 있다. 한편, 북한도 기후변화협약에 가입하고 온실가스를 줄이기 위한 국제적 노력에 동참하여 2030년까지 온실가스 배출을 줄이고자 하는 자발적 계획을 유엔 기후변화사무국에 제출하였다.

본고에서는 북한의 경제발전과 에너지 사용의 과거 추이와 이들 간의 관계를 살펴본다. 또한 에너지 사용에 따른 온실가스 배출과의 관계도 요인별로 분석하여 향후 북한의 에너지 선택에 따른 온실가스 배출을 전망한다. 북한의 온실가스 배출 전망을 북한이 기후변화협약에 제출한 자발적 온실가스 감축계획안과 비교하고 정책적인 시사점을 도출한다.

## 2. 북한의 경제발전과 에너지 사용 추이

인간의 경제적, 사회적 활동의 중요한 요소인 에너지는 경제발전과 밀접한 관계가 있다. 대체로 경제가 발전함에 따라 에너지의 사용량도 증가하는 양(+)의 상관관계를 가지고 비슷한 추이를 보이며 같이 움직이는 경향이 있다. 북한의 경제와 에너지 사용량 추이도 비슷한 양상을 보이고 있다. 그러나 시대별로 북한의 내부 정치·경제·사회적 요인과 외적인 요인에 의해 크게 변화해 왔다.

## 2.1. 경제발전 추이

계획경제와 소련 및 동유럽의 사회주의 국가들과의 교류가 지속되던 1980년대 후반까지 북한 경제는 빠르게 성장하였다. <그림 10-1>에서처럼, 1971년 북한의 실질 국내생산량(GDP)은 2010년을 기준 연도로 계산하여 82.9억 달러에서 약 17년 후인 1988년에는 443.3억 달러로 5배 이상 빠르게 증가하였다. 하지만 1980년대 후반 동유럽의 사회주의 국가들의 경제 체제 전환이 이루어지고 1991년 소련이 붕괴됨에 따라 북한 경제도 점차 성장이 둔화되기 시작하였다. 외부 국제정치 상황이 급격하게 변화하고 북한 내부 여건 역시 변화하면서 북한 경제는 이후 마이너스 성장률을 기록하여 2016년에는 실질 국내생산량이 217억 달러 정도로 추정되고 있다. 1990년대 고난의 행군 시기 동안 대기근을 거치며 북한 경제의 성장은 더욱 크게 정체되기 시작하였다. 이후에도 경제 상황은 개선되지 않았으며, 북한의 본격적인 핵무기 개발에

〈그림 10-1〉 북한의 실질 국내총생산 및 인구 추이

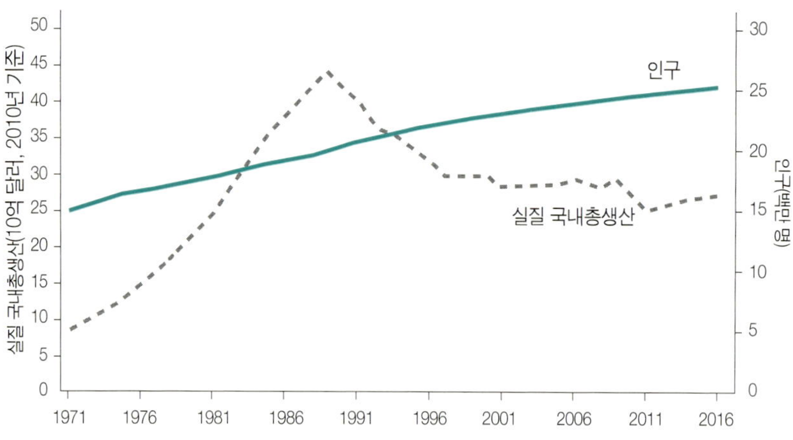


자료: World Bank(2019); IEA(2018).

따라 2006년부터 이어진 유엔 경제제재는 북한의 경제 상황을 더욱 악화시키는 계기가 되었다.

같은 기간 동안 북한의 인구는 지속적으로 증가하고 있으나, 인구 성장률은 북한 경제 상황에 따라 점차 정체되는 추세이다. 1971년 북한의 인구는 1,481만 명 수준이었으며, 1970년대에는 지속적인 경제성장과 더불어 인구 성장률이 약 1.85% 수준이었다. 하지만 1990년대 중반 대기근과 악화된 경제 상황으로 인하여 인구 성장률이 1990년대 1.27%로 감소하였으며, 2000년대 들어서는 0.7% 수준으로 크게 정체되어 2016년 북한 인구는 2,537만 명 수준으로 추정하고 있다(World Bank, 2019). 1990년 북한의 인구는 2,029만 명에 실질 GDP는 427억 달러 정도였으나, 2015년 인구는 2,536만 명으로 증가하였으나 실질 GDP는 217억 달러로 오히려 반 정도로 감소하여, 어려운 경제 상황임을 알 수 있다. 북한의 핵 실험과 미사일 실험으로 2016년 3월 유엔의 북한 경제 제재가 강화됨에 따라 2017년 이후 북한 경제 상황이 더욱 악화되었을 것으로 추정되고 있다.

### 2.2. 에너지 사용과 온실가스 배출 추이

일반적으로 경제가 발전함에 따라 보다 많은 에너지를 사용하게 된다. 사용하는 에너지원이 석탄, 석유와 같은 화석연료라면 에너지 사용의 증가에 따라 온실가스 배출도 늘어나는 추세를 보인다. 1971년부터 2016년까지 북한의 에너지 사용과 온실가스 배출 추이도 북한의 경제 상황 변화와 유사한 형태를 보이고 있다. 〈그림 10-2〉에서처럼, 북한의 1차 에너지 공급량(total primary energy supply)과 최종 에너지 소비량(final energy consumption)은 북한 경제가 성장하던 1980년대 말까지 점차 증가해 왔으나, 1980년대 중반 이후부터 점차 감소하는 추세를 나타낸다. 에너지 사용량 추이에서 주목할 점은 1차 에

〈그림 10-2〉 북한의 에너지 및 온실가스 추이

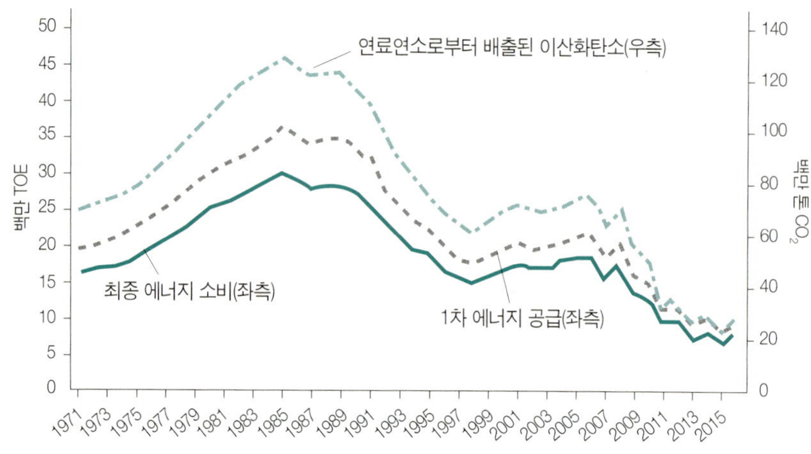


자료: IEA(2018).

너지 공급량과 최종 에너지 소비량의 차이다.

북한 경제가 성장하던 1980년대 후반까지는 그 차이가 계속 증가하는 추세였으나, 1990년대 초반 이후 점차 줄어들어 현재는 그 간격이 매우 좁아진 상태이다. 국제에너지기구(International Energy Agency: IEA)의 Energy Balance 표를 분석해 보면, 북한의 1차 에너지 공급과 최종 에너지 소비 차이의 변화는 석탄과 원유 및 석유 제품의 사용량 변화와 밀접한 관계가 있다. 1차 에너지인 석탄, 원유, 가스, 수력 등의 에너지 자원은 에너지 전환 과정을 거쳐 전력이나 석유 제품 등 사용 가능한 2차 에너지로 전환되어, 송전선이나 송유관을 통하여 최종 에너지 소비로 계산된다.

석탄의 경우, 1차 에너지 공급량과 석탄 제품의 최종 에너지 소비량 차이는 1989년에 6,818천 TOE(Tonne of Oil Equivalent: TOE, 석유 환산 톤)이었으나, 이후 점차 감소하여 2013년에는 1,768천 TOE로 약 74%가량 감소하였다. 이러한 급격한 감소는 같은 기간 동안 용광로와 코크 오븐에서 활용되는 석탄 및 석탄 제품이 크게 감소한 것과 관련이 있다. 즉, 같은 기간 동안 북한의 마이너스 경제성장으로 철 생산이 줄어들고 철 생산에 사용되는 석탄 제품의 감소로 2차 에너지로의 전환이 급감한 것으로 해석할 수 있다. 전력 부문에서도 화력 발전에 사용되는 1차 에너지원인 석탄 및 석탄 제품의 공급이 4,488천 TOE에서 1,699천 TOE로 감소하였다. 즉, 1980년대 후반부터 북한의 국내 생산이 감소함에 따라 1차 에너지 공급량이 급격히 감소하고, 이에 따라 에너지 전환 과정에서 필요한 석탄이 감소함에 따라 최종 에너지 소비와의 차이가 줄어드는 현상을 나타내게 되었다.

북한에서 사용되는 화석연료의 대부분은 석탄이며, 경제제재 국면에서 해외로부터 수입되는 원유나 석유 제품의 공급이 매우 제한적인 상황에서 북한의 이산화탄소 배출은 1차 에너지원으로서 석탄의 공급과 매우 밀접한 관계가 있다. 〈그림 10-2〉에서처럼, 북한의 화석연료 사용에 따른 이산화탄소의 배출은 거의 같은 추세를 보이고 있다. 1985년 화석연료 사용에 따른 이산화탄소 배출은 약 1억 3,000만 톤에서 최대 배출을 나타내고 그 후 지속적으로 감소하는 추세를 보이고 있다. 2016년에 2,500만 톤으로 약 30년 사이에 80% 이상 감소하는 것으로 나타나고 있다. 이는 1980년대 중반 이후 북한의 경제가 위축되고 이에 따라 에너지의 공급이 급격히 감소한 결과이다. 현재 북한의 에너지 상황이 매우 심각함을 알 수 있으며, 이러한 상황은 이산화탄소의 배출 측면에서 다시 한 번 확인할 수 있다.

북한의 에너지 및 이산화탄소 배출 추이를 일인당 지표로 살펴보면 상황은 더욱 심각하다. 〈그림 10-3〉에서처럼, 1971년부터 2016년까지 북한 인구는 약 1,500만 명에서 2,500만 명으로 1,000만 명 정도 증가하였다. 반면에 같은 기간 동안 국내총생산량은 180억 달러 정도만 증가하였다. 따라서 일인당 국민총생산은 같은 기간 동안 2010년 달러 기준으로 약 560달러에서 1,070달러로 45년 동안 두 배 정도만 증가하는 매우 초라한 실적을 거두었다.

**〈그림 10-3〉 북한의 일인당 에너지 및 온실가스 추세**

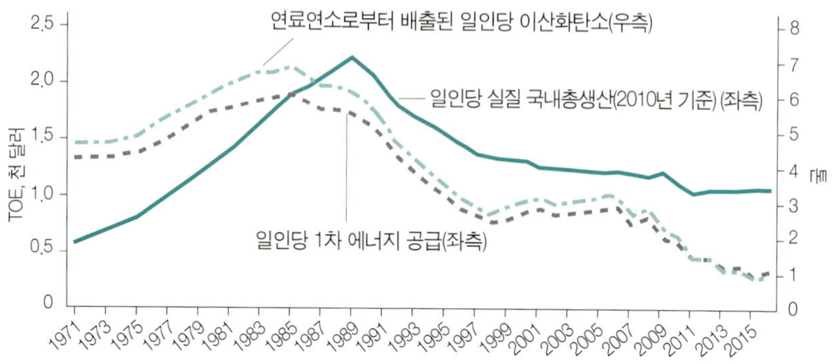


자료: IEA(2018).

일인당 1차 에너지의 공급도 같은 기간 동안 1.31톤에서 0.35톤으로 약 74% 정도가 감소하였다. 45년 동안 인구가 완만히 증가하여도 경제가 성장하고 발전하면 일인당 지표는 대부분의 국가에서 증가하는 것이 일반적이다. 그러나 북한의 경우에는 1971년에 비하여 2016년에 일인당 1차 에너지 공급량이 24% 정도에 불과하다는 것은 북한 경제 및 에너지 상황이 매우 심각하다는 것을 알려 주고 있다. 일인당 이산화탄소 배출량도 같은 기간 동안 4.7톤에서 1985년 6.9톤을 최고로 그 후 지속적으로 감소하여 2016년에는 1.0톤밖에 되지 않은 상황이다.

〈그림 10-4〉에서처럼, 북한의 전력 생산량도 북한 경제의 발전과 밀접한 관계가 있다. 1971년 약 15TWh였던 북한의 전력 생산은 1989년 29.2TWh를 최고점으로 하고 그 후 지속적으로 감소하는 추세를 보인다. 2003년을 기점으로 다시 전력 생산량이 다소 회복되는 추세를 보이다 2012년을 지나면서 다시 감소하게 된다. 2016년에는 1973년의 전력 생산량 수준인 약 27TWh 정도를 생산하였다. 일인당 전력 생산량은 1971년부터 2016년 기간 동안 북한의 인구가 증가하여 더욱 감소하는 추세이다. 1971년 일인당 전력 생산량은 약

〈그림 10-4〉 북한의 전력 생산량 추세

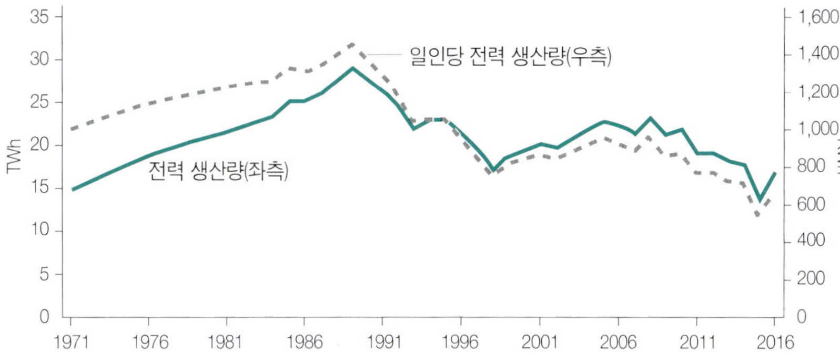


자료: IEA(2018).

1,000KWh 정도였으나 46년이 지난 2016년에 667KWh로 33% 정도 오히려 감소하였다. 전체 전력 생산량보다 더 급격하게 감소하는 추세를 보이고 있다. 2016년 일인당 전력 생산이 매달 50KWh 정도 수준으로 상황이 매우 심각함을 알 수 있다. 향후 북한 경제의 발전을 위한 전제 조건으로 전력 부문에서 획기적인 시설 확대와 더불어 낡은 시설을 개·보수하여 기존 전력 생산설비의 효율을 향상시키는 것이 시급한 국가적 과제가 되고 있다.

북한의 전력 생산을 위한 주요 1차 에너지원은 수력이다. 〈그림 10-5〉에서처럼, IEA의 통계에 따르면 2016년 75% 정도의 발전이 수력에 의존하고 있다. 1980년에는 48% 석탄, 2% 석유, 50% 수력의 비중으로 북한에서 발전이 이루어졌다. 석탄은 북한 전력 생산에 중요한 국내 에너지원이다. 2010년 정도까지는 30~40%대의 비중을 유지하다가 2010년 이후 30% 이하로 떨어지고 있다. 석유 발전의 비중은 1998년 6% 정도가 최고이고 대부분 5% 미만의 비중을 나타내고 있어 전력 생산에서 큰 비중을 차지하지 못하고 있다. 따라서 전력 생산은 현재 70% 이상을 수력에 의존하고 있는 실정이다. 일반적으로 전

〈그림 10-5〉 북한 에너지원별 전력 생산 비중(%)

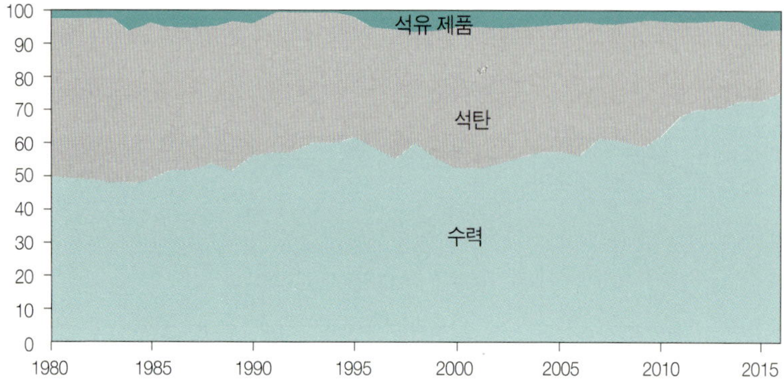


자료: IEA(2018).

력 생산에 있어 한 가지 에너지원에 의존하는 것은 바람직하지 못하다. 더욱이 북한의 수력발전 설비들은 매우 오래되어 발전효율이 낮을 뿐만 아니라, 수력발전은 계절별 강수량에 따라 전력 생산에 변동이 있기 때문에 안정적인 전력 공급을 위해서는 다른 에너지원을 이용한 발전설비가 필요한 상황이다.

### 2.3. 이산화탄소 배출 요인 분석

화석연료 사용에 따른 이산화탄소 배출은 기본적으로 인구의 변화, 경제활동에 따른 에너지 사용, 에너지의 효율적인 이용, 에너지 종류에 따라 다른 이산화탄소 배출량 등의 요인으로 나눌 수 있다. 다음 수식 (1)과 같은 항등식으로 표현하여 이산화탄소 배출 요인을 4가지로 나누어 분석할 수 있다(Kaya and Yokobori, 1997).

$$이산화탄소\ 배출량 \equiv (이산화탄소\ 배출량/에너지\ 공급량) \times (에너지\ 공급량/GDP) \times (GDP/인구) \times (인구)$$

즉,

$$A \equiv B \times C \times D \times E \quad (1)$$

여기서, A는 이산화탄소 배출량, B는 탄소집약도, C는 에너지 원단위, D는 일인당 국민소득, E는 인구를 나타낸다.

탄소집약도는 석탄, 석유, 가스 등 각 에너지원별로 배출하는 이산화탄소의 양이 다르기 때문에 단위 에너지 공급에 따른 이산화탄소 배출을 나타내는 지표이다. 즉, 같은 양의 에너지가 공급되어도 석탄이 많이 사용되면, 같은 양의 석유를 공급하는 경우보다 탄소집약도가 높아진다. 에너지 원단위는 한 단위의 GDP를 생산하기 위하여 투입되는 에너지의 양을 나타낸다. 즉, 생산 과정에서 얼마나 에너지가 효율적으로 사용되는가를 나타내는 지표이다. 예를 들어, 1달러의 GDP를 생산하기 위하여 0.5톤의 에너지가 투입된 경우에는 1달러의 GDP를 생산하기 위하여 1.0톤의 에너지가 투입된 경우보다 에너지가 더 효율적으로 사용된 것으로 에너지 원단위가 낮다고 하겠다. 식 (1)을 일정 기간에 따라 이산화탄소 배출량의 변화를 4가지 요인에 따라 분석할 수 있다.

〈표 10-1〉은 북한의 에너지 부문에서 이산화탄소 배출을 1971년부터 2016년까지 매 10년 단위로 그 변화량을 분석한 것이다(2011년부터 2016년까지는 6년간 변화임). 1970년대는 10년간 3,890만 톤의 이산화탄소 배출이 증가하였다. 이중 7,223만 톤은 경제 생산의 증가로 인하여 일인당 GDP가 증가했기 때문이고, 같은 기간 인구 증가에 따라 1,442만 톤이 증가하였다. 그러나 에너지 원단위가 감소하여 4,764만 톤, 탄소집약도의 감소에 따라 11만 톤의 이산화탄소 배출이 감소하였다. 1970년대 북한의 생산 과정에서 에너지가 효율적으

〈표 10-1〉 북한의 이산화탄소 배출 요인별 변화량

(단위: 백만 톤)

| 기간 | 이산화탄소 배출량(A) | 탄소집약도 (B) | 에너지 원단위 (C) | 일인당 GDP (D) | 인구 (E) |
|---|---|---|---|---|---|
| 1971~1980 | 38.9 | -0.11 | -47.64 | 72.23 | 14.42 |
| 1980~1990 | 8.7 | -1.42 | -62.42 | 55.71 | 16.82 |
| 1990~2000 | -46.8 | 0.87 | -14.69 | -44.15 | 11.16 |
| 2000~2010 | -20.7 | -3.75 | -10.76 | -10.32 | 4.13 |
| 2010~2016 | -23.9 | -5.25 | -19.11 | -0.67 | 1.12 |

자료: 저자 계산.

로 투입되었다고 해석할 수 있다.

1980년대 북한의 이산화탄소는 870만 톤만 증가하였다. 인구 증가에 따라 1,600만 톤 이상 증가하였고, 일인당 GDP 증가로 5,571만 톤이 증가하였으나 에너지 원단위 개선으로 6,242만 톤, 탄소집약도가 낮아지며 142만 톤의 이산화탄소가 감소하였다. 1970년대와 비교하여 이산화탄소의 배출이 급격히 줄어들었음을 알 수 있다. 1990년대와 2000년대 들어서 북한 경제는 마이너스 성장을 지속하여 이산화탄소 배출도 급격히 감소하는 추세를 나타낸다. 인구 증가로 인하여 이산화탄소가 증가하는 요인을 제외하고는 탄소집약도, 에너지 원단위, 일인당 GDP 등 모든 요인에서 이산화탄소의 배출을 감소하는 것으로 분석되었다. 특히, 1990년대 북한의 경제 상황이 악화된 것이 주요 원인으로 이산화탄소의 배출량이 절대적으로 줄어드는 추이를 보이는 것은 매우 이례적인 것이라 할 수 있다. 2011년부터 2016년 사이 6년 동안도 이러한 추이가 계속되고 있다. 다만 인구 증가에 따른 이산화탄소 배출 증가 속도는 점차 둔화되고 있음을 알 수가 있다.

〈표 10-1〉의 이산화탄소 배출 요인별 변화량은 〈그림 10-6〉에 종합적으로 나타내고 있다. 전체적으로 북한의 경제 상황이 악화됨에 따라 에너지의 사용이 줄어들고 따라서 이산화탄소의 매 10년간 변화량이 감소하는 경향을

〈그림 10-6〉 북한의 이산화탄소 배출 요인별 변화량(백만 톤)

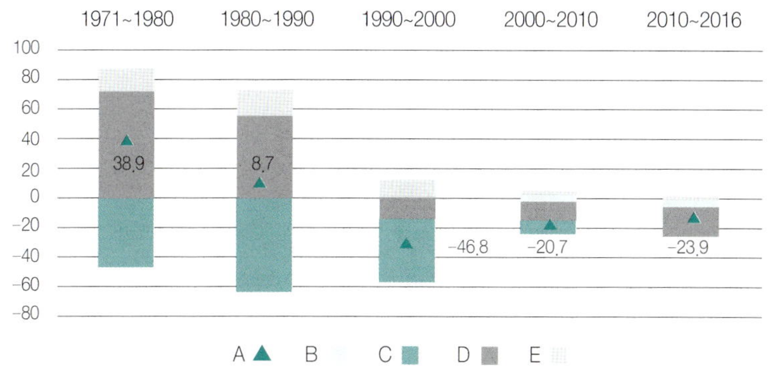


자료: 저자 계산.

나타낸다. 특히, 1990년대 이후 일인당 GDP는 지속적으로 감소하고 이에 따라 이산화탄소의 배출량도 줄어드는 양상을 보이는 것은 다른 국가들의 일반적인 경우와 다른 북한의 특징이라 하겠다.

## 3. 북한 에너지 공급 및 온실가스 배출 전망

북한의 미래 에너지 사용량에 대한 전망은 미래 여러 요인에 관한 불확실성이 존재하므로 정확하게 예측할 수는 없다. 그럼에도 불구하고 과거 북한의 1차 에너지 공급량과 GDP와의 안정적인 상관관계 등을 바탕으로 미래 공급량을 전망해 볼 수 있다. 경제 생산 활동을 나타내는 GDP와 투입 요소로서 에너지 공급 간의 관계는 구조적으로 안정적이라 가정할 수 있다. 이러한 가정을 전제로 향후 북한의 GDP 전망은 북한의 일인당 GDP 성장률에 대한 전망과 북한의 인구 전망을 곱하여 산정할 수 있다. 1차 에너지 공급량에 대하여 전망을 하면 화석연료 사용에 따른 이산화탄소 배출량은 에너지원에 따라 이산화탄소는 일정한 배출계수를 갖고 있고, 과거의 자료에서 1차 에너지 공급량과 이산화탄소 배출량 간의 안정적인 상관관계를 통하여 전망이 가능하다.

### 3.1. 과거 추세에 따른 에너지 사용 전망

북한의 2030년까지 GDP를 전망하기 위하여 강성진·정태용·손상학(2018)에서 제시된 시나리오별 일인당 GNI 경제성장률을 반영하여 일인당 GDP를 전망하였다. 위 연구에서는 1970년대 중반의 한국, 1990년대 중반의 중국, 또는 동남아 국가들의 당시 명목 GNI 수준이 현재 북한의 일인당 명목 GNI 수준과 유사한 시기의 주요 국가 경제성장률을 활용하여 4가지 시나리오를 설정하였다. 북한 경제가 당장 고도성장 시기의 한국이나 중국의 경제성장을 이룬다는 가정은 현재로서는 무리라 판단된다. 따라서 그중 2016년 북한의 일인당 GNI가 한국은행 기준으로 1,258달러일 때를 상정하여 아래와 같이 두 가지의 시나리오를 활용하여 북한의 실질 GDP 수준을 전망하였다(〈표 10-2〉 참조).

일인당 GDP 전망과 UN에서 제공하는 북한의 인구 전망 시나리오 중 중간치를 곱하여 북한의 GDP를 전망하였다(UN, 2018). GDP와 에너지 사용과의 관계는 안정적인 상관관계가 있다고 가정하여 회귀분석을 통하여 미래 에너

〈표 10-2〉 북한 경제성장 시나리오(2016~2030년)

| | 시나리오 1 | 시나리오 2 |
|---|---|---|
| 성장률 | 동남아시아 7개국<br>(평균 7.5%) | 동남아시아 7개국<br>(평균 7.1%) |

주: 2016~2020년까지는 북한 경제발전의 토대를 마련한다는 전제 하에, 2021년부터 동남아시아 7개 국가(캄보디아, 인도네시아, 말레이시아, 미얀마, 필리핀, 태국, 베트남)들과 같이 경제성장을 본격적으로 한다는 상황을 상정하여 가정한 일인당 소득성장률을 근거로 계산함.
자료: 강성진·정태용·손상학(2018).

〈그림 10-7〉 GDP 시나리오별 1차 에너지 공급량 전망

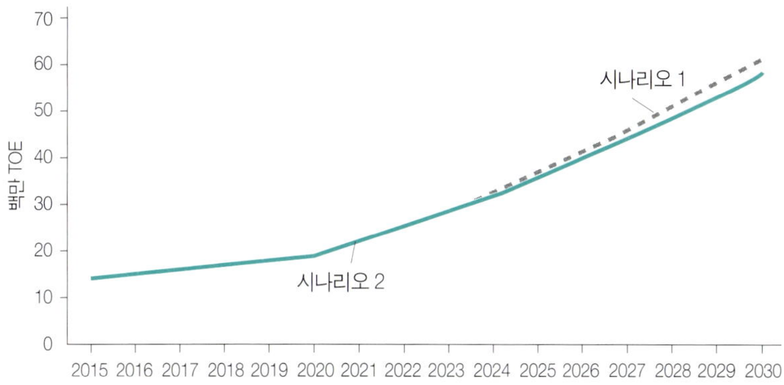


자료: 저자 계산.

지 사용량을 전망하였다. 〈그림 10-7〉에서처럼, 1차 에너지 공급량은 2030년에 시나리오에 따라서 6,000만 TOE 전후가 될 것으로 전망된다.

### 3.2. 과거 추세에 따른 이산화탄소 배출 전망

1차 에너지 공급량에 대한 2030년 전망치가 시나리오별로 확정이 되면 화석연료 사용에 따른 이산화탄소의 배출도 전망할 수 있다. 특히, 북한은 현재 석탄 위주의 1차 에너지원을 구성하고 있기 때문에 화석연료의 사용과 이에 따른 이산화탄소 배출과의 관계는 매우 안정적이다. 따라서 두 변수 간의 관계를 가정하여 회귀분석을 통하여 미래 이산화탄소 배출량을 전망하였다. 〈그림 10-8〉에서처럼, 이산화탄소의 배출은 1차 에너지 공급량 시나리오에 따라 2030년에 2억 2,000만~2억 1,000만 톤 정도로 전망된다.

〈그림 10-8〉 GDP 시나리오별 온실가스 배출량 전망(백만 $tCO_2$)

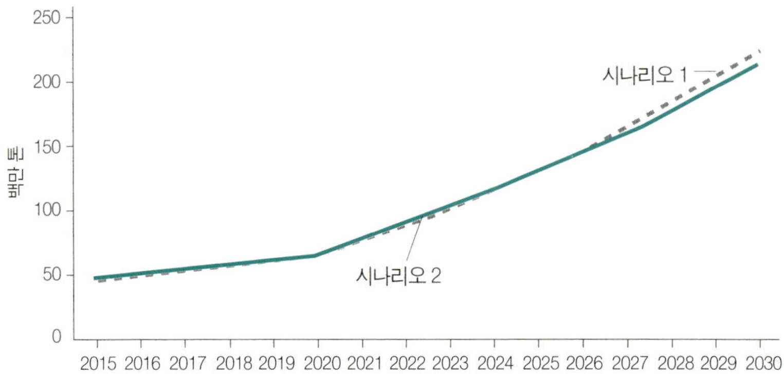


자료: 저자 계산.

## 3.3. 북한의 자발적 온실가스 감축계획

북한은 2015년 12월 파리에서 개최된 기후변화협약에서 합의된 파리합의문(Paris Agreement)에 서명하였다. 이에 따라 북한도 자발적으로 온실가스 감축계획과 기후변화 적응계획의 내용을 포함하는 국가의 자발적 온실가스 감축계획안(Intended Nationally Determined Contribution of DPRK: INDC, DPR Korea, 2016)을 기후변화사무국에 제출하였다.

북한의 INDC에 따르면, 북한의 온실가스 배출량은 2000년 65,714Gg$CO_2$eq로 2000년 세계 온실가스 배출량(40Gt $CO_2$eq)의 0.16%를 차지한다. 북한은 2000년 일인당 2.9t$CO_2$eq의 온실가스 배출량으로 일인당 배출량 측면에서 온실가스 배출량이 낮은 국가 중 하나이다. 일인당 온실가스 배출량은 2030년에 6.5t$CO_2$eq로 증가할 것이나 여전히 세계 평균보다 낮을 것이다.

북한은 관련 사회·경제적 개발 전략 및 계획에 기후변화의 내용과 요소를 고려하여 통합하는 것은 북한의 지속 가능한 개발을 보장하는 중요한 수단 중 하나로 인식하고 있다. 특히, 국가 경제발전을 위한 5개년 전략에 따라 국가 에너지와 기후변화 문제는 발전설비의 효율성을 제고하고 재생 가능 에너지의 활용을 확대함으로써 동시에 해결할 수 있다. 개발도상국 중 하나인 북한의 개발 우선순위들과 적응 필요성을 고려할 때, 파리 협약에 따른 개발도상국에 대한 국제적 지원은 북한이 국제적 문제인 기후변화 대응에 기여할 수 있는 수준의 감축조치를 확대하는데 필요하다.

INDC에 따르면 북한은 2030년까지 경제성장 추세와 에너지 사용에 따라 2030년에 예상되는 온실가스 배출량을 1억 8,773만 톤(t$CO_2$eq: 이산화탄소 환산톤)으로 기준안을 삼고 있다. 이 기준안 배출량과 비교하여 온실가스 감축안을 두 가지 상황을 고려하여 제시하고 있다. 첫째, 비조건부 감축안(Unconditional Contribution)으로 북한이 외부 및 국제사회의 도움 없이 국내 자원만을 이용하여 실행하는 다양한 정책과 수단을 통하여 2030년에 온실가스 배출량을 기준안보다 8.0% 감소하는 것을 의미한다. 둘째, 조건부 감축안(Conditional Contribution)으로 북한도 기후변화협약 회원국으로서 국제사회의 도움을 받을 수 있는 개발도상국에 해당된다. 북한이 국제사회로부터 온실가스 감축을 위하여 국제 금융 지원, 기술이전 및 북한의 내부 역량개발 프로그램 등을 통하여 온실가스를 2030년에 비조건부 감축안보다 추가적으로 32.25%를 더 감축하는 것이다. 결과적으로 조건부 감축안은 기준안보다 40.25%의 온실가스를 감축하는 매우 과감한 계획을 자발적인 온실가스 감축계획으로 기후변화사무국에 제출한 INDC에 포함하고 있다(INDC, DPR Korea, 2016).

북한은 INDC에서 제시한 온실가스 감축 목표를 달성하기 위하여 10가지의 구체적인 정책 방향을 제시하고 있다. ① 기후변화 문제 해결을 위한 국가적 기본 틀(national framework)을 강화한다. ② 에너지 사용의 효율 향상과 에너지 소비를 줄인다. ③ 에너지 효율을 향상시키고 전력 생산에서 재생에너지 사용을 장려한다. ④ 재생에너지 개발을 확대한다. ⑤ 지속 가능한 방식으로 산림을 경영하고 관리한다. ⑥ 지속 가능한 농업 개발을 위하여 새로운 기술과 방법을 도입한다. ⑦ 지속 가능한 폐기물 관리 시스템을 도입한다. ⑧ 기후변화에 대응하는 예방적 조치들을 가속화하고 이 문제에 대한 일반 국민들의 의식을 높인다. ⑨ 기후변화 완화를 위한 국제협력을 강화한다. ⑩ 온실가스 감축조치에 대한 재정적 지원을 확대한다.[1]

북한은 조건부 감축안 달성을 위하여 우선적으로 취할 조치와 수단 19개를 선정하고 순위를 정하여 INDC에 제시하였다(〈표 10-3〉 참조). 북한의 19개 온실가스 감축 정책과 수단은 에너지 공급 측면에서 전력 부문의 시설 확충, 효율 향상과 기존의 석탄화력에서 재생에너지를 통한 발전 능력을 확대하는 것을 우선하고 있다. 에너지 소비 측면에서도 가정과 농촌의 최종에너지 소비 부문에서 비효율적인 에너지 설비를 개선하고 효율을 높이는 조치를 강조하고 있다. 또한 조림과 지속 가능한 산림 경영을 통하여 온실가스를 흡수함으로써 결과적으로 온실가스 감축을 달성하려는 조치도 고려하고 있다. 북한의 온실가스 감축을 위한 구체적인 조치 내용들은 단순히 온실가스의 감축이 아니라 지속적인 경제발전과 연계된 장기적인 에너지 시스템의 전환을 이루고자 함을 알 수 있다. 이러한 장기적인 목표를 달성하기 위해서 국제사회의 재정적 지원, 관련 기술이전을 통하여 저탄소 경제 시스템을 구축하려는 장기 경제발전계획의 한 측면으로 이해할 수 있다.

북한은 INDC에서 언급하였듯이 북한의 장기 경제발전계획과 기후변화 문제를 연계하여 계획을 수립하려는 방향을 설정하고 있다. 국제사회의 일원으로 국제사회가 지향하는 지속 가능한 발전 목표와 같은 방향으로 가는 것은 매우 의미가 있다. 〈그림 10-9〉에서는 본 절에서 제시한 2030년까지

1 본 문단은 북한의 INDC 2.4절의 감축조치의 내용을 요약함(INDC, DPR Korea, 2016).

〈표 10-3〉 북한의 조건부 온실가스 감축안 달성을 위한 조치와 수단

| 우선순위 | 조치 내용 |
| --- | --- |
| 1 | 송전 및 배전 손실률 6% 감소 |
| 2 | 2,000MW 원자력발전소 건설 |
| 3 | 총 1,000MW 그리드 연결된 태양광 발전 시스템 설치 |
| 4 | 총 500MW의 서해안 풍력발전 단지 건설 |
| 5 | 총 500MW의 육상 풍력발전 단지 건설 |
| 6 | 가정과 사무실에서의 석탄난방 대신에 에너지 효율이 높은 에어컨 및 히트 펌프 사용 |
| 7 | 가정에서 조리용으로 석탄이나 장작 대신 가축 분뇨 및 가정용 오수에서 발생하는 바이오 가스 사용 |
| 8 | 가정에서 온수용 연료를 석탄에서 태양열 온수 시스템으로 대체 |
| 9 | 농촌 가정에서 조리용으로 기존의 목재 스토브를 효율적인 목재 스토브로 대체 |
| 10 | 쌀껍질 열병합발전소 건설 |
| 11 | 도시 고형 폐기물 처리를 위한 중앙집중식 설비 구축 |
| 12 | 노후 석탄발전소를 신기술의 석탄발전소로 대체 |
| 13 | 용광로 슬래그 또는 재를 15~50%까지 혼합한 혼합시멘트 |
| 14 | 도시 고형 폐기물 처리를 위한 바이오 가스 플랜트 건설 |
| 15 | 가정용 기존 석탄 스토브를 효율적인 전기밥솥으로 대체 |
| 16 | 2030년까지 기술 현대화로 산업 부문 에너지 소비의 25% 감축 |
| 17 | 터널식 벽돌가마를 수직축 벽돌가마로 대체 |
| 18 | 대도시에 버스전용차선 도입 |
| 19 | 농·임업의 확대와 지속 가능한 산림 경영 |

자료: DPR Korea(2016).

GDP 성장에 대한 시나리오와 이에 따른 1차 에너지 공급량 전망과 이산화탄소 배출량 전망을 북한이 INDC에서 제시한 배출량과 비교하였다.

본 절에서는 시나리오에 따라 2030년에 2억 2,000만 톤에서 2억 1,000만 톤의 이산화탄소가 배출될 것으로 전망하고 있다. 반면에 북한은 INDC에서 1억 8,700만 톤의 배출량을 기준안(BAU)으로 제시하고 있다. 국제사회의 도움 없이 여기서 8% 정도를 북한 자체적으로 줄이거나, 국제사회가 도와주면

〈그림 10-9〉 북한의 시나리오별 온실가스 배출 전망(2030년)

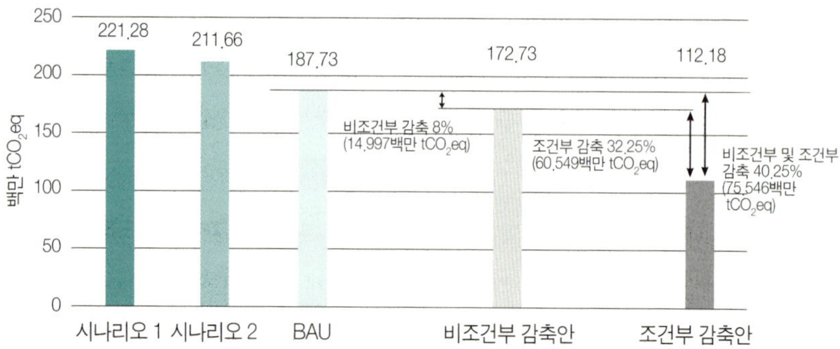


자료: 저자 계산 및 DPR Korea(2016).

40% 이상 줄이고자 하는 자발적인 계획을 발표한 것이다.

## 4. 결론

개발도상국인 북한이 경제발전을 위하여 필요한 사회간접자본 시설을 확충하는 과정에서 기후변화에 따른 영향을 줄이기 위한 기후변화 적응계획을 수립하는 것이 필요하다. 기후변화 적응계획의 수립과 이행은 막대한 추가적인 투자를 필요로 한다. 이와 더불어 국제사회의 일원으로 북한이 온실가스 감축 노력에 동참하기 위한 자발적 온실가스 감축안을 제출한 것은 의미가 있다. 북한이 경제발전과 더불어 국제적 이슈인 기후변화 문제에도 적극 대응하는 장기 발전 전략을 수립하는 것은 국제적 문제에 관한 이해와 국내 경제발전 문제와 연계한 측면에서 매우 고무적이다. 그러나 보다 중요한 것은 이를 이행하는 것이다. 북한의 현재 그리고 가까운 미래에 이러한 장기적이고 과감한 경제발전 계획을 이행하는 데 필요한 기본 조건들이 충족되어 있다고 보기는 힘들다. 따라서 북한이 제출한 온실가스 감축계획을 이행하고 효과적으로 목적을 달성하기 위해서는 국제사회가 북한의 조건부 온실가스 감축 목표를 달성할 수 있도록 구체적인 재정 및 기술적 지원 프로그램을 만들고 이행하는 여건을 만드는 것이 가장 먼저 할 일이다.

동시에 구체적인 역량개발 프로그램을 운영하여 북한 스스로가 효과적으로 온실가스 감축을 이행하고 평가하는 시스템을 구축하여야 한다. 국제적 관행에 관한 북한 스스로의 이해를 높이는 것이 무엇보다 시급하다. 폐쇄적이고 제한적인 개방만을 허용하는 사회주의적 경제 체제에서 벗어나서 국제사회와 교류하는 개방형 시장경제 기반의 경제 시스템으로 전환하는 것이 북한의 장기 경제발전계획을 실현하는 길이라 하겠다. 기후변화 문제를 해결하는 노력을 통하여 북한의 장기 발전계획을 실현하고 장기적으로 지속가능한 경제로 나아가는 것이다. 북한도 국제사회의 일원으로서 기후변화와 같은 국제적 문제를 스스로 해결할 수 있는 역량을 키우고 구체적으로 해결하는 다양한 활동에 동참하는 모습을 보이는 것이 필요하다.

북한의 경제적 측면에서의 노력, 국제화에 대한 노력과 더불어 현재 북한 경제발전에 가장 큰 장애가 되는 국제사회의 경제적 제재는 완화하고 없애는 것이 필요하다. 이를 위한 선행 조건은 북한의 진정성 있는 비핵화 노력과 구체적인 프로그램을 국제사회와 더불어 만들어 나가고 이행하는 것이다. 이러한 과정을 통하여 북한이 국제사회의 일원으로 재정 및 기술적 도움을 받는 것이 현실적으로 북한이 INDC에 제시한 많은 정책과 구체적 수단을 실현하는 가장 빠른 방안이 될 것이다.

## 참고 문헌


강성진 · 정태용 · 손상학, "북한의 경제체제전환과 경제성장 시나리오에 따른 필요 투자 재원 연구," 『통일연구』 제22권 제2호, 2018, pp. 5~48.

DPR Korea, "Intended Nationally Determined Contribution of Democratic People's Republic of Korea," 2016.

IEA, IEA World Energy Statistics and Balances, 2018(https://www.iea.org/classicstats/relateddatabases/worldenergystatisticsandbalances/ 검색일: 2019. 3. 20).

Kaya, Y. and Y. Keiichi, *Environment, Energy, and Economy: Strategies for Sustainable Development*, United Nations University Press, 1997.

UN, "Total Population - Both Sexes," World Population Prospects 2018(https://population.un.org/wpp/ 검색일: 2019. 3. 19).

World Bank, "Population, total," World Development Indicators, 2019(https://data.worldbank.org/indicator/sp.pop.totl 검색일: 2019. 3. 20).

Chapter 11

# 신기후 체제 하 북한의 기후변화 대응 전략

하윤희(고려대학교 그린스쿨)

1. 서론
2. 파리협정과 지속가능발전
3. 북한의 기후변화 대응 현황
4. 북한의 기후변화 대응 및 지속가능발전을 위한 기회
5. 결론

## 1. 서론

전 세계가 공동으로 대응해야 할 가장 절실하고 급박한 문제로 떠오른 기후변화는 각국의 경제·사회에 많은 영향을 미치고 있다. 북한 또한 기후변화로 심각한 경제사회 문제가 발생하고 있다. 온난화와 경제제재로 인해 발생한 경제사회적 현상들이 서로 영향을 주고받으며 이러한 상황은 더욱 악화되고 있다. 북한은 경제사회 개발을 위해 기후변화의 대응이 무엇보다 중요한 과제임을 인식하고, 관련 국제협약과 거버넌스에 적극적으로 참여해 왔다. 2020년부터 시행되는 파리협정에도 적극적으로 참여하고 있다. 파리협정은 북한과 같은 개도국의 지속가능발전에 기여할 수 있는 다양한 지원 체계를 갖추고 있다.

이 장은 파리 체제 하에서 북한이 기후변화 대응을 통해 확보할 수 있는 경제사회 발전 기회와 남북한 간 협력 기회를 살펴보는 것을 목적으로 한다. 2절에서는 파리협정과 지속가능발전의 연관성을 논의한다. 3절에서는 그간 북한의 기후변화 대응을 위한 국제협력 활동과 교토 체제 하에서 실시한 청정개발사업의 현황과 의미를 논의한다. 4절에서는 북한의 기후변화 대응과 이를 통한 지속가능발전 기회를 살펴본다. 파리협정이 정한 개발도상국 지원 메커니즘을 정리한다. 또한 파리협정의 협력적 메커니즘에 기반한 남북한 탄소시장 통합이 가져올 기회를 논의한다.

## 2. 파리협정과 지속가능발전

파리협정은 선진국뿐만 아니라 참여하는 모든 당사국이 기후변화를 멈추기 위한 국내적 조치를 약속했다는 점에서 큰 의미가 있다. 이로써 전 세계

거의 모든 국가가 기후변화에 대한 각기 다른 역사적 책임과 능력, 각자가 처한 상황에 상응하는 '각국이 자발적으로 결정한 기여(Nationally Determined Contribution: NDC) 목표'를 작성하고 이에 따라 기후변화 대응 행동을 취하게 되었다. 이러한 의미에서 파리협정은 과거에 대해 가장 큰 책임이 있는 선진국만 의무를 지던 교토 체제와는 달리 과거, 현재, 그리고 미래까지 그 책임을 확장하여 전 인류가 공동으로 기후변화에 대응하게 되었다는 점에서 패러다임적 전환이라고 할 수 있다.

유엔 기후변화협약(United Nations Framework Convention on Climate Change: UNFCCC)이 제시한 "산업화 이전 수준보다 기온 상승이 2℃를 훨씬 밑돌게 유지하고 기온 상승을 1.5℃까지 제한하는 목표"를 달성하기 위해서는, 급속한 산업화와 인구 증가가 이루어지고 있는 아시아, 아프리카 지역 국가들의 적극적인 참여가 절실하다. 산업화는 인류에게 엄청난 물질적 풍요를 선물했지만, 계층 간·지역 간 불평등, 환경적 재앙, 그에 따른 빈곤을 동시에 수반하였다(Heilbroner, 1991; Mumford, 2010). 급속한 경제성장이 이루어지고 있는 개발도상국은 경로의존적 산업화 양상을 보여 왔다(Fouquet, 2016). 선진국이 그래 왔던 것처럼 거대한 에너지와 자원을 투입하고 이에 따라 발생된 탄소와 폐기물은 지구의 생태 시스템에 엄청난 상처를 남기고 있다. 아시아는 현재 전 세계 탄소배출량의 40%를 기여하고 있고 현재의 증가 추세가 유지된다면 2030년까지 67%까지 증가하게 될 것으로 예측되고 있다. 또한 역사적으로 기후변화에 책임이 없었던 아프리카의 탄소배출은 최근 급속도로 증가하고 있다(Gomez-Echeverri, 2018). 자연에 대한 생계(livelihood) 의존도가 높은 제3세계에서 환경 파괴는 빈곤과 불평등의 강화, 경제·사회의 불안정성을 높이는 주요인으로 작용하고 있다. 또한 기후변화로 인해 더 빈번해지고 강력해진 자연재해는 제3세계 시민들의 삶을 더욱 취약한 상태로 몰아넣고 있다(Dolan, 2006).

지구 종말적 기후변화를 멈추기 위해서는 발전 경로의 전환이 시급하다. 유엔은 2015년 인류사회가 직면한 도전을 해결하기 위해 지속가능발전을 위한 2030 아젠다를 채택하였다. 2030 아젠다의 핵심인 SDGs(Sustaible Development Goals)는 17개의 상위 목표와 169개의 세부 목표로 구성된 인간과 지구, 번영을 위한 행동계획이다. 17개 중 다수의 목표는 기후변화 대응과 밀접한 연관성을 가지고 있다. 이는 환경의 가치가 훼손된다면 사회경제적 발전은 불가능하다는 인식에 지속가능발전이 기반하고 있기 때문이다. 파리협정에 따라 각국이 설정한 NDC의 달성을 위한 탄소감축과 기후변화 적응계획의 실행을 통해 지속가능발전 목표의 상당 부분은 달성될 수 있다. SDG 13 '기후행동'(climate action)은 기후변화와 그로 인한 영향에 대처하기 위해 긴급 행동에 나설 것을 요구하고 있다. 목표 6(깨끗한 물과 위생), 7(적정 가격의 깨끗한 에너지), 8(좋은 일자리와 경제성장), 9(산업, 혁신, 인프라), 11(지속 가능 도시와 마을), 12(책임 있는 생산과 소비), 14(수중 생물), 15(육상 생물) 등은 파리협정과 직접적으로 연계된 목표들이다. 또한 목표 1(빈곤 퇴치), 2(기아 퇴치), 3(건강과 웰빙), 4(질 좋은 교육), 5(양성평등), 10(불평등 해소), 16(평화, 정의, 그리고 공고한 제도)은 직접적 목표들이 달성될 때 비로소 실현될 수 있는 가치이자 지속가능발전과 파리협정의 본질적 목표들이다. 이러한 점에서 지속가능발전과 파리협정은 상호 분리할 수 있는 강한 의존성을 갖고 있다고 할 수 있다.

UNFCCC 당사국 총회(Conference of Parties: COP)가 파리협정이라는 인류 공동의 기후변화 대응 연대를 이끌어낸 것은 개도국에 대한 다양한 지원을 협정 내에 명문화하고 이의 추진을 위한 거버넌스를 구체화했기 때문에 가능하였다. 재정, 기술, 정책, 제도 등 기본적 인프라와 역량이 현저히 부족한 개도국 입장에서 기후변화 대응, 특히 탄소감축의 책임을 부담하는 것은 빈곤과 저개발 상황의 지속을 의미하는 것으로 해석될 수 있다. 하지만 파리협정은 개도국의 NDC 달성을 지원하기 위해 재정 지원 메커니즘(제9조), 기술 지원 메커니즘(제10조), 당사국 간 협력적 접근(제6조), 역량 강화(capacity building)(제11조) 등을 명문화였다. 또한 기후변화에 취약한 개도국은 기후변화의 부정적 영향을 축소하기 위한 적응 노력이 탄소감축 못지않게 중요함을 협상 과정에서 강하게 주장하였다. 그 결과 파리협정은 제7조에서 개도국의 적응 노력에 대한 지원과 국제협력을 명시하였다. 파리협정은 제7조 제4항에서 "더 큰 적응 요구는 더 큰 적응비용을 수반함을 인식한다"(recognize that greater adaptation needs can involve greater adaptation cost)라고 표현하고, 또한 9조에서 "선진국은 개도국의 감축과 적응 활동을 지원하기 위한 재정 자원을 제공한다"(developed country Parties shall provide financial resources to assist developing country Parties with respect to both mitigation and adaptation)라고 규정하여, 적응을 위한 다양한 프로젝트들이 국제사회의 지원을 받을 수 있는 근거를 마련하였다. 이러한 점에서 파리협정은 개도국의 기후변화 대응 활동이 경제, 사회, 그리고 환경의 균형발전으로 연결될 수 있는 근본적이고도 중요한 수단을 제공할 수 있게 되었다.

기후변화는 북한의 경제·사회 발전에도 중대한 도전이 되고 있다. 북한의 기후변화 경향은 뚜렷하며 이로 인한 영향 또한 심각한 것으로 나타나고 있다. Germanwatch는 매년 전 세계 국가들의 기후위험지수(Climate Risk Index: CRI)를 발표하고 있는 2012년 보고서에 의하면, 1992년에서 2011년까지를 대상으로 한 장기 기후위험지수 부문에서 북한은 7위로 평가되었다.[1] 북한의 기후변화는 국내적으로 식량증산을 위한 대규모 벌목 등과 맞물려 산림이 훼손되면서 더욱 악화되었고, 이는 자연재해에 대한 취약성을 강화하는 원인이 되었다. 따라서 기후변화 대응은 북한의 경제·사회 안정과 개발을 위해 무엇보다 중요한 과제라 할 수 있다. 이는 지구상에서 가장 배타적인 국가 중

1 1992년에서 2011년까지 기후변화로 가장 큰 영향을 받은 10개국의 특정 지표의 결과(연평균). Germanwatch는 2013년 이후 데이터 입수 불가능을 이유로 북한의 CRI를 발표하지 않고 있다.

〈그림 11-1〉 각국의 경제 수준과 생태 결산(Ecological Balance Sheet)

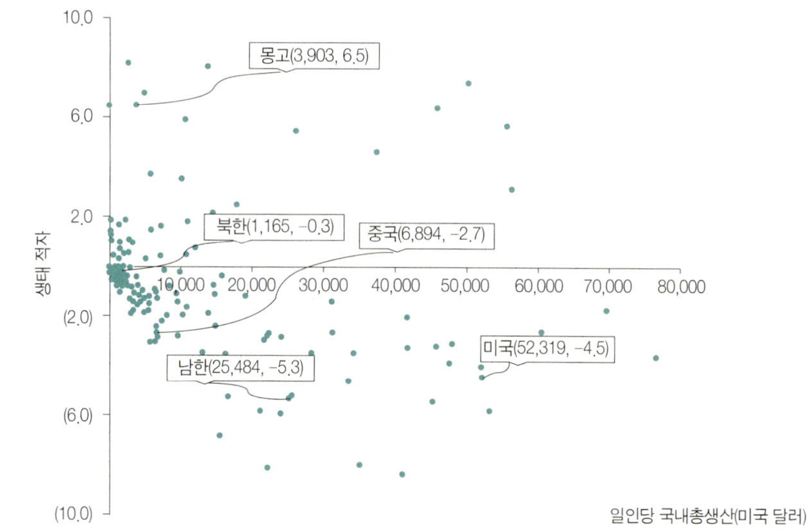


자료: International Ecological Footprint(http://data.footprintnetwork.org/#/); North Korea Economy Watch(http://www.nkeconwatch.com/category/statistics/gdp-statistics/).

하나인 북한이 일반적인 예상과 달리 기후변화와 관련한 국제협상과 공동 대응 거버넌스에 적극적으로 참여해 온 것으로도 증명된다. 북한은 교토의정서에 이어 파리협정에도 참여하여 2016년 9월 UNFCCC에 NDC를 제출하였다.

〈그림 11-1〉에서 확인할 수 있는 바와 같이 북한은 2016년 일인당 국민소득 1,165달러로 개도국 중에서도 가장 낮은 그룹에 속해 있다. 세계 최하위의 경제 수준에도 불구하고, 북한은 보유하고 있는 생태 능력보다 더 많이 수요하는 생태 적자(-0.3) 국가로 분류된다. 소득 수준이 비슷한 인접 국가 몽고가 일인당 국민소득 3,903달러에 생태 흑자(+6.5) 상황인 것을 감안하면 북한의 생태위기가 상당한 수준임을 알 수 있다. 저탄소 환경친화적 발전 전략의 수립과 이의 성공적 시행은 북한이 안고 있는 사회·경제 문제의 근본적 해결책

이 될 수 있다. 북한의 NDC는 "관련 사회·경제 개발 전략 및 계획에 기후변화 고려 사항을 통합하는 것은 국가의 지속가능발전을 보장하는 중요한 수단 중 하나"라고 규정하고 있다(DPR Korea, 2016, p. 2).

## 3. 북한의 기후변화 대응 현황

북한은 기후변화의 심각성을 인지하고 기후변화 해결 방안을 구체적으로 모색하고 있다. 그간 북한의 기후변화 대응을 위한 국제협력 활동과 북한의 NDC, 그리고 북한 기후변화에 관한 제2차 국가 보고서 등을 참고하면, 북한은 국제 투자 확대를 통한 국가 대응 시스템 구축과 에너지 및 산림 복구 프로젝트에 우선순위를 두고 있는 것으로 분석된다.

### 3.1. 북한의 환경 관련 국제협력 및 거버넌스 활동

북한은 기후변화 대응을 위한 국제협력에 있어 외교, 군사, 통상 등 여타 분야에 비해 유연한 모습을 보이고 있다. 국제사회는 북한이 심각한 경제난에 직면한 1990년대 중반 이후 북한에 대한 인도적 지원을 지속적으로 펼쳐왔다. 인도적 대북 지원 활동에는 유엔 산하 전문기구, 공여국 정부기관, 국제 적십자 등 NGO들이 주로 참여하여 보건·의료 서비스 분야에서 활동하고 있으며, 유엔개발계획(United Nations Development Programme: UNDP)과 같은 국제기구는 환경 부문의 기술 및 자금 지원을 추진해 왔다. 하지만 북핵 문제 발발 이후 악화된 국제 여론으로 대부분의 사업은 그 규모가 축소되거나 집행이 중단된 상태이다.

환경 분야에서 북한은 1994년 12월 UNFCCC에 가입하고, 2005년 4월에 교

〈표 11-1〉 북한이 가입한 국제 환경협약

| 연번 | 국제협약 | 가입일 |
|---|---|---|
| 1 | 유엔 생물다양성 협약 | 1994. 10. 26 |
| 2 | 유엔 기후변화협약 | 1994. 12. 5 |
| 3 | 오존층 보호를 위한 비엔나 협약 | 1995. 5. 5 |
| 4 | 오존층 파괴물질에 관한 몬트리올 의정서 | 1995. 5. 6 |
| 5 | 잔류성 유기오염물질에 관한 협약 | 2002. 8. 19 |
| 6 | 바이오 안정성에 대한 카르타헤나 의정서 | 2003. 7. 29 |
| 7 | 유엔 사막화방지협약 | 2004. 3. 28 |
| 8 | 국제무역의 대상이 되는 특정유해화학물질 및 구제제에 대하여 사전정보에 근거한 동의 수속에 관한 로테르담 조약 | 2004. 2. 6 |
| 9 | 교토의정서 | 2005. 4. 27 |
| 10 | 유해물질의 국경이동 및  처분규제에 관한 바젤조약 | 2008. 7. 10 |
| 11 | 파리협정 | 2016. 9. 1 |

자료: Ministry of Land and Environment Protection(2012).

토 의정서를 비준했으며, 2016년 전 세계에서 스물두 번째로 파리협정을 비준하였다. 최근에는 교토 의정서에 의한 청정개발사업(Clean Development Mechanism: CDM)의 성과가 가시화되고 있다. CDM은 선진국이 개발도상국에 투자하여 온실가스 배출량을 줄이면 그 감축분만큼 탄소배출권을 발행해 주는 방식으로 운영된다. 유엔 안전보장이사회의 대북 경제제재가 강화되면서 대북 투자가 크게 위축된 상황에서 북한 당국은 탄소배출권 판매를 해외 투자 유치 수단으로 인식하여 CDM 프로젝트를 적극적으로 추진해 왔다.

2017년 9월 발간된 김일성종합대학 학보(2017년 3호)에 실린 「온실효과가스 방출권 거래의 특성에 맞는 탄소무역의 확대발전」이라는 논문에서 "우리가 온실효과가스 방출권(탄소배출권) 거래를 하려는 중요한 목적은 다른 나라의 투자를 끌어들여 나라의 환경을 보호하면서 경제강국 건설을 다그치려는 데 있다"며, CDM 사업을 통한 탄소배출권 거래의 장점을 설명하였다. 이 논

〈표 11-2〉 기후변화와 관련한 북한의 주요 국제 협력사업

| 연번 | 활동 | 추진기간 | 수행기관 |
|---|---|---|---|
| 1 | 북한 내 오존층 보호사업 | 1995 | 유엔공업개발기구(UNIDO), 유엔환경계획(UNEP) |
| 2 | UNFCCC에 제출할 첫 번째 보고서 준비 | 1997~2001 | 유엔개발계획(UNDP) |
| 3 | COP에 제출할 생물다양성 전략 및 액션 플랜 보고서 준비 | 1998~2000 | 유엔개발계획(UNDP) |
| 4 | 최소비용의 온실가스 감축 전략 | 1999 | 지구환경기금(GEF), 아시아 태평양경제사회위원회(ESCAP), 유엔개발계획(UNDP) |
| 5 | 묘향산 생물다양성 보호 사업 | 2000~2004 | 유엔개발계획(UNDP) |
| 6 | 북한 내 환경 평가 및 보고 역량 강화 | 2001~2003 | 유엔개발계획(UNDP), 유엔환경계획(UNEP) |
| 7 | 북한 서해의 연안 생물다양성 관리 | 2003~2006 | 유엔개발계획(UNDP) |
| 8 | GIS/RIS를 통한 국가적 재해 완화와 준비성 역량 강화 | 2003~2006 | 유엔개발계획(UNDP) |
| 9 | 지속 가능한 의사결정을 위해 북한 내 정보 기술과 환경 모니터링 역량 강화 | 2003~2006 | 유엔개발계획(UNDP), 유엔환경계획(UNEP) |
| 10 | 지구환경 관리를 위한 국가 필요역량에 관한 자체 평가 | 2004~2005 | 유엔환경계획(UNEP) |
| 11 | UNFCCC에 제출할 두 번째 국가 보고서 준비 활동 | 2006~2012 | 유엔개발계획(UNDP) |
| 12 | 토질저하, 사막화, 가뭄방지를 위한 국가 활동 계획(2006~2010) | 2006 | 유엔환경계획(UNEP) |
| 13 | 북한 내 잔류성 유기 오염물질 관리를 위한 국가이행계획 | 2008 | 유엔훈련조사연수원(UNITAR) |
| 14 | 북한 내 폴리염화비페닐 관리계획 | 2010 | 유엔훈련조사연수원(UNITAR) |
| 15 | 새천년개발목표(MDGs) 관련한 통계 역량 강화 | 2010~2011 | 유엔개발계획(UNDP) |
| 16 | 지속 가능한 농촌 에너지 개발 | 2010~2012 | 유엔개발계획(UNDP) |
| 17 | 농촌지역 소규모 풍력 개발 및 추진 | 2010~2013 | 유엔개발계획(UNDP) |
| 18 | 지속 가능한 농사를 위한 종자개량 생산 | 2011~2014 | UNDP/ FAO |
| 19 | 식량 확보를 위한 추수 손실 감소 | 2011~2014 | UNDP/ FAO |
| 20 | 식량 농업 정보 시스템 강화 | 2011~2014 | UNDP/ FAO |

자료: NCEE and UNEP(2012); Ministry of Land and Environment Protection(2012).

문은 "깨끗한 환경을 마련하기 위한 투쟁 과정에 이룩된 성과와 경험과 관련한 대외 선전을 잘 하게 되면 우리의 투자 상대방의 투자의욕을 더욱 자극할

수 있게 될 것"이라고 강조하였다(김효정, 2017. 10. 22). 온실가스 감축과 지구온난화 방지라는 글로벌 아젠다에 대한 이해를 바탕으로 북한의 경제 회복과 지속가능발전을 위한 역량을 강화하기 위해 해외의 기술적·재정적 지원을 끌어내려는 의도를 확인할 수 있다.

이외에도 북한은 유엔 산하 기구와 함께 기후변화와 환경 개선을 위한 공동조사·연구를 진행하기도 했다. 1999년에는 지구환경기금(GEF)의 재정 지원 하에 유엔개발계획(UNDP)과 함께 '최소비용의 온실가스 감축 전략'을 수립하였다. 또 유엔환경계획(UNEP)과 공동으로 산림, 토지, 수질, 생물다양성 등 전 분야에 걸친 조사를 실시해 『북한 환경과 기후변화 전망』(*DPR Korea Environment and Climate Change Outlook 2012*)을 발간하였다. UNDP는 1999년부터 농업 복구 및 환경보호(Agricultural Recovery and Environment Protection: AREP) 프로그램을 통해 북한의 환경 개선을 위한 사업을 추진하였다. 그 밖에 다양한 국제기구와 비정부기구가 북한의 취약계층을 위한 환경개선사업과 환경보호를 위한 프로젝트를 진행하였다.

외부의 지원과 함께 북한 내 환경 분야 법제 정비 또한 추진되었다. 1990년대 중반부터 「환경보호법」, 「바다오염방지법」, 「국토환경보호단속법」 등을 제정하였고, 지속적으로 수정·보완하며 국제적인 기준에 부합하는 내부 규제를 마련한 것이다. 또한 환경 관련 국제기구와의 협업을 원활히 추진하기 위해 10여 개의 환경 관련 국제협약을 비준하고, 가입하였다.

### 3.2. 교토 체제 하 북한의 청정개발사업 현황

교토 의정서(1997)는 온실가스 감축 의무를 지게 된 Annex I(선진국) 국가들이 자국 내 감축 활동의 보조적 수단으로 국제협력을 통해 온실가스 감축분을 확보할 수 있는 유연성 체제(flexible mechanism)를 운영하였다. 유연성 체제는 공동이행제도(Joint Implementation: JI), 청정개발체제(CDM), 그리고 배출권거래제(Emission Trading: ET)를 포함한다. 이중 개도국에서 실시한 온실가스 감축사업을 통해 확보한 배출권을 선진국이 자국의 감축 실적으로 활용하는 CDM은 선진국에는 비용효과적인 감축 수단을, 개도국에는 환경 건전성과 지속가능개발을 달성할 수 있는 수단을 제공하였다.

2019년 6월 4일 기준 UNFCCC에 등록된 북한의 CDM 사업은 11개이다. 폐쇄적인 북한 당국이 국제사회와 교류하여 사업을 실행하고 최종적으로 탄소배출권(CERs) 발행까지 전 과정을 국제 규범에 따라 수행하였다는 점에서 11개 사업이 갖는 의미는 상당하다.

북한의 첫 CDM 프로젝트는 함흥청년1호 수력발전소 건설사업이다. 이 사업은 2012년 5월 UNFCCC에 등록되었다. 이후 총 7건의 일반 CDM 사업과 4건의 프로그램 CDM 사업이 진행되고 있다.[2)] 이들 사업의 결과로 북한은 2016~2018년의 3년간 5건의 사업에서 총 392,199t$CO_2$eq의 탄소배출권을 확보하였다. 최초로 탄소배출권을 발급받은 사업은 백두산 선군청년2호 수력발전소 프로젝트이며, 2016년 9월 23일 158,000t$CO_2$eq이 발행되었다.

북한에서 등록된 일반 CDM 사업의 대부분은 소규모 저수지식 수력발전소 건설사업이며, 북한 당국이 자국의 CDM 사업에 직접 투자하는 방식으로 진행되어 외국 회사의 기술이전은 없다. 국외 사업자로 참여하는 체코의 Topic Energo사는 각 사업으로부터 발급받은 탄소배출권을 당국으로부터 양도받아 판매하는 역할만 수행하고 있다. 당초 각 사업별 연간 감축량은 2만~4.8만t$CO_2$eq으로 예상되었으나 2016년 이후 CER 발급 실적을 보면 각 사업당 1회에 2.4만~8.5만t$CO_2$eq가량의 CER이 발급되었다. 가장 큰 규모의 실적을 낸 사업은 예성강 5호 수력발전소로 2017년 11월 8.5만t$CO_2$eq의 탄소배출권을

2 북한 CDM 관련 정보는 UNFCCC 웹사이트에서 제공하는 Database for PAs and PoAs에서 확보하였다.

발급받았다.

수력발전소 CDM 사업과 함께 폐수처리 및 메탄가스 활용과 관련된 프로그램 CDM 사업 역시 검증 중에 있다. 프로그램 CDM이란 온실가스 감축 정책이나 목표달성을 위해 추진되는 여러 개별 사업을 하나로 묶어 CDM으로 등록하는 것을 의미한다. 프로그램 CDM 사업을 추진하면, 일반 CDM 사업에 비해 사업구성, 사업변경 가능성, 추진 시기, 사업기간 등 전 분야에 걸쳐 유리한 조건으로 진행할 수 있다.

## 4. 북한의 기후변화 대응 및 지속가능발전을 위한 기회

북한의 열악한 환경은 북한 경제·사회 개발의 중대한 장애 요인 중 하나로 지적되어 왔다. 파리협정에 따른 기후변화 대응 활동은 북한이 직면한 환경·경제·사회 문제 해결의 중요한 통로가 될 수 있다. 본 절에서는 북한과 같은 개도국의 기후변화 대응과 경제·사회 개발을 위한 파리협정의 지원 체계를 소개한다. 또한 탄소시장을 활용한 남북한 간 기후변화 대응협력 가능성을 살펴본다.

### 4.1. 파리협정의 개발도상국 기후변화 대응 활동 지원 체계

파리협정은 개도국의 온실가스 감축과 기후변화 적응 활동을 지원하기 위해 다양한 지원 체계를 포함하고 있다. 〈그림 11-2〉에서 보는 바와 같이 UNFCCC의 개도국 지원 메커니즘은 기술, 재정, 협력의 세 가지로 구성되어 있다. 기술과 재정은 감축, 적응, 그리고 역량 강화를 지원하고, 협력적 메커니즘은 당사국 간의 자율성에 입각한 활동을 통해 생성된 크레딧을 당사국

〈그림 11-2〉 파리협정의 개발도상국 지원 메커니즘

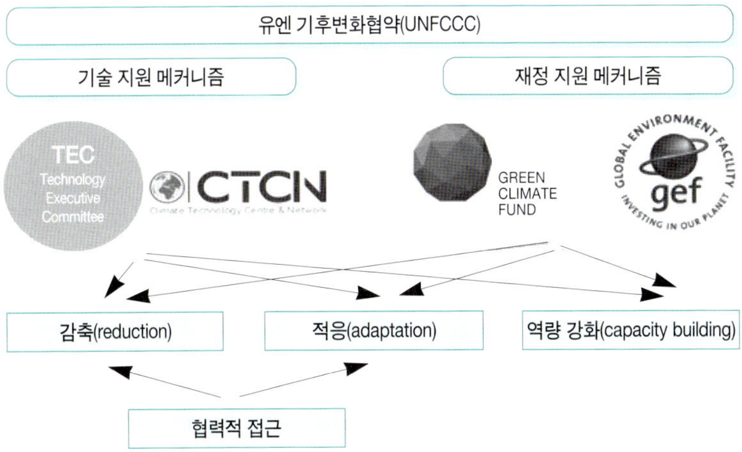


자료: 저자 작성.

들의 NDC 달성을 위해 활용하는 방식으로 이루어진다.

기술 메커니즘의 이행 주체로 TEC(Technology Executive Committee)와 CTCN(Climate Technology and Center Network)이 있다.[3] TEC는 기술 메커니즘의 정책기구로 기후기술 개발과 기술이전에 대한 정책 권고 사항을 제공한다. CTCN은 기술 메커니즘의 집행기구로 개도국에 기술 지원을 제공한다. 기술 지원은 개도국의 요청에 따라 이루어지며 기술 평가와 정책 수립을 위한 기술 지원, 교육/연수, 실행계획 등으로 이루어진다.

재정 메커니즘의 이행 주체는 지구환경기금(GEF)과 녹색기후기금(GCF)이다.[4] GEF는 1992년 리오환경개발회의를 앞두고 1991년 설립되었다. 설립 이후 현재까지 온실가스 감축, 기후변화 적응 등 8개 분야의 환경 문제와 관련

3 기술 지원 메커니즘 관련 내용은 UNFCCC 기술 메커니즘 홈페이지를 참조하여 작성하였다(https://unfccc.int/ttclear/support/technology-mechanism.html).
4 파리협정 재정 메커니즘과 관련한 내용은 GCF와 GEC 홈페이지를 참조하여 작성하였다(https://www.greenclimate.fund/home; https://www.thegef.org/home).

하여 전 세계 170개국, 4,500개 이상의 프로젝트에 18.1억 달러의 보조금을 제공하고, 94.2억 달러의 추가적인 협조 금융을 조달하였다. GEF는 1994년부터 UNFCCC의 재정 메커니즘 이행 주체 역할을 수행하고 있다. GCF는 2010년 멕시코 칸쿤에서 개최된 COP16의 결정에 따라 UNFCCC 재정 메커니즘의 이행 주체로 설립되었다. UNFCCC를 포함 5개 환경 관련 기구 및 협정[5)]의 이행 주체를 동시에 맡으며 환경 분야 전반에 걸친 프로젝트에 재정 지원을 하는 GEF와 달리, GCF는 UNFCCC의 기후변화 대응 지원 프로젝트에 대한 재정 지원을 전담하기 위해 설립되었다. GCF는 감축과 적응에 동등한 규모의 자금을 지원하는 것을 목표로 한다. 첫 모금기간이었던 2015~2018년의 4년간 48개국이 10.3억 달러의 자금 기여를 약속하였고 이중 5억 달러가 실행되었다. 이는 선진국들이 2020년까지 조성하기로 동의한 100억 달러에는 훨씬 못 미치는 금액이다. 주로 선진국이 기여하고 있지만, 인도네시아, 베트남, 페루, 콜롬비아 등과 같은 개도국에서도 소액의 기여가 이루어지고 있다. 투자는 보조금 공여, 대출, 자본, 그리고 보증의 형태로 이루어지며 조성된 자금의 60%가 소진되면 자금 보충을 위한 절차를 시작한다. 현재까지 102개 프로젝트에 2억 달러 규모의 투자가 이루어졌다.

협력적 메커니즘은 파리협정 제6조가 규정하고 있다. 제2항은 NDC의 달성을 위해 국제적으로 이전된 감축 결과를 사용하는(Internationally Transferred Mitigation Outcomes: ITMO) 당사국은 지속가능발전을 추진하고 환경 건전성과 투명성을 확보해야 한다고 하여 당사국들이 다른 당사국에서 추진한 프로젝트에서 확보한 감축분을 자국의 NDC 달성에 사용하는 것을 인정하고 있다. 당사국 간 협력에 따른 감축분은 자발성을 기반으로 하고 있다는 점에서 교토

5 GEF는 UNFCCC 외에 CBD(Convention on Biological Diversity), the Stockholm Convention, UNCCD(United Nations Convention to Combat Desertification), Minamata Convention on Mecury 등 네 개 환경 관련 기구 및 협정의 이행 주체를 맡고 있다. 각 기구 및 협정별 이행 주체로서의 활동 개시는 각각 1994년, 2001년, 2010년, 그리고 2013년이다.

체제의 유연성 메커니즘과는 분명한 차별성이 있다. 예를 들어, 교토 체제 하의 CDM은 UNFCCC가 정한 방식과 절차에 따라 추진되고 크레딧이 발급되는 하향식 접근이었다면, 파리협정의 ITMO는 추진 방식과 절차 등이 당사국에 의해 결정되고 발생한 크레딧의 유효성만을 공식 기구가 승인하는 상향식 접근을 취한다. 6조에서 시장을 언급하고 있지는 않지만, 국제적으로 이전되는 감축분이 주로 탄소시장을 통해 거래될 것이라는 예측 하에 이를 탄소시장 메커니즘이라 부르기도 한다. 제4항은 온실가스의 감축과 지속가능발전을 지원하기 위한 메커니즘(Sustainable Development Mechanism)이 당사국 총회의 관리·감독 하에 설립될 것임을 규정하고 있다. 이는 당사국 총회가 지정하는 기구에 의해 운영된다는 점에서 교토 체제에서 하향식으로 운영되던 유연성 메커니즘, 특히 CDM과 유사한 성격의 국제협력 방식으로 이해되고 있다.

전 세계 83개국의 NDC가 자국의 감축 목표 달성을 위한 수단으로 국제 탄소시장을 언급하고 있다(World Bank Group, 2018). 선진국의 경우 지속적으로 감축 노력을 실행해 왔던 바 자국 내에서 감축 여력이 부족하고 고비용이 요구되는 경우가 많다. 이러한 이유로 비용효과적으로 감축을 달성할 수 있는 개도국에서의 감축 활동이 활발하게 추진될 수 있고, 이는 지속가능발전과 환경 건전성의 원칙하에 이루어져야 하는 바 개도국 입장에서는 지속가능발전을 위한 중요한 기회를 확보할 수 있다.

### 4.2. 협력적 접근과 탄소시장 통합을 통한 남북한의 기후변화 대응협력

앞서 언급된 김일성대학 학보 게재 논문 「온실효과가스 방출권 거래의 특성에 맞는 탄소무역의 확대발전」에 의하면, 북한의 CDM 사업 추진은 "외부로부터 투자를 유치함으로써 환경을 보호하는 동시에 경제성장을 달성하는 것"을 목표로 하고 있다. 이는 폐쇄적 경제 시스템을 유지하고 있는 북한이 기후변화 대응 활동에 있어서는 외부 자본 유치를 위해 보다 개방적인 태도를 취할 수 있다는 것을 의미한다. 북한은 자국의 지속가능발전을 위해 파리협정이 제공하는 다양한 기회를 활용할 수 있다. 특히, 파리협정 6장의 협력적 접근과 탄소시장 연계는 기후변화 대응에 있어 남북한의 상생협력 방안이자 나아가 통일 논의의 출발점이 될 수도 있을 것이다.

한국은 지난 2015년 NDC를 통해 "2030년 BAU 대비 37%"의 감축 목표를 제시하였다. 당초 한국 정부는 37%의 감축 목표를 달성함에 있어 25.7%는 국내에서, 11.3%는 해외에서 감축하는 계획을 발표하였다. 그러나 문재인 정부의 친환경에너지 정책을 반영하여 해외 감축의 상당 부분을 국내 감축으로 변경하며, 2018년 국내 감축 비중은 32.5%로 확대되었다. 나머지 4.5%는 해외에서 줄이거나 산림흡수를 통해 감축할 예정이다. 해외 감축분은 한국 정부나 기업이 해외 온실가스 감축 사업에 투자하고, 여기에서 확보한 온실가스 감축량을 배출권으로 확보하겠다는 의미이다.

한국 정부의 노력에도 불구하고, 재생에너지 생산에 불리한 한국의 지리적 조건과 에너지 집약적 산업구조로 인해 국내 감축 목표 달성은 난항이 예상되고 있다. 이러한 상황에서 NDC 달성의 최종 책임이 있는 한국 정부와 배출 할당을 의무적으로 달성해야 하는 한국 기업에게 높은 감축 잠재력을 보유한 북한은 새로운 기회의 장을 제공할 수 있다. 북한의 경우 남한과 동일한 기후 및 자연 조건을 갖추고 있어 현지 적용을 위한 실증이나 변형 과정 없이 남한 정부와 기업이 보유한 감축기술들을  적용할 수 있고, 인접한 거리 조건과 동일한 언어 사용은 사후 관리와 운영을 용이하게 한다는 점에서 매력적인 투자처가 될 수 있다. 북한 입장에서도 남한과의 적극적 협력은 저성장과 환경 파괴의 근본 원인이 되고 있는 에너지 부족 사태를 해결하여 파괴된 생태 환경을 복원하고 경제성장과 주민의 삶을 개선하는 기회가 될 것이다.

북한이 국제협력을 통해 기후변화 대응 활동에 적극적으로 나서고자 할 경우, 한국의 탄소시장, 더 나아가 동북아 탄소시장 참여는 북한에게 경제·사회 개발을 위한 더 큰 기회를 제공하게 될 것이다. 일반적으로 탄소시장 연계의 논리는 시장 유동성 증가와 온실가스 배출 규제 대상 기관의 감축 활동에 유연성을 부여함으로써 감축비용을 줄일 수 있다는 데 있다. 또한 산업경쟁력 측면에서 기업의 경쟁력 약화와 탄소누출(carbon leakage)[6]을 방지한다는 것도 주요한 이유이다.

2019년 6월 현재 전 세계에서 운영되고 있는 20개의 탄소시장 중 11개가 한중일 3국에서 운영되고 있다. 중국의 국가 단위 배출권거래제는 2017년 12월 출범과 함께 규제 대상 탄소량 측면에서 세계 최대 시장으로 부상하였다. 한국의 국가 배출권 시장은 전 세계 세 번째 규모이다. 경제, 배출량, 탄소시장 규모 면에서 동북아가 국제 탄소시장 메커니즘에 미치는 영향은 지대하다. 최근 캘리포니아-퀘벡-온타리오의 배출권 시장 연계 협정이 맺어지고 EU와 스위스 시장의 연계가 비준되면서 동북아 3국의 탄소시장 연계는 더욱 주목받고 있다. 특히, 중국 국가배출권 시장의 탄생으로 한중일 탄소시장 연계의 가능성이 더욱 높아짐에 따라 이에 대한 논의는 더욱 활발해지고 있다.

한국의 탄소배출권 거래시장(Korea Emission Trading Scheme: K-ETS)은 2015년 출범하였다. 이 제도의 목적은 배출권 부족 업체와 잉여배출권을 보유한 기관 간의 배출권 거래를 통해 감축의무 대상이 감축 목표를 비용효과적으로 달성할 수 있는 수단을 제공하는 것이다. K-ETS는 3단계의 계획기간을 거쳐 정착되는 것으로 설계되어 있다. 현재 K-ETS는 2단계 계획기간(2018~2020)을 지나고 있다.

그간 운영에서 K-ETS가 직면하고 있는 가장 큰 문제는 배출권의 공급 부족이다. 1차 계획기간 중 할당배출권의 거래는 2015년과 2016년 각각 전체의

6 탄소비용을 회피하기 위하여 탄소감축 의무 대상 업체들이 사업장을 탄소비용이 없거나 저렴한 곳으로 이동하는 행위를 말한다.

0.3%와 2.3%에 불과하였다. 이로 인해 공급자가 시장에서 절대적 우위를 점하게 되고, 배출권 가격은 전 세계에서 가장 높은 수준으로 유지되고 있다(World Bank Group, 2018; 김길환·심성희, 2017). 2015년 평균 11,773원이던 배출권 가격은 2017년 2월 7일 26,500원에 도달했다(김길환·심성희, 2017). 이러한 상황에서 남한과 북한의 탄소시장이 통합 운영되거나 연계될 경우 북한은 안정적 배출권 수요시장을, 한국은 배출권의 안정적 공급처를 확보하게 될 것이다. 더 나아가 올림픽, 월드컵 축구 남북한 단일팀처럼 국제사회에서 한반도가 "단일 탄소 감축 활동지역"으로 인정받게 되면 북한에서의 감축 활동은 국내 감축분으로 산정되어 국내 감축분 확보에서 여유를 가질 수 있게 된다.

노르웨이-ETS와 EU-ETS의 연계, 캘리포니아-ETS와 퀘벡-ETS의 통합 과정을 보면, 기술협력과 관련 규칙 등 시장 운영을 위한 핵심적인 부분의 조화를 위해 상당 기간의 협상 과정을 거쳤다. 남북한의 탄소시장 연계 또는 통합 운영도 이러한 과정을 거쳐야 한다. 남한은 여전히 제도 정비 단계에 있고 북한은 제도 자체가 도입되지 않은 현재의 상황은 양 당사자 간 좁혀야 할 차이점이 많지 않다는 점에서, 두 시장의 연계 또는 통합 운영을 위한 협의에 호의적인 환경으로 작용할 수 있다. 특히, 탄소시장은 남북한 간에 이념의 문제를 배제하고 상호 경제적 실리에 기반하여 협력 논의를 진행한다는 점에서 여타 정치협상에 비해 그 과정이 더 용이할 수 있다.

한반도 탄소시장 연계 또는 통합 운영을 바탕으로 동북아 탄소시장 연계를 위한 논의에 나설 수도 있다. K-ETS일 때보다 남북한 통합시장일 경우 더 확대된 시장 규모와 강화된 가격경쟁력을 바탕으로 동북아 탄소시장 연계 논의에서 한반도 통합시장팀은 더 큰 목소리를 낼 수 있을 것으로 전망된다. 물론 동북아 탄소시장 탄생이 결코 쉬운 것은 아니다. 한중일 3국의 정치·경제적 연관성, 지리적 근접성 등이 유리한 요소로 작용할 수 있겠지만 이러한 조건들이 연계를 보장하지는 않는다. 오히려 각국의 배출권 시장 설계, 기후변화 정책, 감축 목표의 설정 방식 등에서의 차이는 동북아 탄소시장 연계가 험난한 여정이 될 것임을 예고하고 있다. 구체적으로 중국의 ETS는 한국, 일본과 달리 절대적 배출량이 아니라 감축 의무 대상 기관의 에너지 원단위를 기반으로 하고 있다. 각국별로 내용이 다른 배출권은 연계시장 출범에 가장 큰 걸림돌로 작용할 수 있다(Stowe, 2017). 일본의 경우 도쿄와 사이타마에서 지역 배출권거래제가 운영되고 있다. 국가 단위의 배출권거래제의 도입이 논의되고 있지만 진척이 없는 상황이다. 오히려 일본은 탄소시장 연계보다는 JCM의 확대와 정착에 더 역량을 집중하고 있어 동북아가 국가 수준의 탄소시장 연계를 달성하기에는 상당한 시간이 필요할 것으로 전망되고 있다(Ewing, 2017).

이러한 다양한 장애 요인에도 불구하고 동북아 탄소시장이 상호 협력을 위한 중요한 지점이라는 것을 각국이 인식하고 있다는 것은 지속적으로 증명되고 있다. 2018년 한국 기후변화 대사와 중국 기후변화 특별 대표는 한중일 탄소시장 협력을 강화하는 데 동의하였다. 현재 지역적·국제적 탄소시장이 형성되고 있는 만큼, 남북한이 탄소시장에서 긴밀한 협력을 도출하게 되면, 이는 동북아 탄소시장 탄생의 주춧돌이 될 것이며 경제적 실리 확보는 물론 동북아 평화에도 기여하게 될 것이다.

## 5. 결론

이상에서 살펴본 바와 같이 북한은 폐쇄적 국가 운영 기조에도 불구하고, 전 지구적 환경 문제 대응을 위한 국제사회의 협력 거버넌스에 적극적으로 참여해 왔다. 이는 악화된 환경이 북한의 경제와 사회를 위기로 몰아넣고 있고 이의 타개가 무엇보다 중요한 국가적 과제인 상황을 배경으로 한다. 개도국의 환경위기를 해결하기 위해 국제사회는 다양한 지원 방안을 마련하고 있고, 이러한 지원 체계가 북한의 지속가능발전을 위한 중요한 수단이 될 수 있음을 북한도 인식하고 있다. 이러한 맥락에서 북한은 교토기후 체제 하에서부터 CDM 사업에 적극적으로 참여하는 등 기후변화 대응 메커니즘을 이용해 외부의 투자를 유치하고, 이를 통해 자국의 환경·에너지 문제를 해결하고자 노력해 왔다.

파리협정의 발효로 출범하는 신기후 체제는 교토 체제에 비해 국제협력이 각국 NDC의 달성을 위해 더 중요한 수단으로 부상할 가능성을 높이고 있다. 선진국, 개발도상국 구분 없이 모든 당사국들이 감축 책임을 지게 되었고, 기존 UNFCCC의 중앙집권적 거버넌스 하에서 관리되던 국제협력 메커니즘이 당사국들의 자율성을 바탕으로 추진되는 상향식 방식으로까지 확대됨에 따라 당사국 간의 협력적 감축 활동은 더욱 활발해질 것이다. 개도국은 독자적으로 감축 활동을 벌이기에는 자체적으로 보유한 역량이 부족하고, 선진국은 비용효과적으로 감축을 달성할 수 있는 수단을 협력적 감축 활동을 통해 제공받을 수 있기 때문이다. 이러한 변화는 높은 감축 잠재성을 보유한 북한에게 외부 투자를 유치해 고질적인 에너지 부족 문제를 해결하고 경제성장과 주민의 삶의 질 향상을 도모할 수 있는 중요한 기회를 제공하게 될 것이다.

본 장에서는 북한의 기후변화 대응 현황과 파리협정이 북한의 지속가능발전을 위해 제공할 수 있는 지원, 그리고 남북한 간 탄소시장을 통한 협력 방안 등을 살펴보았다. 이외에도 한국의 핵심적 신재생에너지 보급 확대 정책인 RPS(Renewable Portfolio Standard)에서도 북한과의 협력 가능성을 찾을 수 있는 등 환경·에너지 분야에서 남북한 간의 공동협력 방안은 다양하다. 다만, 이러한 구상들이 실현되기 위해서는 개성공단 사태에서 확인된 바와 같이 정치와 제도의 불안정성과 시장의 불투명성이 극복되어야 하고, 온실가스 인벤토리와 같은 관련 핵심 데이터의 미비 등 기본적인 인프라 부족 문제가 선결되어야 한다. 그럼에도 불구하고 기후변화 대응을 위한 남북한의 협력은 일방의 개발을 위한 다른 일방의 지원이 아니라 상호의 경제적 실리를 바탕으로 한다는 점에서 협력의 건전성은 더 높다. 또한 협력 체계를 구축하는 과정에서 확보되는 상호 이해와 신뢰, 그리고 성공적 협력의 경험은 향후 남북관계의 지평을 확대하는 중대한 계기가 될 것이다.

## 참고 문헌


김길환 · 심성희, 『우리나라 온실가스 배출권거래제 진단과 개선방안』," 한국에너지경제연구원, 2017.

김효정, '탄소배출권 판매' 주목하는 北…"투자 끌어들이고 환경보호," 연합뉴스, 2017. 10. 22(https://www.yna.co.kr/view/AKR20171020130300014 검색일: 2019. 6. 21).

Dolan, A. H. and I. J. Walker, "Understanding Vulnerability of Coastal Communities to Climate Change Related Risks," *Journal of Coastal Research*, 2006, pp. 1316~1323.

DPR Korea, "Intended Nationally Determined Contribution of Democratic People's Republic of Korea," 2016.

Ewing, J., "Incentives and Impediments to Carbon Market Cooperation in Northeast Asia," Asia Society Policy Institute, 2017.

Fouquet, R., "Path Dependence in Energy Systems and Economic Development," *Nature Energy*, 1(8), 16098, 2016.

Global Environment Facility(https://www.thegef.org/home 검색일: 2019. 6. 30).

Gomez-Echeverri, L., "Climate and Development: Enhancing Impact through Stronger Linkages in the Implementation of the Paris Agreement and the Sustainable Development Goals(SDGs)," *Philosophical Transactions of the Royal Society A: Mathematical, Physical and Engineering Sciences*, 376(2119), 20160444, 2018.

Green Climate Fund(https://www.greenclimate.fund/home 검색일: 2019. 6. 30).

Harmeling, S. and D. Eckstein, "Global Climate Risk Index 2013: Who Suffers most from Extreme Weather Events. Weather-Related Loss Events in 2011 and 1992 to 2011," Germanwatch e.V. Bonn, Berlin, 2012.

Heilbroner, R. L., *An Inquiry into the Human Prospect: Looked at Again for the 1990s*, WW Norton & Company, 1991.

International Ecological Footprint(http://data.footprintnetwork.org/#/ 검색일: 2019. 6. 14).

Ministry of Land and Ministry of Land and Environment Protection, "Democratic People's Republic of Korea Environment and Climate Change Outlook," Pyongyang, 2012.

Mumford, L., *Technics and Civilization*, University of Chicago Press, 2010.

NCEE and UNEP, "DPR Korea's Second National Communication on Climate Change 2012"(북한 기후변화에 관한 제2차 국가 보고서), Pyongyang, 2012.

North Korea Economy Watch(http://www.nkeconwatch.com/category/statistics/gdp-statistics/ 검색일: 2019. 6. 14).

Stowe, R. C., "The Paris Agreement's Article 6 and Cooperation in the Northeast Asia to Address Climate Change," Asia Society Policy Institute, 2017.

UNFCCC, Database for PAs(https://cdm.unfccc.int/Projects/DB/ projsearch.html 검색일: 2019. 6. 4).

UNFCCC Technology Mechanism(https://unfccc.int/ttclear/support/technology-mechanism.html 검색일: 2019. 6. 30).

World Bank Group, "State and Trends of Carbon Pricing 2018," Washington D.C., 2018.

Chapter 12

# 북한 산림 황폐 영향과 복구 방안

이우균(고려대학교 환경생태공학부)
이슬기(고려대학교 환경생태공학과)
최현아(한스 자이델 재단 한국사무소)

1. 서론
2. 북한 산림과 황폐화 현황
3. 북한 산림 황폐화 원인과 영향
4. 북한 산림 황폐지 복구 방안
5. 북한 산림 황폐지 복구를 위한 국제협력
6. 결론

## 1. 서론

북한의 산림 황폐화와 그로 인한 피해는 이미 많이 알려진 사실이다. 또한, 북한 산림 복구의 필요 및 시급성에 대해서도 북한 당국뿐만 아니라 많은 국내외 단체에서 발표되고 있다. 현재 북한은 1992년 산림법 제정 이후 스스로의 노력을 통한 산림 복구 및 관리에 관심을 보이고 있다. 특히, 2012년 4월 "전국 산림을 10년 내에 수림화(산림녹화), 원림화 하라"는 특별교시를 통해 파괴된 산림 생태계 회복을 강조하고 있는 현실이다.

북한 산림 황폐화의 주된 원인으로는 경제적 어려움으로 인한 식량 및 에너지 부족으로 파악되고 있다. 식량 및 에너지의 부족을 자체적으로 수급하는 과정에서 황폐화된 산림은 홍수 및 가뭄, 토양유실 등의 자연재해를 유발하고 이로 인해 식량 생산성은 더욱 악화되는 악순환이 반복되고 있다. 따라서 북한의 산림 복구는 초기 단계에서 황폐화 원인 및 영향을 해결하는 방향으로 이루어질 필요가 있다.

북한 산림 황폐화는 재원, 기술, 장비, 인력 등의 측면에서 자체적으로 극복할 수 없을 정도의 심각한 수준인 것으로 알려져 있다. 따라서 남북협력을 포함한 다양한 국제협력을 통해 북한의 산림 복구가 이루어져야 하는데, 이를 위해서는 북한 산림 황폐지 복구 방안을 국제적인 시각에서 볼 필요가 있다. 즉, 북한의 산림 황폐화 원인 및 영향, 기후변화에 대응한 복구 방안, 지속가능한 발전목표(Sustainable Development Goals: SDGs) 이행, 생태계 서비스 증진, 물-식량-에너지 안정 등의 국제적인 이슈와 함께 다룰 필요가 있다. 그러나 다양한 국제기구가 참여하는 북한 산림 복구의 국제협력은 자칫 혼선 및 시행착오를 유발할 수 있어, 이에 대한 대책도 필요하다. 우리나라는 황폐화된 산림을 1970년대 이후의 치산녹화계획을 통해 경제발전과 함께 성공적으로 복구한 경험이 있다. 또한 북한 산림은 같은 한반도 내에서 남한 산림과 생태 및 환경적 연속성을 지니고 있다. 이러한 관점에서 북한의 산림 복구를 남북한 주도형의 다양한 국제적 이슈 및 협력을 통해 시행할 필요가 있다.

이러한 내용들을 고려하여, 본 장에서는 북한 산림 황폐화의 현황, 원인, 영향을 산림의 생태계 서비스 및 국제적 이슈 측면에서 분석하였다. 이러한 영향 분석을 토대로 북한 산림 황폐화로 발생하는 악영향을 해결하기 위한 식량–물–에너지 안정화 증진 방향을 제안하였다. 마지막으로 북한 산림 복구를 위한 남북한 주도형의 국제협력 방안을 제시하였다.

## 2. 북한 산림과 황폐화 현황

북한 지역에 대한 산림면적은 일제의 조선임적조사사업에 의해 제작된 조선임야분포도(1910)에 최초로 기재되었으며, 이에 의하면 북한 산림면적은 1910년 당시 876만 ha로 추정된 바 있다. 북한의 산림면적 변화 및 황폐화에 대한 자료들은 기관별·영상별·판독방법별 차이가 존재하고 있으나(〈표 12-1〉 참조), 시간의 흐름에 따라 산림면적은 점차 감소하고 황폐화 면적은 증가하는 추세를 보이고 있다. 1970년의 985만 ha에서, 2000년대 초반에는 755만 ha부터 893만 ha까지 감소한 것으로 보고되고 있다.

북한의 산림 황폐지는 무립목지, 개간산지, 산간나지 등으로 분류되고 있으며, 그 정의는 다음과 같다(한국임업진흥원, 2016).

- 무립목지: 땔나무 채취, 가축의 방목, 산불 발생 등으로 관목지 상태로 남아 있는 토지
- 개간산지: 산림을 개간하여 농작물을 재배하는 비탈밭 형태의 한계농지로 다락밭, 비탈밭을 포함함.
- 산간나지: 산림 황폐지가 많이 진전되어 임목이나 지피식생이 거의 없

〈표 12-1〉 북한의 산림면적 변화

| 추정 연도 | 산림면적 (천 ha) | 자료원 | 비고 | 1970년 대비 면적 변화 (천 ha) |
|---|---|---|---|---|
| 1970 | 9,854 | 중국 '조선주요기상대점자료'(1976) 인용(김운근, 1997) | 북한 발표자료 인용 | |
| 1978 | 9,075 | 북한의 농림축수산업(장원석, 1999) | 북한 문헌 인용 | -779 |
| 1986 | 9,007 | 한국과학기술단체총연합회(오봉국 등, 1991) | 정부 | -847 |
| 1987 | 8,965 | FAO 한국협회(김운근, 1997) | FAO | -889 |
| 1987 | 8,870 | 북한의 임업, 사회주의 임업, 1987년 3월호 | 구 동독 발표 | -984 |
| 1990 | 8,201 | DPRK(2006), DPRK CSB(1997), FAO(2000), UNEP(2004) | 북한 중앙통계청 인용자료 | -1,653 |
| 1991 | 8,638 | 한국임학회지(이규성, 1994) | NOAA 위성자료 | -1,216 |
| 1996 | 8,446 | 임업연구원(1996년 임업연구원 연구보고서) | Landsat TM 위성자료(1991) | -1,408 |
| 1996 | 8,960 | UNEP(2004), Forest Area(토지 용도 분류) | | -894 |
| 1996 | 8,183 | UNEP(2004), Forest Area(토지 이용 분류) | 북한중앙통계청 | -1,671 |
| 1997 | 7,552 | FAO/UNDP(1998) | 북한 자료 | -2,302 |
| 1999 | 8,512 | 농림부(권태진 등, 2002) | Landsat TM 위성자료(1999) | -1,342 |
| 2005 | 8,927 | DPRK(2006) | 북한 국토보호성 | -927 |

자료: 박경석(2013).

고 지표 침식이 진행되고 있는 맨땅(나지) 상태의 산지, 민둥산

최근의 북한 산림 황폐화 면적은 다양하게 보고되고 있는데, 국립산림과학원에서는 1999년 163만 ha에서 2008년에는 284만 ha로 증가되었다고 보고하고 있다(국립산림과학원, 2010; 박경석, 2013). 또한 한국임업진흥원(2015) 연구에 의하면 2015년 303만 ha의 북한 산림이 황폐화된 것으로 분석되고 있다. 최근 북한에서 160만 ha의 산림이 복구될 필요가 있다고 다양한 경로를 통해 보고

하고 있는 것을 고려하면, 북한 산림 황폐지는 적게는 160만 ha, 많게는 300만 ha로 볼 수 있다. 이는 남한 면적의 16%에서 30%에 해당하는 면적이다. 과거 우리나라는 1차 치산녹화기간(1973~1978) 동안 108만 ha, 2차 치산녹화기간(1979~1987) 동안 107만 ha, 3차 치산녹화기간(1988~1997) 동안 32만 ha를 조림하여 산림지역에 총 247만 ha에 달하는 조림 실적을 가지고 있다(산림청, 1997).

## 3. 북한 산림 황폐화 원인과 영향

북한 산림 황폐화의 원인은 경제적 공급 부족과 큰 연관이 있고, 부족 경제는 빈곤의 늪(poverty trap)에서 탈출할 수 없는 구조적인 문제를 야기하고 있다(김용환, 2005). 또한 에너지, 식량, 원자재 부족 현상을 주민이 산림으로부터 직접 해결하는 과정에서 야기되는 것으로 볼 수 있다. 정부 차원에서는 외화벌이를 위한 당국 주도의 과도한 벌채(남벌)도 산림 황폐화의 원인으로 지적되고 있다.

### 3.1. 에너지 부족으로 인한 무립목지 증가

북한의 에너지 공급량은 1990년대 이후 급감하고 있다(에너지경제연구원, 2018). 북한의 2016년 에너지 소비 규모는 우리나라 1960년대 초보다도 열악한 수준으로 평가되며, 2000년대 중반 이후 급격한 감소 현상이 나타났고, 최근에는 이러한 추세가 심화되고 있는 것으로 파악되고 있다.

김경술 등(2013)이 탈북 주민을 대상으로 가정용 연료난에 대한 소비 실태를 설문조사한 결과, 가정 부문에서의 연료 배급 시스템은 사실상 붕괴된 상태로 시장에서 구입 또는 자체 조달로 해결하고 있는 실정이다. 따라서 민간에서의 가정용 에너지는 정부의 관리에서 벗어나 산림지역으로부터 직접 수급되고 있는 것으로 파악된다. 1990년대 이후 북한 산림에서의 무립목지 면적이 매우 큰 폭으로 증가하고 있는 것이 이를 반증하고 있다. 1979년과 비교하였을 때 2010년도의 무립목지 면적은 약 397% 증가하였는데(Byeon, 2014), 이는 에너지 부족으로 인한 땔나무 채취가 산림에서 심각한 수준이었음을 나타내고 있는 것이다.

### 3.2. 식량 부족으로 인한 개간산지 증가

북한의 식량난이 심각한 것은 주지의 사실이다. 식량 문제가 심화된 1990년대 이후 북한 당국은 경제난 타개를 위한 자력갱생을 강조하면서 주민들에게 스스로 식량을 확보하도록 요구하였다. 이른바 '고난의 행군' 과정에서 다수의 산림이 다락밭(개간산지)의 형태로 전용되었으며, 전용에 따른 재난 대비 및 식량 생산을 위한 적절한 관리 방안이 없었기 때문에 식량 증대 효과가 일어나지 않는 부작용이 반복적으로 나타나게 되었다(박경석·박소영, 2012).

부족한 식량을 산림으로부터 생산하는 과정에서 개간산지는 증가되었지만, 산지가 농경지로 전환되면서 산사태, 토사유출, 하천범람 및 침수 등의 환경의 질적 저하가 일어나고, 이러한 환경 악화가 농경지의 생산성 저하로 이어져 북한의 식량 문제를 오히려 악화시키는 결과를 초래하고 있다.

북한 당국은 이러한 악순환을 해결하고자 산림 복구에 대한 노력을 기울여 왔다. 그럼에도 불구하고 북한의 산림 복구 노력이 큰 성과를 거두지 못하는 원인에는 산림 황폐화를 유발하는 에너지 및 식량 부족 문제를 근본적으로 해결하지 못하는 것도 포함되고 있다.

### 3.3. 북한 산림 황폐화와 산림 생태계 서비스에 미치는 영향

산림도 생태계 측면에서 공급(provisioning), 조절(regulating), 지원(supporting), 문화(cultural) 등의 다양한 생태계 서비스(ecosystem service)를 제공하고 있다. 북한에서의 경제적 부실과 산림 황폐화는 산림으로부터 얻는 다양한 혜택(서비스)들의 훼손을 의미하며, 이는 궁극적으로 산림으로부터 받는 인간의 복지(human-well being)의 훼손을 의미하는 것이다.

한 국가의 산림은 그 국가의 발전 단계에 따라 다양한 형태로 변화한다. 북한의 사례에서 보듯이 빈곤의 단계에서는 산림은 생활에 필요한 물품 조달, 식량 생산, 주거지 확보 등으로 정주지 주변으로부터 급속히 황폐화 및 오염되어 간다. 이러한 현상은 오직 북한뿐만 아니라 우리나라에서도 1950~1960년대에 겪은 것이고, 최근에는 동남아시아, 아프리카 등의 최빈국에서 나타나는 현상이다. 또한 급속한 발전 단계에서는 발전에 필요한 원료 공급지로써 산림의 황폐화는 가속되며, 그 범위도 정주지를 벗어나 광범위하게 퍼지는 것이 일반적이다. 이러한 빈곤 및 급속한 발전 단계에서의 황폐화의 원인은 에너지, 식량, 주거지 등의 공급 서비스 필요와 관련된 것이 대부분이고 대규모 개발 및 불법 벌채로 인한 개발 과정에서의 지원 서비스 훼손과 관련된 것이 포함된다. 그러나 공급 서비스를 위해 황폐화된 산림이 오히려 지원 서비스를 약화시키고 발전을 저해하는 역설적 현상이 종종 발생하고 있다. 남한과 북한의 GDP와 산림 축적 관계를 보여 준 〈그림 12-1〉은 이러한 상호관계를 잘 보여 주고 있다. 남한의 경우 GDP의 증가와 더불어 산림 축적의 증가 추세가 뚜렷하게 나타나고 있으나, 북한에서는 1987년을 기점으로 GDP의 감소와 함께 산림 축적이 감소하는 추세가 나타난다(Song et al., 2017). 이는 산림 황폐화의 영향 측면에서 보면, 산림 황폐화는 단순한 환경적 측면의 황폐만을 나타내는 것이 아니라 경제적 측면의 부실과도 연계된다는 것

<〈그림 12-1〉 한반도 GDP와 산림 축적 간의 관계

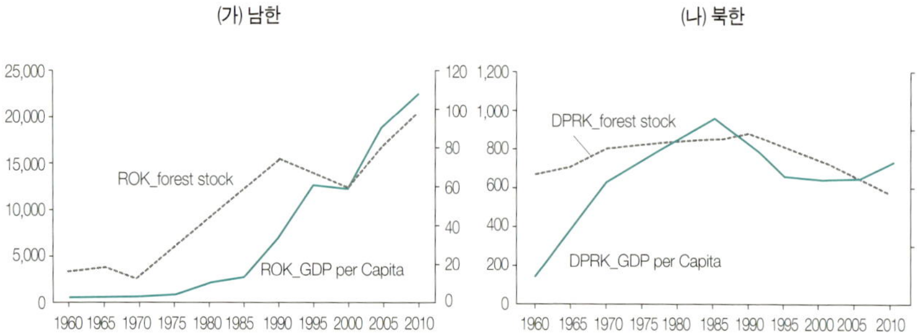


자료: Song et al.(2017).

을 잘 나타내 주는 것이다. 이렇듯 다양한 서비스 제공을 위해 황폐화된 산림은 역으로 산림의 공급, 조절, 지원, 문화 등 다양한 생태계 서비스에 영향을 미치는 악순환이 반복된다는 것이 북한 산림 황폐화 현상의 한 특징이다.

산림의 공급 서비스 중의 대표적인 것은 목재 생산이다. 〈그림 12-1〉을 보면, 북한의 산림 축적은 완만하게 증가하다가 1990년대 이후에 비교적 급속히 감소하고 있다. 이는 산림에서의 목재 공급 기능 및 서비스가 급격하게 감소하는 것을 나타내는 것이다. 북한 정부는 과거 철저한 주민 통제와 애림 교육을 통해 남벌과 산불로부터 산림을 보호하려 하였으나, 1992년 「산림법」에서 산림 조성과 관리, 산림과학연구, 땔나무 같은 주민들의 일부 생활상 편의를 보장하기 위한 벌채는 계획 없이도 가능하도록 했다(박소영 등, 2008). 이는 산림에서의 목재 공급 기능 및 서비스에 대한 정부의 관리 능력이 떨어졌음을 시사하며, 목재 공급량이 급속히 감소하는 것을 나타내는 것이다.

산림의 지원 서비스 중의 대표적인 것은 생태계 순환 과정을 확립하는 것으로, 산림과 다른 생태계 간의 원활한 물 순환구조를 유지하는 것이다. 즉, 산림이 농업 등 다른 산업 부문으로의 물을 지원하는 서비스를 들 수 있

〈그림 12-2〉 한반도의 농업 물 균형 변화

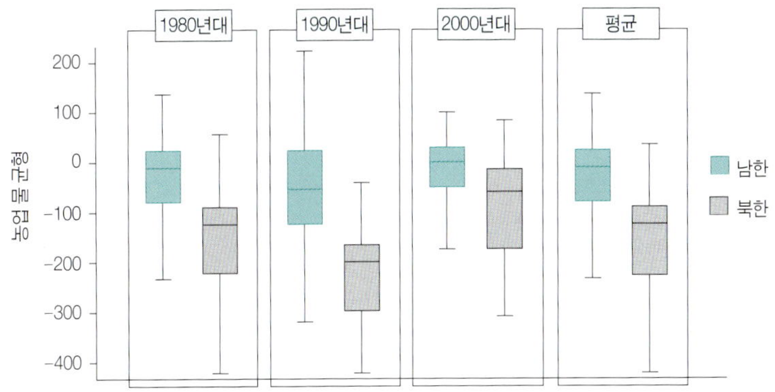


자료: Lim et al.(2018).

다. 산림으로부터 지원되는 지속적이고 깨끗한 물은 하류지역에서의 안정적 농업 및 생활 환경을 조성해 줄 수 있다.

북한에서의 산림 황폐화는 물 순환구조를 저해하며, 이는 결과적으로 농경지의 물 수지(혹은 균형)가 악화되는 것으로 나타났다(Lim et al., 2018). 농업에서의 물 수요와 공급을 고려하여 과거 30년의 한반도 농업 물 균형(Agricultural Water Equilibrium)을 평가한 결과, 북한의 물 균형 상태가 남한에 비해 상당히 부정적인 것으로 나타나고 있다(〈그림 12-2〉 참조). 산림 황폐화의 주된 원인 중의 하나인 신규 농경지는 기존 농경지에 비해 더 많은 물 요구량을 갖게 되고, 이로 인해 북한 농경지의 전체 물 균형은 악화된 것이다.

특히, '고난의 행군' 기간인 1990년대에 북한의 농업 물 불균형이 심각했던 것으로 나타났다. 산림 황폐화 전후로 산림의 물 공급과 농업의 물 수요의 차이를 분석한 결과, 물의 공급은 크게 감소한 반면 수요는 크게 증가하였다. 또한 신규 농경지들은 농업 환경에서도 불리한 조건을 많이 가지고 있는 것으로 나타났는데, 토양 및 지형적 요인으로 농경지에서 물의 유출량이 증가

〈그림 12-3〉 TerraSAR-X 영상 분류에 따른 북한 황폐지 분포도

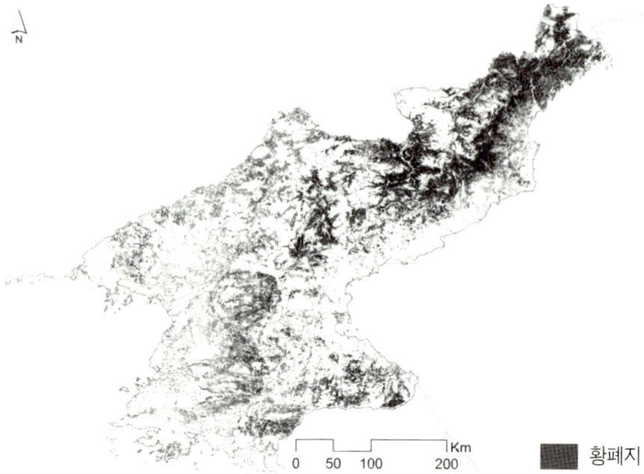


자료: Lee et al.(2018).

하고 이로 인한 토양유실도 크게 증가한 것으로 나타났다(Lim et al., 2017). 이러한 농경지의 질적 악화는 생산성에 영향을 주었고, 농지면적이 증가한 만큼 식량 생산이 증가하지 않은 원인이 된 것으로 판단된다.

북한의 산림 황폐화는 북한 전역에서 광범위하게 일어나고 있다(〈그림 12-3〉 참조). 북한의 산림은 육안으로 확인할 수 있는 수준으로 황폐화가 진행되었고, 이러한 산림의 황폐화는 단순히 숲이 없어진 것에 그치지 않고, 숲에서 서식하는 다양한 동식물의 서식지가 없어진 것을 의미한다. 이를 산림 생태계 측면에서 보면, 부적절한 산림 관리로 인해 산림의 서식지가 파괴되어 산림 생태계의 서식지 지원 서비스가 악화된 것을 의미한다.

산림은 탄소저장 및 흡수원(sink)으로 인정되며, 각국은 기후변화에 대응하기 위해 산림으로부터의 이산화탄소 흡수 기능을 증진시키기 위해 노력하고 있다. 우리나라도 산림으로부터의 이산화탄소 흡수량을 국가 온실가스 감축 목표에 포함시켜 연간 2,200만 톤의 이산화탄소를 산림으로부터 흡수한다는 계획이다. 산림 관리가 단순한 자원 생산의 수준에서 벗어나 국가 온실

〈그림 12-4〉 NEP 공간 분포 변화

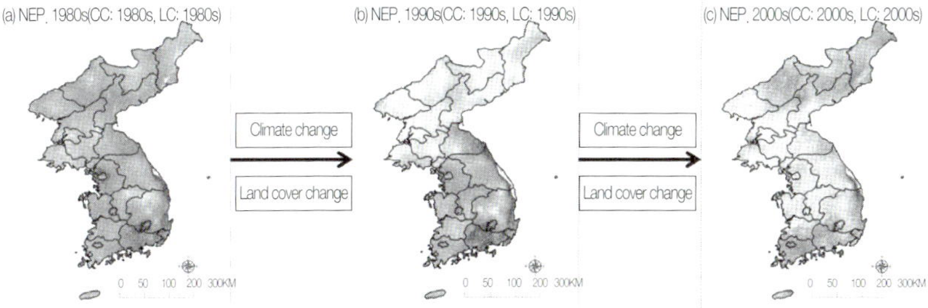


자료: Cui et al.(2014).

가스 감축에 기여하는 것이다.

북한 산림 황폐화는 산림의 탄소저장 능력의 감소로 이어진다. 산림 황폐화와 기후변화로 인해 북한 산림의 탄소저장 능력은 급격히 감소하고 있는 것으로 나타났다(〈그림 12-4〉 참조).

남한이 도시화, 토지 이용 변화에도 불구하고 탄소저장 능력이 잘 유지되고 있는 것과 대비적이다. 또한 산림 황폐화로 인한 유출 증가, 토양침식 등으로 농경지의 유기탄소 저장 능력도 감소하고 있다. 이러한 상태가 개선되지 않는다면, 북한은 전 지구적으로 일어나고 있는 기후변화 대응을 위한 온실가스 감축 이행 측면에서 부정적인 평가를 받을 수밖에 없다.

산림 생태계 서비스의 문화적 측면은 크게 경관 및 휴양 기능을 포함하고 있으며, 산림 환경에서 제공하는 비물질적 편익 및 혜택을 의미한다. 북한은 문화 측면의 산림 생태계 서비스가 구성될 수 없을 수준으로 산림 황폐화가 심각하며, 일부 도시숲 또는 금강산과 같은 특수한 경우에만 가치를 제공하고 있는 것으로 판단된다. 현재까지 관리가 잘 되고 있는 지역은 유네스코 생물권 보전지역으로 지정된 백두산, 구월산, 묘향산, 칠보산, 금강산이 대표적이다. 북한의 IUCN 생물권 보전지역으로 지정된 주요 명산은 철도, 도로와 연계되어 있어 중국 등 외국인 관광객을 유치하기에 적합한 곳에 위치하여 문화 서비스를 구성하는 생태 관광 측면에서 유리한 조건을 유지하고 있다.

## 4. 북한 산림 황폐지 복구 방안

### 4.1. 북한 산림 황폐지 복구와 생태계 서비스(물-식량-에너지 안정)

북한 산림 황폐지 복구는 단순히 나무를 심는 것에서 벗어나 산림 생태계를 중심으로 훼손된 생태계 서비스가 제대로 발휘되는 방향으로 이루어져야 한다. 특히, 산림 생태계에서 물-식량-에너지가 안정적으로 공급될 수 있는 환경을 조성하는 방향으로 산림 복구가 이루어져야 한다(〈그림 12-5〉 참조). 즉, 물-식량-에너지의 부족 상태에서 인간이 겪는 위험 및 경제발전 저해 등

〈그림 12-5〉 북한 황폐화 복구를 위한 식량-물-에너지 넥서스 모식도

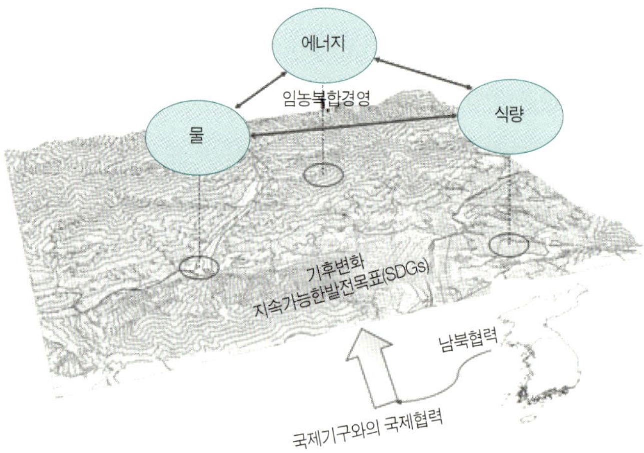


자료: 저자 작성.

의 문제를 환경적으로 지속 가능한 상태로 개선해 나가는 넥서스(nexus) 접근이 필요한 것이다(Ringler et al., 2013).

좀 더 구체적으로는 토지발전 단계(황폐화–복원기–안정기)에 따라 시급히 요구되는 산림 생태계 서비스를 파악하고 이를 개선하는 방향으로 산림 복구가 이루어져야 한다.

또한 산림 복구를 통한 산림 생태계 서비스의 개선이 최근의 국제적 이슈인 기후변화 대응 및 지속가능발전목표(SDGs) 이행에 기여할 수 있는 방향으로 산림 복구가 이루어져야 한다.

그리고 북한 산림 황폐지 복구는 식량 및 에너지와 연계된 인도주의적 측면, 산림 생태계와 연계된 환경적 측면, 기후변화 대응 및 지속가능발전 등의 국제적 관심 측면 등과 밀접한 관계가 있으므로 이들과 연계된 여러 국제기구와의 다양한 국제협력 방식으로 이루어져야 할 것이다.

북한에서는 2012년 '산림복원 10개년 계획'이 수립되었고, 이어 2013년에는 국가 산림 전략으로 '산림건설총계획'(2013~2042)이 수립된 바 있다(최현아, 2018). '산림복원 10개년 계획'에는 다음과 같은 목표가 제시되어 있다.

- 과수재배, 양잠과 경제림 조성의 확대(공급 및 지원 서비스, 황폐화 및 복원 단계)
- 지역경제 발전을 위한 종합적 산지 이용(지원 및 문화 서비스, 안정 단계)
- 농촌 개발에 의한 지역주민의 생활 개선(지원 및 문화 서비스, 복원 단계)
- 가뭄, 홍수 등 자연재해 방지를 위한 환경보호(조절 서비스, 복원 단계)
- 식량안보 및 농업 및 경공업 발전에 의한 인민생활 개선(지원 및 문화 서비스, 복원 및 안정 단계)

북한의 산림복원 10개년 계획을 보면, 산림 생태계의 공급·지원·조절·문화 서비스가 혼재되어 있는 것을 알 수 있다(각 목표 뒤 괄호 안에 해당하는 생태계 서비스를 표시함). 얼핏 보면 제시된 모든 목표, 즉 생태계 서비스는 산림

〈그림 12-6〉 황폐화 및 복구 단계에서 필요로 하는 생태계 서비스 증진 방향 모식도

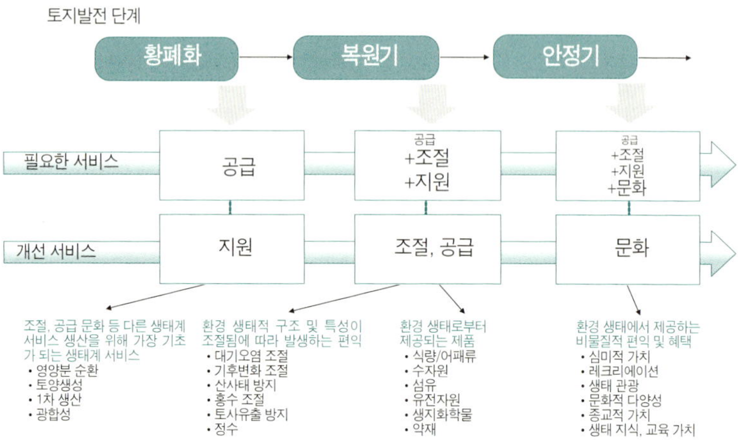


자료: 이우균(2018).

복구를 통해 '동시에' 달성될 수 있는 것으로 보이지만, 실제적으로는 복구 단계별로 순차적으로 달성될 수 있는 것이다. 따라서 북한의 산림복원 10개년 계획 목표를 달성하기 위한 단계별 전략이 필요하다. 북한은 현재 산림 황폐화 단계로 볼 수 있다. 단기적으로 이러한 산림 황폐화 단계에서 필요로 하는 생태계 서비스를 우선적으로 복원하는 전략이 필요하고, 중장기적으로는 복원기 및 안정기에 필요하거나 달성될 수 있는 생태계 서비스를 복원해야 한다.

〈그림 12-6〉은 황폐화-복원기-안정기의 단계별로 필요로 하는 생태계 서비스와 이를 확립하기 위해 개선되어야 하는 생태계 서비스를 나타낸다.

#### 4.1.1. 황폐화 단계: 필요한 공급 서비스를 위해 개선되어야 할 조절 서비스

황폐화 단계는 국가 단위에서 식량, 물, 에너지 등의 공급이 원활하지 않은 상태를 지역 내의 민간 차원에서 산림에서 공급되는 자원을 통해 해결하

는 과정에서 발생한다. 따라서 산림면적 및 축적이 자원 사용에 따라 지속적으로 감소하는 단계로 볼 수 있다. 이러한 산림의 황폐화는 산림 환경 파괴로 인한 각종 재난을 초래하고 있으며, 기후변화 측면에서 주요 온실가스 흡수원을 파괴하게 된다. 황폐화 단계에서는 황폐화의 원인을 파악하여 그것을 해결하는 것이 급선무이다. 기후변화와 관련해서는 산림의 황폐화 방지를 통해 온실가스 흡수원 감소를 방지하는 REDD+(Reducing Emission from Forest Degradation and Deforestation in Developing Countries) 사업이 이 단계에서 도입될 수 있다.

이러한 황폐화 단계에서는 당장 시급한 식량, 물, 에너지 등을 확보하기 위한 공급 서비스가 절대적으로 필요하지만, 조림을 한다고 해서 그 공급 서비스가 당장 이루어질 수는 없다. 필요로 하는 것은 공급 서비스이지만, 공급 서비스를 가능하게 할 수 있는 지원 서비스(지원 서비스는 다른 공급·조절·문화 등의 생태계 서비스를 위한 가장 기초가 되는 생태계 서비스)가 우선적으로 개선되도록 산림 복구가 이루어져야 한다. 따라서 산림 생태계의 구조 개선, 탄소-질소-물 순환 과정 확립 등 기본적인 환경 개선이 이루어져야 하며, 산림 황폐화의 원인인 당장의 식량 및 에너지 공급은 REDD+ 사업 등을 통해 외부로부터 해결되어야 한다.

황폐화 단계에서는 황폐화와 함께 심하게 훼손된 산지로부터의 침식을 방지하기 위한 사방공사가 우선 이루어져야 한다. 이는 복구지역 하부의 농경지 보호, 복구조림의 활착률 제고 등을 위해 필수적으로 이루어져야 할 작업이다. 또한 악화된 토양을 개선하기 위한 시비도 필수적으로 이루어져야 한다. 현재의 황폐화 단계에서는 이와 같은 사방 및 시비를 통한 토양 개선이 조림과 함께 이루어지면서 산림의 지원 서비스 기초가 다져져야 한다. 당장 필요로 하는 식량, 물, 에너지 공급은 복구하는 산림이 아닌 다른 측면에서 이루어져야 한다. 즉, 산림 복구 종사자들에게 보수로써 식량 및 에너지를 공

〈표 12-2〉 북한 산림건설 총계획(2013~2042)에서 나타난 산림 복구 전투 단계별 목표와 세부 내용

| 구분 | 단계별 목표 | 세부 내용 |
|---|---|---|
| 1단계 사업(10년) | 파괴된 산림 생태계를 회복하고 목재의 의존도를 낮추며 비목재 생산물에 의한 산림자원 이용구조에로 전환할 수 있도록 하는 것 | 1. 주요 도로, 철길, 마을 주변, 대동강 유역 등 주요 대상지에 산림 조성<br>2. 묘목 생산을 2배로 높임<br>3. 목재 의존도 20%까지 저하<br>4. 산불감시와 진화계획 수립 및 통보 체계 완성<br>5. 병해충 방제 설비 및 생물농약 방제 등 물질적 토대 구축 |
| 2단계 사업(20년) | 단순림 경영으로부터 혼성림 경영으로 이전하며 다목적 산림 경영을 진행할 수 있도록 산림을 개조하는 것 | 1. 주민 거주지와 멀리 떨어진 곳을 포함하여 황폐화된 지역에 산림 조성<br>2. 묘목 생산량 높임<br>3. 목재 의존도 50%까지 저하<br>4. 산불진화 시설 정상화 및 경사지 복구<br>5. 병해충 방제 및 생물농약 생산 정상화 |

자료: 최현아(2018).

급하고, 복구 하부지역의 물 공급 서비스를 농업 및 생활 부문과 함께 개선하는 것이 동시에 요구된다.

산림복원 10개년 계획의 목표 중, '과수재배, 양잠과 경제림 조성의 확대 목표'(공급 및 지원 서비스)가 황폐화 및 복원 단계에서 이루어질 수 있다. 또한 〈표 12-2〉 산림 건설 총계획의 1단계 10년 복구사업이 여기에 해당될 수 있다.

#### 4.1.2. 복원 단계: 지원 서비스 강화와 조절 서비스 개선

복원 단계는 산림면적 및 축적이 더 이상 줄어들지 않고, 국가적 수준의 식량, 에너지, 물의 공급 시스템이 어느 정도 갖추어진 단계로 볼 수 있다. 대부분의 나라에서 황폐화 후의 복원기는 일정 수준 이상의 경제성장을 이루면서 시작된다. 즉, 식량 및 에너지가 산림으로부터 공급받아야 하는 절실함은 극복된 상태로 볼 수 있다. 또한 황폐기를 극복하기 위해 복구된 산림이

산림으로서의 모습을 갖추어 나가는 단계로서 황폐화 단계에서 복구를 시작한 후 10년 이상은 걸려야 하는 단계로 볼 수 있다. 산림면적과 축적이 급속도로 증가하는 복구 단계는 산림으로부터 지원 및 조절 서비스가 강화되거나 필요로 하는 시기로 볼 수 있다.

따라서 복원 단계에서는 식량 생산을 위한 농업 및 혼농임업(임농복합경영)을 위한 산림의 물 및 양분 공급 등이 잘 이루어지도록 복구된 산림으로부터의 지원 서비스를 강화하는 전략이 필요하다. 또한 황폐화 단계에서 빈번히 일어났던 산사태, 토사유출, 홍수 등의 재난을 방지하기 위한 조절 서비스도 복구된 산림으로부터 원활히 발현되도록 하는 전략이 필요하다. 그리고 새로운 복구 대상지에 대한 토양 개선 및 복구조림은 꾸준하게 이루어져야 한다.

산림복원 10개년 계획의 목표 중, '농촌개발에 의한 지역주민의 생활개선 목표'(지원 및 문화 서비스), '가뭄, 홍수 등 자연재해 방지를 위한 환경보호 목표'(조절 서비스)가 복원 단계에서 달성되도록 해야 한다. 〈표 12-2〉의 산림건설 총계획의 1단계 10년 복구사업이 성공적으로 이루어진 후, 2단계 20년 복구사업이 여기에 해당될 수 있다.

#### 4.1.3. 안정 단계: 지원 및 조절 서비스 강화, 공급 및 문화 서비스 실현

토지 발전의 안정 단계는 산림면적이 일정 수준으로 유지되면서 산림 축적은 꾸준히 증가하는 단계로 식량, 물, 에너지 공급이 잘 갖추어진 국가적 시스템에서 공급되는 단계로 볼 수 있다. 경제적으로도 상당한 성장을 이룬 상태로, 이 단계에서는 목재의 안정적 공급 등의 공급 서비스, 안정적 생태 순환 과정에 기반한 농업 및 생활용수 등의 지원 서비스, 대기 정화 및 기후 완화 등의 조절 서비스가 안정적으로 이루어지면서 생태 교육, 휴양 등의 문화 서비스가 강하게 요구된다. 황폐화 및 복원기를 벗어나 장기간의 복구기간 이후에 가능한 단계로 볼 수 있다.

산림복원 10개년 계획의 목표 중, '지역경제 발전을 위한 종합적 산지이용 목표'(지원 및 문화 서비스), '식량안보 및 농업, 경공업 발전에 의한 인민생활 개선 목표'(지원 및 문화 서비스)는 안정화 단계에서 달성될 수 있는 목표로 볼 수 있다. 이 단계는 〈표 12-2〉의 산림건설 총계획의 1~2단계 30년 복구사업이 성공적으로 이루어진 후로 볼 수 있다.

2013년에 수립된 '산림건설 총계획'(2013~2042)에서 단계별 목표는 상기의 복구 단계별로 달성될 수 있는 목표를 비교적 잘 제시한 것으로 보인다(〈표 12-2〉 참조). '산림건설 총계획'의 1단계 10년간의 목표는 황폐화 단계를 벗어나기 위한 목표로 볼 수 있으며, 2단계 20년간의 목표는 복원기에 해당하는 목표로 볼 수 있다. 다만 북한에서 제시한 단계별 목표는 여전히 생태계 서비스의 구분 없이 다양한 목표가 혼재되어 있고, 세부 내용도 더 체계적으로 수립될 필요가 있는 것으로 판단된다. 과거 남한의 치산녹화 경험에서 볼 수 있듯이 황폐화 정도가 심각하여 생태계 서비스 제공이 불가능한 경우, 복구 단계에 따른 주요 생태계 서비스에 대한 뚜렷한 목표 설정 없이는 세부 목표 달성에 급급한 성과 채우기 계획이 될 가능성이 높다. 북한의 정치 체제를 고려하였을 때, 이러한 계획은 실행 단계에서 오히려 지속 가능성을 약화시키고 현재의 부정적인 관행이 그대로 유지될 우려가 있다.

### 4.2. 북한 산림 황폐지 복구사업을 위한 사전 준비

북한의 산림 황폐지를 복구하기 위해서는 복구 물량을 파악하는 것이 우선적으로 이루어져야 한다. 복구 물량이 파악되어야 복구에 필요한 기간, 투입 물자 및 인력, 예산 등이 마련될 수 있다. 복구 물량 파악의 첫 단계는 전체 황폐지 중 인위적으로 복구가 가능한 황폐지 분포를 파악하는 것이다. 그 다

〈그림 12-7〉 북한 황폐지 복구를 위한 적합수종 공간 분포도

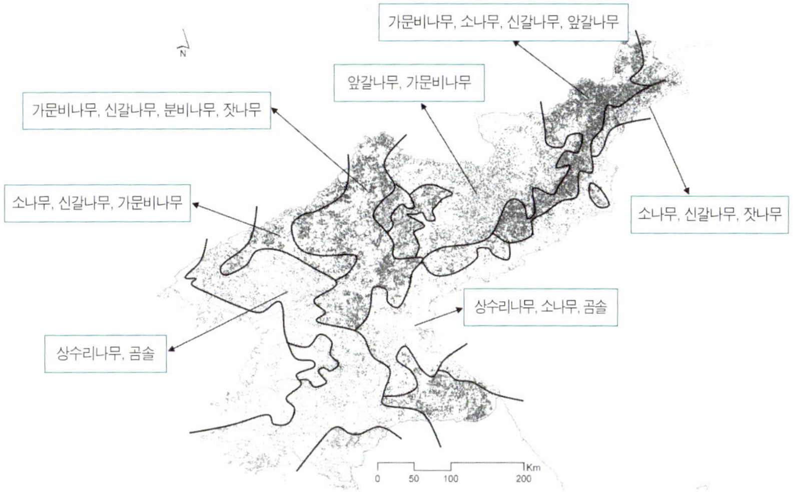


자료: Lee et al.(2018).

음으로 황폐 가능지에 적합한 수종 파악 및 복구 방법이 마련되어야 한다. 이러한 단계를 거쳐 복구 대상지의 사방공사, 묘목 공급을 위한 양묘계획 등이 마련될 수 있다.

한국임업진흥원(2015)에서 TerraSAR-X(2014년 1월 17일) 영상을 통해 분류한 북한의 황폐지 면적은 약 390만 ha로 다른 기관에서 파악한 황폐지 면적보다는 다소 과대 추정된 경향이 있다(〈그림 12-3〉 참조). 그러나 파악된 황폐지 중 실질적으로 복구조림이 가능한 고도 1,000m 미만, 경사 10도 미만의 면적은 177만 ha로 파악되었으며, 이는 북한에서 발표하는 160만 ha의 조림면적과 유사한 면적이다.

한국임업진흥원(2016)에서는 북한의 기후(기후대), 지형(해발고도, 방위, 경사, 지형), 토양(모암, 토성, 토심, 습도, 유기물, 견밀도), 사회경제적 조건(사회적 요구, 이용 가치, 조림 빈도) 등을 고려하여 황폐산림 복구에 적합한 수종을 지역별로 선정한 바 있다(〈그림 12-7〉 참조). 전체 황폐지 390만 ha에 적합한 수종으로

는 가문비나무, 신갈나무, 잎갈나무, 잣나무, 소나무, 상수리나무 등으로 파악되고 있다. 그리고 177만 ha의 복구 가능 면적에 대한 적합 복구수종을 보면, 가문비나무–신갈나무–소나무–상수리나무–잣나무–잎갈나무 순으로 나타났다.

북한 산림 복구는 국가적 복구 전략 하에 각 지역별로 이루어져야 한다. 이러한 지역별 복구조림을 위해서는 북한 황폐지 중 복구조림이 가능한 지역과 그 지역에의 적합한 수종을 공간적으로 파악하는 것이 중요하다. 〈그림 12-7〉은 지역별로 적합한 복구조림 수종을 나타낸다. 그림을 보면 북부 고산지대를 중심으로 가문비나무, 분비나무, 잣나무, 잎갈나무, 신갈나무 등이 적합한 것으로 파악되었으며, 서동부의 저지대에서는 상수리나무, 곰솔 등이 적합한 것으로 나타났다. 소나무는 전체 지역에서 고루 적합한 것으로 나타나고 있다.

### 4.3. 북한 산림 황폐지 복구 방법

북한의 산림 복구는 단기간에 성과를 볼 수 있는 사업이 아니다. 우리나라도 1960년대까지 황폐화된 산림을 1972년부터 시작하여 30여 년이 걸린 1, 2, 3차 치산녹화 10개년 계획을 통해 가시적인 녹화 성공을 거둘 수 있었다. 그리고 안정기에 접어든 지금은 국가 차원의 산림기본계획, 광역지자체 차원의 지역산림계획, 기초지자체를 위한 시·군 단위 지역계획, 그리고 영림구 단위의 산림경영계획 체계로 산림이 관리되고 있다.

북한의 국가 단위의 복구 전략을 담는 복구기본계획(general plan) – 지역 단위의 복구상세계획(detail plan) – 부지 단위의 복구실행계획(implementation plan)이 연계성을 가지고 수립되어야 한다. 〈표 12-2〉의 산림건설 총계획은 국가 단위의 산림 복구 전략(기본)계획으로 볼 수 있다. 이 계획이 성공을 거두

〈그림 12-8〉 국가 단위-광역지자체 단위-부지 단위의 계획에 의한 복구 우선순위 선정

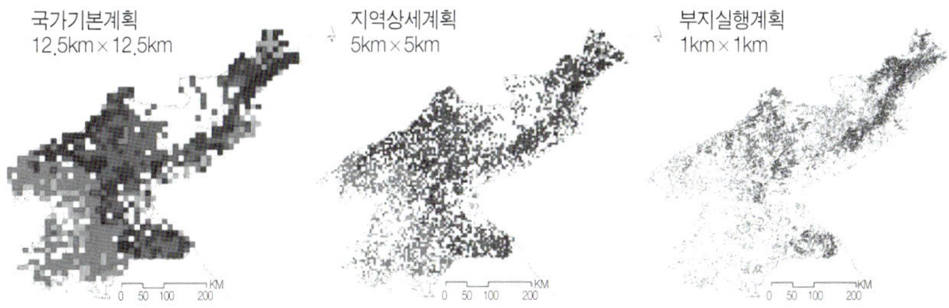


자료: Lee et al.(2018).

기 위해서는 산림건설 총계획에서 제시된 목표 및 전략에 부합되는 지역별 상세계획이 이루어져야 하고, 그 상세계획을 부지 단위에서 실제로 실행하기 위한 실행계획이 마련되어야 한다.

이러한 단계별 계획수립을 위해서는 그 단계에 부합되는 공간 정보가 구축되어야 한다. 〈그림 12-8〉과 같이 파악된 적합 복구수종에 대한 공간 정보를 각 계획 단위에 부합되도록 규모를 조정할 필요가 있다. Lee et al.(2018)은 국가 단위의 복구 전략인 기본계획을 위해서는 12.5km × 12.5km, 지역 단위의 상세계획을 위해서는 5km × 5km, 그리고 부지 단위의 실행계획을 위해서는 1km × 1km의 공간 해상도를 갖는 적합 복구수종 분포도를 제작한 바 있다(〈그림 12-8〉 참조). 국가 단위의 기본계획을 위해서는 산림 관리의 기준 가운데 하나로 이용되는 유역 수준의 정보를 제시하고, 지역 단위의 상세계획에서는 지방 자치구 단위의 세부적인 공간 정보를 바탕으로 복구에 필요한 의사결정을 지원할 수 있어야 한다. 마지막으로 부지 단위의 실행계획에서는 실제로 복구조림에 요구되는 가장 상세한 정보를 복구 장소별로 제공해야 한다.

또한 국가-지방-부지 단위의 계획은 공간적으로 다른 규모의 정보를 요구하는 것 외에, 시간적으로도 서로 다른 계획기간을 필요로 한다. 국가 단위

**〈표 12-3〉 지형 조건을 고려한 황폐지 유형별 복구 방안**

<table>
<tr><th>황폐지 유형</th><th>표고</th><th>경사</th><th>방위</th><th>복구 방안</th></tr>
<tr><td rowspan="2">개간산지</td><td rowspan="2">해당사항 없음</td><td>20° 이상</td><td rowspan="2">해당사항 없음</td><td>일반사방</td></tr>
<tr><td>20° 미만</td><td>기초사방</td></tr>
<tr><td rowspan="4">무립목지<br>산간나지</td><td rowspan="4">1,000m 미만</td><td rowspan="2">30° 이상</td><td>서, 남서, 남, 남동</td><td>특수사방</td></tr>
<tr><td>동, 북동, 북, 북서</td><td>일반사방</td></tr>
<tr><td rowspan="2">30° 미만</td><td>서, 남서, 남, 남동</td><td>일반사방</td></tr>
<tr><td>동, 북동, 북, 북서</td><td>기초사방</td></tr>
<tr><td></td><td>1,000m 이상</td><td colspan="2">해당사항 없음</td><td>사방조림</td></tr>
</table>

자료: 한국임업진흥원(2016).

의 기본계획은 10년 이상의 장기계획이 필요하다. 또한 지역 단위의 상세계획을 위해서는 10년 이상의 장기계획을 몇 단계로 나누어 이행하고자 하는 5년 정도의 중기계획이 필요하다. 그리고 부지 단위의 실행계획에서는 구체적인 복구작업 일정을 담는 단기(연별 또는 월별)계획이 수립되어야 한다.

북한의 산림 황폐화는 오랜 시일에 걸쳐 이루어져 황폐화의 정도가 심하여 복구조림을 위해서는 소위 사방사업(erosion control)을 해야 하는 곳이 많은 것으로 파악되고 있다. 특히, 경사가 급한 지역일수록 사방사업의 필요성은 높다. 사방사업은 산지의 붕괴, 토석·나무 등의 유출 또는 모래의 날림 등을 방지 또는 예방하기 위하여 공작물을 설치하거나 식물을 파종·식재하는 사업 또는 부수되는 경관의 조성이나 수원의 함양을 위한 사업이라고 정의되고 있다(「사방사업법」, 2018).

한국임업진흥원(2015; 2016)에서는 고도, 경사, 방위 등의 지형 조건을 기준으로 황폐지 유형별 복구 방안을 제안하고 있다(〈표 12-3〉, 〈표 12-4〉 참조). 황폐지의 특성에 따라 기초사방, 일반사방, 특수사방, 사방조림 등의 구체적인 사방사업이 수립되어야 한다.

〈표 12-4〉 사방 유형에 따른 황폐지 복구 방안

| 사방 유형 | 복구 방안별 특성 |
| --- | --- |
| 기초사방 | 지표의 침식이 발생하지 않은 개간산지에 대해 일반조림을 실시하여 복구가 가능한 지역 |
| 일반사방 | 개간산지 중에서 경사도가 20° 이상인 지역, 무립목지나 산간나지의 황폐지로서 해발 1,000m 미만인 지역으로 경사도가 30° 이상인 급경사 지형을 갖고 있으며 주로 북쪽 사면에 위치하여 상대적으로 지표침식이나 산사태 발생 위험도가 낮은 지역과 경사도는 30° 미만이지만 지표침식 발생 가능성이 있는 남쪽 사면에 위치한 황폐산지 |
| 특수사방 | 무립목지와 산간나지의 황폐산지 중에서 해발 1,000m 미만이고 경사도가 30° 이상인 급경사 지형을 갖고 있으며 주로 남쪽 사면에 위치하여 지표침식이나 산사태 발생 위험도가 높은 곳으로 사방공사 시 토양침식이나 붕괴를 방지하기 위한 구조물 설치가 반드시 필요한 지역 |
| 사방조림 | 해발 1,000m 이상인 산꼭대기 부근에 위치한 산간나지나 무립목지 지역으로 어느 정도 표면침식이 발생하였어도 사방공사를 위한 특별한 구조물 설치 없이 싸리나무, 오리나무, 아카시아나무 등을 식재하거나 초본류를 파종하여 사방 효과를 발휘할 수 있는 지역 |

자료: 한국임업진흥원(2015).

사방공사 후에는 〈그림 12-7〉의 지역별 적합 복구수종과 사방사업 종류별 적정 조림수종(아까시나무, 오리나무, 리기다소나무 등의 사방수종과 소나무, 신갈나무 등의 척박지에 잘 견디는 자생수종)을 고려하여 복구조림이 이루어져야 한다.

〈표 12-4〉와 같이 대표 복구수종에 대한 고도 1,000m 미만, 경사 10° 미만의 조림면적은 전체적으로 170만 ha에 해당하며, 수종별 조림면적에 해당하는 묘목이 생산되어야 한다. 묘목의 운반을 고려하면 복구조림이 이루어지는 지역에서 묘목 생산을 하는 지역별 양묘계획이 필요하다. 〈그림 12-7〉과 같이 지역별 적합수종의 묘목을 생산하기 위한 지역별 양묘장이 지역별·수종별 조림면적을 고려하여 수립되어야 한다.

북한의 산림 황폐지를 복구하기 위해 고려해야 할 것 중의 하나는 가능하다면 황폐지 복구와 황폐의 원인이 되는 식량 및 에너지 부족을 함께 해결하는 것이다. 남한에서는 1972년 시작된 치산녹화 10개년 계획에서 '연료림 조성' 및 '속성수 위주'의 조림이 이루어진 바 있다. 당시 산림 복구에 참여한 주민에게 원조 받은 식량을 배급하면서, 한편으로는 우유를 생산하는 낙농업을 통한 식생활 개선으로 부족한 식량을 해결하고자 하였다. 또한 부족한 가정용 연료를 위해 연료림을 조성을 하는 한편, 석탄 생산을 늘려 가정용 연료를 나무에서 석탄으로 전환하는 사업을 동시에 시행하였다. 결과는 성공적이었다. 1차 치산녹화 10개년 계획 기간 내에 식량 및 연료 문제가 사회적으로 해결되어 산림으로부터 더 이상 식량 및 연료가 필요 없게 되었고, 이에 따라 1차 치산녹화 10개년 계획을 1978년 조기에 마감하고, 1979년부터 시작된 2차 치산녹화 10개년 계획에서는 수익성을 고려한 '장기수' 위주의 조림으로 녹화 방향을 바꾸었다.

북한의 '산림복원 10개년 계획' 및 '산림건설 총계획'에서는 연료 해결을 위한 연료림 조성에 대한 내용이 없기 때문에 가정용 연료 해결을 위한 대체 연료를 개발하여 보급하는 사업이 동시에 이루어져야 한다. 이러한 측면에서 태양광 등의 재생에너지가 북한 산림 황폐지 복구사업에 포함되어야 한다는 의견이 설득력을 가진다.

북한에서는 산림 황폐지 복구와 식량 문제를 동시에 해결하기 위해 소위 '임농복합경영'을 강조하고 있다. 북한 국토환경보호성에서는 2015년 'DPRK National Agroforestry Strategy and Action Plan'의 10년간(2015~2024)의 계획 수립을 통해 단계별 목표달성을 위한 실행 내용, 평가 방법 및 지표, 담당자를 제시한 바 있다. 북한이 정의한 임농복합경영이란 동일한 토지면적에서 나무와 작물 및 가축을 함께 지속적으로 통합 관리하는 것으로, 2000년대 이후 보다 구체적인 임농복합경영 형태를 도입하고 있다(MoLEP, 2015).

① 임농복합경영은 다년생 목본식물들을 동일한 토지 관리 단위에서 농작물 또는 가축들과 공간적으로나 시간적으로 목적의식적으로 섞어

〈표 12-5〉 개간산지의 복구 목적에 따른 적정 조림수종

| 복구 사업 | 목적 | 적정 조림수종 |
|---|---|---|
| 임농복합경영 | 용재 생산 | 잎갈나무, 일본잎갈나무, 소나무, 참나무류 등 |
| | 섬유 및 종이 생산 | 분비나무, 가문비나무, 종비나무, 전나무, 포플러 등 |
| | 기름 및 과실 생산 | 잣나무, 밤나무, 기름밤나무, 가래나무, 쉬나무 등 |
| | 연료 생산 및 지력 보호 | 아까시나무, 오리나무 등 |

자료: 한국임업진흥원(2016).

가꾸고 기르는 모든 토지 이용 체계와 실천들을 통틀어 말함.

② 임농복합경영은 재배지나 방목지들에 수목들을 도입하여 토지 이용자들의 생산을 다양화·지속화하여 사회적, 경제적, 환경적 이득을 증대시키는 생태적 방법에 기초한 동적인 자연자원 관리 체계임.

임농복합경영에서는 복구, 용재 생산, 식량 생산, 연료 생산 등 다양한 목적에 부합되는 다양한 수종 및 작물을 혼식하는 방법을 제시하고 있다.

임농복합경영은 식량 생산과 산림 관리를 동시에 충족시키기 위하여 북한에서 적극적으로 채택되었다. 한국임업진흥원(2016)에서는 북한에서 채택한 임농복합경영을 위한 적정 조림수종을 제시한 바 있다. 부족한 식량 해결을 위한 '기름 및 과실 생산' 측면에서 잣나무·밤나무·기름밤나무·가래나무·쉬나무 등이 적정하고, '연료 생산 및 지력보호'를 위해서는 아까시나무·오리나무를 조림할 것을 권하고 있다(〈표 12-5〉 참조).

## 5. 북한 산림 황폐지 복구를 위한 국제협력

북한 산림 황폐지 복구는 국제기구와 협력을 통해 실행하는 것이 바람직하다. 현재의 복잡한 상황에서 남북한 간의 '민족공조'보다는 다자 간의 '국

제협력'이 좀 더 유연한 산림복구사업을 가능하게 할 수 있다.

### 5.1. 북한 산림 황폐지 복구와 국제적 이슈를 연계한 국제협력

북한의 산림 황폐지 복구는 직·간접적으로 식량 부족에 따른 빈곤 문제, 물 및 에너지 부족에 따른 기본 생활권 위협, 환경 회복력 파괴 등과 같이 국제기구가 관심을 가지고 있는 이슈들과 연계가 있다. 따라서 북한의 산림 황폐지와 관련된 다양한 이슈를 찾아내고, 그 이슈에 적합한 국제기구와 다양한 형태로 협력사업을 추진할 필요가 있다. 예를 들면, 산림 황폐지 복구를 통한 국제탄소수지 개선을 위한 사업을 녹색기후기금(Green Climate Fund: GCF), 지구환경금융(Global Environment Facilities) 등의 기후변화 관련 국제기구 사업으로 추진할 수 있다.

황폐지 복구가 북한에서의 식량-에너지-물의 안전성(Food-Water-Energy Security)에 기여할 수 있다는 내용으로 지속가능발전목표(SDGs), 재난위험 경감(Disaster Risk Reduction), 토지 황폐화 중립(Land Degradation Neutrality)과 연계하여 지속가능발전 해법 네트워크(Sustainable Development Solution Network), 유엔 식량농업기구(Food and Agriculture Organization: FAO), 유엔 아시아태평양경제사회위원회(United Nations Economic and Social Commission for Asia and the Pacific), 유엔 사막화방지협약(United Nations Convention to Combat Desertification: UNCCD) 등의 유엔 기구 외에 독일 재단이면서 한국에 지부를 두고 산림 황폐화 및 식량 문제 해결을 위해 북한과의 국제협력을 활발히 하고 있는 한스 자이델 재단(Hanns Seidel Foundation), 한국이 주도적으로 이끌어 가고 있는 AFoCO(Asian Forest Cooperation Organization) 등과 국제협력사업이 가능할 것이다.

파리기후변화 협약, UN의 SDGs는 결코 선언적 의미로 끝나지 않고, 각 국가의 이행을 의무 수준으로 요구하고 있다. 또한 각종 국제협력사업은 파리기후변화 협약, UN의 SDGs에 기여하도록 요구받고 있는 상황을 고려하여 북한 산림 황폐지 복구는 이와 같은 국제적 이슈에 기여할 것이라는 명분으로 다양한 국제기구와 함께 다양한 형태의 국제협력사업을 추진할 필요가 있다.

### 5.2. 남한-북한-국제기구의 다자 간 국제협력

북한도 남한과 마찬가지로 많은 국제기구에 가입되어 있으므로 남한과 북한이 동시에 회원국인 국제기구와의 다자 간 국제협력이 가능할 것이다. 예를 들면, 남한이 1999년에 가입한 UNCCD에 북한은 2003년에 가입하였는데, 최근 북한에서는 UNCCD와의 협력을 통해 북한 황폐지 복구를 위한 국제협력사업을 적극적으로 추진하는 것으로 알려져 있다. 1949년과 1977년 각각 가입한 FAO는 북한에 지역 사무국을 두고 GCF 사업을 적극적으로 추진하고 있는 상황을 고려하여, 우리나라에서도 남한과 북한이 동시에 회원인 국제기구와의 다자 간 협력을 적극 추진할 필요가 있다.

UN과 북한은 국제협력을 위한 'UN과 북한의 협력을 위한 전략 프레임워크'(Strategic Framework for cooperation between UN and DPRK)를 작성한 바 있다(정구연, 2018; 손혁상 등, 2017). 이 프레임워크는 UN 기구들이 북한에서 활동할 때 고려해야 할 포괄적인 프레임워크를 제시하고 있다(정구연, 2018). 1차 사업기간(2007~2009), 2차 사업기간(2011~2015)에 이어 최근에 마련된 3차 사업기간(2017~2021)에는 '식량 및 영양 안보', '사회개발 서비스', '복원력과 지속 가능성', '데이터 및 개발 관리'를 추진해야 할 우선순위 사업으로 제시하고 있다(〈표 12-6〉 참조). 이 우선순위 사업에서 달성해야 할 전략적 결과(strategic outcome) 중 황폐산림 복구와 관련된 것으로는 '농업, 어업, 원예 및 축산업에 있어서 지속 가능한 식량 생산 및 생산성 강화', '취약집단의 식량 접근성 강

〈표 12-6〉 'UN과 북한의 협력을 위한 전략 프레임워크'의 우선순위 및 전략적 결과

| 추진기간 | 우선순위 | 전략적 결과 |
|---|---|---|
| 2017~2021 | 식량 및 영양 안보 (food and nutrition security) | - 농업, 원예, 어업 및 축산업에 있어서 지속 가능한 식량 생산 및 생산성 강화<br>- 취약집단의 식량 접근성 강화<br>- 영·유아 및 여성의 영양 상태 제고 |
| | 사회개발 서비스 (social development service) | - 지속적이고 동등한 보건 혜택 부여<br>- 감염성 및 비감염성 질병치료를 위한 보건 서비스 강화<br>- 보건 위기대응 능력 강화<br>- 식수, 보건 및 위생 관련 가정 단위별 동등한 혜택 부여<br>- 초중등, 대학, 직업교육 및 훈련 수준 향상 |
| | 복원력과 지속 가능성 (resilience and sustainability) | - 여성을 포함한 커뮤니티 취약집단의 기후변화 및 재난대응 능력 제고<br>- 취약집단을 포함한 커뮤니티의 현대적 에너지 자원 접근성 강화<br>- 환경 관리, 에너지, 기후변화와 재난위험 관리를 위한 통합적이고 균등한 접근법 적용 |
| | 데이터 및 개발 관리 (data and development management) | - 프로그램 개발 및 정책결정을 위해 좀 더 세분화된 인도적 지원 및 개발 데이터에 대한 접근성 강화<br>- 국제 기술규범과 기술을 적용하기 위한 북한의 역량 강화<br>- 국제조약과 협약 등에 대한 북한의 준수 이행 강화 및 증거기반 보고 체계 강화 |

자료: 정구연(2018); 손혁상 등(2017).

화', '식수, 보건, 위생 등에 동등한 혜택 부여', '취약집단의 기후변화 및 재난대응 능력 제고', '현대적 에너지 지원 접근성 강화', '환경 관리, 에너지, 기후변화와 재난위험 관리를 위한 통합적이고 균등한 접근법 적용' 등을 들 수 있다. UN 기구들은 이 프레임워크를 고려하여 북한과의 국제협력사업을 추진할 것이므로, 우리도 북한에서의 산림 황폐지 복구를 위해 'UN과 북한의 협력을 위한 전략 프레임워크'의 우선순위와 전략적 결과를 적극적으로 도입한 국제협력 방안을 도출할 필요가 있다.

### 5.3. 남북협력사업 주도의 국제협력사업

UN 및 국제기구와의 국제협력은 북한의 산림 황폐지 복구를 다양한 국제적 이슈와 함께 해결할 수 있는 기회를 줄 수 있는 것은 분명하다. 그러나 자칫 너무 많은 이슈들과 연계하여 '산림 황폐지 복구'라는 본연의 목적에서 벗어날 수 있고, 협력사업 주체별로 이루어지는 복구사업이 일관성을 갖추지 못하고 생태계 및 환경적 측면의 혼란을 유발할 수도 있다. 따라서 북한 산림 황폐지 복구를 위한 국제협력사업의 성공을 위해서는 '북한 산림 황폐지 복구에 대한 마스터 플랜'과 그를 기반으로 '북한 산림 황폐지 복구를 위한 국제협력사업 지침'이 마련되어야 한다.

북한 산림 황폐지 복구를 위한 남북협력사업은 '복구계획 및 사업지침'을 마련하는 단계부터 시작해야 한다. 남한은 과거 산림 복구를 성공적으로 수행한 기술 및 인력, 정책 및 국제협력 경험 등을 충분히 갖추고 있다. 이러한 남한의 경험이 북한의 요구, 국제기구의 이해 등을 잘 반영하여 성공적인 북한 산림 황폐지 복구가 되는 방향으로 남북협력사업이 이루어져야 한다.

이러한 남북협력사업의 첫 단계는 '북한 황폐지 파악 및 복구계획 수립을 위한 공동조사 및 계획단' 조직을 구성하는 것이다. 이 조직의 임무는 '북한 황폐지의 현황을 파악'하고, 그를 기초로 '북한 산림 황폐지 복구를 위한 국가 단위의 기본(장기)계획 – 지역 단위의 상세(중기)계획 – 부지 단위의 실행(단기)계획을 연계성 있게 수립'하고, 그 '단계별 계획을 이행하기 위한 정책개발, 예산 및 인력 확보 방안, 기술적용 방안'을 마련하여 '국내 및 국제 기구들과의 구체적인 협력사업 도출 및 추진'하는 것으로 할 수 있다.

이러한 '북한 황폐지 파악 및 복구계획 수립을 위한 공동조사 및 계획단'의 남북한 간 초기 협력을 통해 북한 산림 황폐지 복구의 시행착오 및 혼선을 최소화하면서 성공으로 이끌 수 있다고 판단한다.

## 6. 결론

자료에 의하면, 북한은 1970년대까지만 해도 국토의 80% 정도가 산림으로 구성되어 있었다. 그러나 식량과 연료 부족으로 인하여 산림 황폐화 및 전용이 이루어져 산림면적은 크게 감소하고 있다. 이러한 북한의 산림 황폐화는 산림의 기능 및 생태계 서비스의 붕괴로 이어지고 있으며, 이는 궁극적으로 주민들의 생활을 더욱 악화시키고 있다. 북한에서도 산림 황폐화에 따른 이러한 폐해를 해결하기 위해 산림 복구 노력을 진행하고 있지만, 그 성과는 크지 않은 것으로 평가되고 있다.

북한의 산림 복구는 산림 황폐화의 원인인 식량 및 에너지 문제와 연계하여 식량-물-에너지가 안정적으로 공급되도록 산림의 생태계 서비스를 회복시키는 방향으로 이루어져야 한다. 이러한 목표 아래 황폐화-복원기-안정기의 단계별 복구 전략이 수립되어야 한다. 즉, 현재의 황폐화 단계에서는 토양유실, 홍수, 가뭄 등의 피해를 줄일 수 있는 사방사업과 함께 식량 문제를 해결하기 위한 임농복합경영 형태로 복구가 우선적으로 실행되어야 한다. 시공간적으로는 국가 단위의 장기-기본계획, 지역 단위의 중기-상세계획, 부지 단위의 단기-실행계획이 서로 연계될 수 있도록 복구계획이 수립되어야 한다. 현재 남한에서 파악한 황폐지 공간 분포와 지역별 복구적합수종을 기초로 위와 같은 단계별·시공간별 복구계획을 수립할 수 있으며, 이를 기초로 남북한의 복구협력을 이끌어 낼 수 있다.

국제적 관점에서 보면, 북한의 산림 황폐화는 기후변화 측면에서의 탄소흡수원 감소 및 탄소수지 악화, 지속가능발전목표(SDGs) 측면에서의 식량, 물, 에너지, 건강, 환경 등의 여러 목표를 악화시키는 문제를 안고 있다. 이러한 측면에서 북한 산림 복구는 다양한 국제적 이슈와 함께 국제협력을 통해 실행되어야 한다. 또한 여러 국제 조직으로부터 북한 산림 복구가 실행될 때

유발될 수 있는 혼선 및 시행착오를 줄이기 위해서는 남한과 북한이 중심이 되는 남북주도형으로 북한 산림 복구 국제협력을 이끌어 가야 한다.

## 참고 문헌


국립산림과학원, 『북한의 황폐산림 복구 협력방향 및 과제』, 국립산림과학원 연구보고 10-11, 2010.

김경술·신정수·김승철, 『북한 에너지 소비 행태 조사분석: 가정/상업/공공 기타 부문의 에너지 소비행태』, 에너지경제연구원, 2013.

김용환, "북한 산림황폐지 생태적 복원방안에 관한 연구(남한의 치산녹화정책 사례 중심으로)," 『북한연구학회보』 9(2), 2005, pp. 21~50.

박경석, "북한의 산림현황 및 산림정책," 『KREI 북한농업동향』 15(3), 2013, pp. 1~21.

박경석·박소영, "남한의 산림복구 경험을 통한 북한 황폐산림복구지원 방향," 『북한학연구』 8(1), 2012, pp. 133~159.

박소영·방경석·이성연, "북한의 산림관리조직 및 산림관리의 특징," 『북한학연구』 4(2), 2008, pp. 75~101.

사방사업법, 법률 제15080호, 2017. 11. 28, 타법개정, 2018. 11. 29, 시행.

산림청, 『산지자원화계획의 성과와 반성』, 1997.

손혁상·유웅조·김지영·박지연·황지환·권율·김상기·김태균·문경연·정구연, 『북한 개발협력의 이해 -이론과 실제-』, 도서출판 오름, 2017.

에너지경제연구원, "북한 에너지 현황과 남북 에너지협력 전망," 한국원자력학회·한국핵정책학회 세미나, 2018.

이우균, "북한의 기후변화 대응을 위한 산림녹화방안," 기후변화센터 발표자료, 2018.

정구연, "유엔의 대북지원 현황과 평가," 손혁상 등, 『북한개발협력의 이해: 이론과 실제』, 2018, pp. 125~149.

최현아, "남북한 산림협력 방향과 과제 - 국제사회 지원 사업을 바탕으로," 『통일정책연구』 27(2), 2018, pp. 1~20.

한국임업진흥원, 『인공위성자료를 활용한 북한 삼림현황 분석』, 한국임업진흥원, 2015.

______, 『북한 산지토양정보 고도화 및 적정 조림수종 선정』, 한국임업진흥원, 2016.

Byeon, J., *Forest Change in the DPRK Strengthen Ability for Recovery*, KAST, 2014.

Cui, G., W. K. Lee, D. Kim, E. J. Lee, H. Kwak, H. A. Choi, … and S. Jeon, "Estimation of Forest Carbon Budget from Land Cover Change in South and North Korea between 1981 and 2010," *Journal of Plant Biology*, 57(4), 2014, pp. 225~238.

Lee, S. G., H. A. Choi, H. Yoo, C. Song, S. Cha, S. W. Bae, … and W. K. Lee, "Restoration Plan for Degraded Forest in The Democratic People's Republic of Korea Considering Suitable Tree Species and Spatial Distribution," *Sustainability*, 10(3), 2018, p. 856.

Lim, C. H., Y. Choi, M. Kim, S. Jeon, and W. K. Lee, "Impact of Deforestation on Agro-environmental Variables in Cropland, North Korea," *Sustainability*, 9(8), 2017, p. 1354.

Lim, C. H., Y. Choi, M. Kim, S. Lee, C. Folberth, and W. K. Lee, "Spatially Explicit Assessment of Agricultural Water Equilibrium in the Korean Peninsula," *Sustainability*, 10(1), 2018, p. 201.

MoLEP(Ministry of Land and Environment Protection), *DPRK National Agroforestry Strategy and Action Plan (2015-2024)*, 2015.

Ringler C., A. Bharduri, and R. Lawford, "The Nexus Across Water, Energy, Land and Food(WELF): Potential for Improved Resorce Use Efficiency?," *Current Opinion in Environmental Sustainability*, 5(6), 2013, pp. 617~624.

Song, C., S. Kim, J. Moon, S. Lee, W. Lee, N. Kim, … and W. K. Lee, "Classification of Global Land Development Phases by Forest and GDP Changes for Appropriate Land Management in the Mid-latitude," *Sustainability*, 9(8), 2017, p. 1342.

## 저자 소개

강성진
학력: 고려대학교 경제학 석사
스탠포드대학 경제학 박사
소속: 고려대학교 경제학과 겸 에너지환경대학원 교수

정태용
학력: 서울대학교 경제학 학사
Rutgers, the State University of New Jersey 경제학 박사
소속: 연세대학교 국제학대학원 교수

강다현
학력: University of California, Davis 국제관계학 학사
연세대학교 국제학대학원 국제통상경영 석사
소속: 연세대학교 지속가능발전센터

강태수
학력: 성균관대학교 경영학 학사
University of Missouri 경제학 박사
소속: 대외경제정책연구원

권철남
학력: 동경경제대학 경제학 박사
소속: 중국 연변대학교 경제관리학원장, 교수

금재호
학력: 연세대학교 경제학 학사
미네소타대학 경제학 박사
소속: 한국기술교육대학교 테크노인력개발전문대학원 교수

김동훈
학력: 코넬대학교 경제학 박사
소속: 연세대학교 국제학대학원 교수

김영훈
학력: 고려대학교 농업경제학 학사
고려대학교 경제학 박사
소속: 한국농촌경제연구원 글로벌협력연구본부 선임연구위원

문종우
학력: 고려대학교 경영학 학사
Johns Hopkins University School of Advanced International Studies 석사
연세대학교 국제학대학원 박사과정
소속: 연세대학교 지속가능발전센터 연구원

성한경
학력: 서강대학교 경제학 학사, 석사
오하이오주립대 경제학 박사
소속: 서울시립대학교 경제학부 교수

이슬기
학력: 경희대학교 지리학 석사
고려대학교 환경생태공학과 대학원 박사수료
소속: 고려대학교 생명과학대학 일반대학원 환경생태공학과

이우균
학력: 고려대학교 임학 석사
괴팅겐대학교 임학 박사
소속: 고려대학교 생명과학대학 환경생태공학부 교수

이홍수
학력: 하버드대학교 도시설계학 석사
펜실베니아대학 건축학 석사
소속: 전(前) SH서울주택도시공사 해외사업단장

이홍식
학력: University of Texas-Austin 경제학 박사
소속: 고려대학교 경제학과 교수

조성택
학력: 고려대학교 경제학 박사
소속: 고려대학교 경제학과 연구교수

조시준
학력: 고려대학교 경제학 박사
소속: 중국 연변대학교 경제관리학원, 조교수

최천운
학력: 한국항공대 법학 학사
단국대 도시계획 및 부동산학 박사
소속: 한국고등교육재단 팀장/연구위원

최현아
학력: 고려대학교 환경생태공학 박사
소속: 한스 자이델 재단 한국사무소

하윤희
학력: University of Delaware 에너지환경정책학 박사
소속: 고려대학교 그린스쿨대학원 특임교수